한국 현대시의 원형이미지

물 바람 빛의 시학

김종호

북스힐

머리말

이미지와 상징, 상징체계는 현대시 비평에서 가장 흔하게 듣는 말이 되었다. 이들은 한 편의 시를 형성하는 요소들로, 시의 본질을 이룬다고 말해도 무리는 아닐 것이다.

우리가 상징에 관해서 말할 때는 그 지속성과 반복성을 말할 필요가 있는데, 특히 원형이미지 혹은 원형상징은 인류전체, 또는 그 대부분의 사람들에게 동일하거나 매우 유사한 의미를 갖고 반복해서 나타난다. 이 연구에서는 바로 작품 속에 나타나는 원형이미지를 찾아내는 데 일차적 목표를 두었다.

원형비평은 문학작품 상호간에 내재하는 원형적 이미지를 추출하여 문학 작품전체를 질서화하려 한다. 이러한 작업에는 정신분석학 및 심리학이 밀접하게 관련된다 핵심적 개념이 되는 '原型'(archetype)도 융(Carl Gustav Jung)의 분석심리학에서 사용된 용어로, '집단무의식'의 일부이다. 이 비평의 선구자인 보드킨(Maud Bodkin)은 유럽의 여러 문학작품 속에서 동일한 원형을 찾아 질서화 하는 작업을 그의 저서 『시의 원형적 패턴』(1934)에서 시도한 바 있다. 프라이(Northrop Frye)도 보드킨과 마찬가지로 작품에서 원형이미지를 찾는다. 『비평의 해부』(1957)에서 그는 자연과 인간생활의 현상에서 순환운동의 여러 형식을 찾아내어, 이것을 문학 형식의 원형과 비교하여 도식화하고자 했다. 곧, 작품 상호간의 관련성을 찾아 전체적으로 체계화하려는 노력이었다.

흔히 문학 작품 속에 '집단무의식'의 형태로 잠재해 있는 원형은 시공을 초월한 관습적 패턴으로 인류의 가장 근본적인 경험이며, 보편적 상징이다. 원형은 인간 심성의 근저에 흐르며 끊임없이 나타났다 없어지는, 그리고 다시 나타나는 영원불변의 이미지로서, 작품 속에 숨어서 무의식적으로 독자의 마음에 반향을 일으킨다. 이러한 인간 심성에 흐르는 집단무의식, 즉 원형은 시대와 문화를 초월하여 끊임없이 되풀이되어 나타나는 가장 원시적이며 전형적인 이미지이다. 이 연구에서는 이러한 원형적 패턴, 곧 집단무의식의 보편적 질서를 찾는 데에 역점을 두었다. 연구 대상으로 삼은 시인의 작품세계뿐만 아니라, 우리 고전시가에서부터 현대시에 이르기까지 무의식적인 상징을 통해 그러한 원형성이 면면히 이어지고 있다는 것을 확인할 필요가 있었다. 즉, 고대가요, 향가, 고려속요, 시조, 가사 작품과 근・현대시를 통시적으로 고찰해 봄으로써, 모든 문학의 원형은 동일 콘텍스트를 이룬다는 명제를 확인하고자 하였다.

물론, 본 연구의 관점과 견해를 달리 하는 사람도 많으리라 본다. 같은 작품이라 하더라도 연구자에 따라서는 또 다른 상징체계를 제시할 수도 있을 것이다. 다만 분명한 것은, 원형은 본질적으로 되풀이되는 영원불변의 이미지로, 궁극적인 인간의 본성을 지향한다는 점이다. 곧 근원으로 회귀하고자 하며 언제나 문학 작품에서 반복・재현된다. 이러한 관점에서 원형에 대한 탐색은 시적 실체에 접근하는 하나의 통로를 마련하는 계기가 되리라 생각한다. 원형적 행위의 반복, 원형의 모방이라는 메커니즘이 속적 시간을 폐지하고 그것을 성스러운 시간으로 변용시키며, 더욱이 우리를 원형의 세계로 이끌어갈 수 있다는 것은 큰 의미를 내포한다. 즉 시인의 무의식을 통해 표출되는 원형을 탐색하는 일 자체가 전통 서정시의 진정한 맥을 찾아가는 길이며, 나아가 한국 현대시의 정체성을 확립하는 데에 또 하나의 방향을 제시하는 일이기 때문이다.

이 책은 필자의 박사학위 논문 "한국 현대시의 원형심상 연구"를 토대로 하여 쓴 것이다. 전문연구가가 아닌 일반인, 혹은 시를 공부하는 학생들이 원형에 대해 이해할 수 있도록 쉽게 고쳐 쓰려고 노력했다. 하지만, 부분적으로 생략된 부분이 많고 특히 원형이미지 분석에 원용한 자세한 주석을 대폭 생략하다보니, 어느 부분에서는 이해가 잘 안되는 부분도 있으리라 여겨진다. 또한 대상 시인들의 시세계를 좀더 폭넓게 추적하지 못한 데 대한 자책감도 든다. 미숙한 부분은 앞으로 더욱 깊이 있는 연구를 통해 보완해 나가고자 한다.

이 책을 낼 수 있기까지 이끌어주신 강원대학교 국문학과 은사님들께 감사드린다. 그리고 훌륭한 논문과 저서를 남겨 준 선학 여러분이 있었기에 작으나마 이 학문적 성취가 가능했다고 여기며 머리 숙여 사의를 표한다. 어려운 출판계의 사정에도 불구하고 대단하지도 않은 글을 선뜻 책으로 만들어 주신 북스힐의 조승식 사장님과 편집부 여러분께도 감사드린다.

2011. 1.

치악산 기슭에서 김종호

차 례

Ⅰ. 논의의 접근

1. 왜 원형인가?

시는 상상력의 산물이다. 우리가 한 편의 시를 읽는다는 것은 시인의 창조적 상상력이 투영된 독특한 시적 공간과의 만남을 의미한다. 궁극적으로는 시에 용해되어 있는 시인의 집약된 정신과 만나는 일이다. 인간의 내면에는, 가시적인 자연의 질서에 비추어 본다면 무질서처럼 보이는 또 하나의 질서와, 복잡하며 변화무쌍한 세계가 항상 존재한다. 시인은 자유로운 상상력으로 그의 작품 속에 이러한 개인적 존재의 경험을 표현하는 것이다. 문학 자체가 인생의 진실을 표현한 것이지만, 시에 나타나는 인생은 시인의 주관적 인식을 통한 재현이지 현실 그대로의 복사는 아니다. 그러므로 시인의 개인적 체험과 철학과 정서를 거치지 않은 시의 창조란 생각할 수 없다.

시인이 작품 속에 현재적 삶을 표현할 때는 다분히 그 당대 상황의 영향을 받지 않을 수 없다. 그것은 현실에 대한 반응일 뿐만 아니라, 현실에 대한 찬양, 비판의 어느 면을 취하기 때문이다. 이렇게 될 때, 그 시는 서정시 본래의 순수성에 결함이 생기게 마련이다. 그래서 그런지 우리 시인들의 지향성과 태도는 일반적으로 과거지향과 낭만적 태도를 선호했다.

한국 문학에서 1950년대는 하나의 훼손된 공간이었다. 오랜 식민지의 암흑을 뚫고 나온 한국 문학은 새로운 연대를 개척할 주체적 역량을 갖기도 전에 분단과 민족상잔이라는 역사적 질곡을 맞닥뜨리게 된다. 6·25 전쟁은 한국인 모두에게 인간 실존의 어려움과 그 무의미성에 대한 뿌리 깊은 절망과 허무를 심어 주었으며, 신구 질서의 전면 변동에 따른 혼란 속에서 남북 분단의 비극과 민족 재편성이라는 엄청난 시련을 안겨 주었다. 또한 정신사적 측면에서 패배주의 · 허무주의 심화라는 부정적 측면과 함께, 민족과 개인의 재발견이라는 긍정적 측면을 제시하고, 문학사에도 커다란 충격파를 형성하였다. 문학 내적인 면에서는 미국을 중심으로 한 서구 문화 유입으로 한국어의 문학적 가능성, 특히 시적 감수성을 확대하는 계기가 되었다.[1)]

그러나 분단에 따른 민족의 재편성은 문단에도 지각 변동을 가져와 새로운 질서와 체제를 구축해야만 했다. 특히 1955년을 전후해 등장한 신인들은 월 · 납북 문인들의 공백을 메우면서 그들에게 부여된 시대적 과제와 요청인 새로운 변화와 질서를 활발하게 모색하였다. 1950년대 시인들로 명명되는 이들은 일제하 일본어의 기반에서 벗어나 모국어로 시를 쓰게 된 1세대로서 '시란 무엇인가'라는 본질적 물음을 제기하면서 시적 감수성을 단련시키며 모국어의 시적 가능성을 확대시키고자 노력하였다.[2)]

6 · 25전쟁의 참화를 겪으며 동족상잔의 처절한 비극을 온몸으로 느낀 시인들은 대부분 사상의 대립을 보여준 이데올로기에 대한 기피증을 드러내며, 가시적 세계의 황폐한 현실보다는 눈에 보이지 않는 세계에 대한 관심을 보이며 이를 시적 대상으로 삼는 경우가 많았다. 특히 전통파 시인들은 전쟁으로 인한 격심한 단절감과 위기감을 경험했음에도 불구하고, 기존의 질서와 체제를 전면적으로 부정하는 모더니즘 시인들과는 달리 전통적 미의식에 바탕을 둔 순수 서정시의 창작에 주력하였다. 그들은 황폐한 현실 앞에서 그 현실을 초월할 수 있는 계기로서 과거를 이상화시켰다. 이들

---

1) 김윤식 외 3인 공저, 『우리 문학 100년』(현암사, 2002), pp.206～217 참조.

2) 박유미, 「1950년대 전통서정시 연구」, 성신여자대학교 대학원, 박사학위논문, 2002, p.1.

의 과거 지향적 상상력은 현실도피가 낳은 패배주의라고 비난을 받기도 한다. 그러나 황폐한 현실에서 아직 훼손되지 않은 내면 의식에 자리 잡은 순연한 세계를 꿈꾸는 것은 인간의 본질적 사고 작용이다. 전통 서정시인들이 꿈꾼 이상화된 과거는 인간의 잃어버린 유토피아에 대한 갈망으로 우리의 미래적 삶의 방식에 대한 문제 제기이며 이를 통해 존재의 전환을 꿈꾸는 것이다. 이것은 곧 원형(原型)을 지향하는 시인의 태도이기도 하다.

신화비평 혹은 원형비평에서, 신화는 언제나 원형을 유지하며 문학 작품에서 재현된다고 믿는다. 오히려 위대한 문학 작품은 신화의 원형으로 복귀하려는 경향이 있다는 것이 신화원형비평의 주장이다. 그러니까 원형으로의 복귀를 지향하는 작품을 가치가 있다고 보는 것이다. 따라서 원형비평에서 '원형'의 추적은 그 중심적 과제가 된다.[3)]

오늘날 신화 · 원형비평은 어떠한 문학 비평도 그와 같은 넓이와 깊이를 갖출 수 없다 할 정도로 확산되고 관심의 대상이 되고 있다. 문학 연구의 여러 방법을 다 포함하면서도 문학을 단일한 근원으로 환원시키고자 하는 것이 신화 · 원형비평이다. 그 방법론적 접근의 유형만 보아도 다양하다. 융이나 바슐라르의 원형론 이외에도 진화주의적 · 문화인류사적 · 기능주의적 · 정신분석학적 · 구조주의적 방법론들[4)]이 그것이다. 휠라이트, 게린, 프라이, 프레이저 등은 이 방면의 이론을 개척한 선구자적 학자들이며, 이들은 우리 문학의 실천비평 연구에도 큰 영향을 끼쳐왔다.

그렙스타인은 현대의 비평 방법 중에서 신화 · 원형비평은 가장 최근의 것이고 또 가장 야심적인 것이며, 그 주장이나 가능성으로 보면 아마도 가장 자극적인 것이라고 말하고 있다. 그는 또 신화 · 원형비평에서 문학은 두 가지 현세적 차원에서 동시에 존재하는 것으로 보고 있다.[5)] 신화는 상상력

---

3) 이상섭, 『문학 연구의 방법』(탐구당, 1993), pp.192～193 참조.

4) 왕빈, 『신화학입문』(금란출판사, 1980), pp.23～41 참조.

5) S. N. 그렙스타인, 「신화비평이란 무엇인가」, 김병욱 외 3인 공역, 『문학과 신화』(예림기획, 1998), p.32.

이 기본적인 지적 이미지를 연결하고 명령하는 계시의 양식으로서, 의식과 무의식 양자를 만족할만한 방법으로 미적 창조를 마련하고 있다. 즉 인간 체험의 여러 차원과 원형은 현상과 이미지의 근원을 마련한다는 것이다.

한 편의 창조된 시를 읽는다는 것은 시인의 창조적 상상력이 투영된 독특한 시적 공간과 만나게 됨을 의미한다. 시인의 체험과 정서를 통해 다양하고 아름다운 시적 이미지들이 우리의 내면세계에 울리는 순간, 독자는 존재의 전환을 체험한다. 그리하여 독자 자신의 체험과 상상력을 통하여 시인이 그려내는 이미지와 상상력을 새롭게 수용함으로써, 독자의 의식이 보다 폭넓고 알차게 형성해 나가는 것을 돕는다.

모든 예술 작품의 공간에 나타나는 이미지들은 창조적이고 능동적인 상상력의 표출에 의한 것이라고 볼 수 있다. 그렇기 때문에 시에 나타난 이미지를 연구한다는 것은 곧 상상력에 대한 연구와 연결된다. 인간의 정신 현상 가운데 하나인 상상력은 위대한 질서의 원리이며 제재들을 분별하고 질서화하고 통합할 수 있게 하는 능력이다. 또 그것은 존재에 대한 눈을 뜨게 하는 것이며, 이상을 목표로 하는 의지이다. 그래서 시 한 편의 가치는 그 자체로서 가치 있고, 또 특수한 종류의 자각이나 통찰이라고 할 수 있는 위대한 상상적 종합의 세계를 성취하고 전달할 때 드러난다. 이러한 시에서의 상상력에 대해 바슐라르는, '상상력이란 하나의 토착적이고 자기 발생적인 영역을 구축하는 것이며, 지각에 의해 제공된 이미지를 변형케 하고, 최초의 이미지로부터 우리를 해방시키는 기능을 갖고 있다.'[6]고 말한다. 또한, '우리 내부에 존재하는 이 존재 생성의 힘이 바로 진정한 의미에 있어서의 상상력, 즉 기타 형태의 심리적 표상작용(예컨대 기억)과 본질적으로 구별되는 상상력'[7]이라고 했다. 그는 상상력을 물질적 상상력, 형태적 상상

6) Gaston Bachelard, 민희식 역, 『불의 정신분석・초의 불꽃・대지와 의지의 몽상』(삼성출판사, 1982), p.101.

7) 곽광수・김현 공저, 『바슐라르 연구』(민음사, 1976), p.25.

력, 역동적 상상력으로 구분했다. 물질적 상상력은 존재의 근원까지 파고 들어가 원초적인 것과 영원한 것을 동시에 존재 속에서 찾아내려 하는 것이다. 형태적 상상력은 이미지를 재현적으로 생각하며 개념화되고 합리화되어 하나의 패턴으로 굳어버린 상상력을 말한다. 역동적 상상력은 물질로서의 대상을 우리의 의지대로 변형시키고자 하는 힘이며 본질적으로 미래를 향한 기능이다.

이 글에서 여러 시인의 시편들을 통하여 밝혀내고자 하는 원형적 이미지 역시 상상력의 산물임은 더 말할 나위도 없다. 융에 의하면 원형은 '태고적부터 현대에 이르는 긴 시간에 수없이 반복되었으며. 또한 반복되어 갈 인류의 근원적인 행동 유형을 가능케 하는 선험적 조건'[8]이다. 원형은 보편적이고 반복적인 체험을 시간과 공간을 넘어 항상 재생할 수 있는, 인간 속에 있는 그러한 가능성이며 그런 가능성을 지닌 틀이다. 원형은 집단적 무의식의 실재적인 내용을 구성하고 있다. 다시 말하자면, 원형적 심상의 모티프들은 인간의 조직 가운데서 계통발생학에 의해서 결정된 부분과 상응한다. 그래서 이것은 모든 문화에서 동일한 것으로 나타난다. 우리들은 이것이 모든 종류의 신화, 동화, 그리고 여러 가지 종교적 전통 및 비법 속에서 되풀이해서 나타나는 것을 발견한다. 이러한 집단무의식의 일정한 모티프들은 모든 개인의 마음 가운데서 새롭게 살아나 신비스러운 힘을 발휘하면서 일종의 '개인신화(individual mythology)'로 집약된다. 그러나 이 무의식의 내용물은 어느 때이고 의식의 수준으로 끌어올릴 수 있는 것이며, 또는 우리들에게 불유쾌하기 때문에 억압된 무의식의 내용물이다. 융은 개인적 생활에서 빚어지는 '잊혀지고, 억눌려져, 잠재의식으로만 지각되는 생각과 모든 종류의 느낌들'을 개인무의식(personal unconscious)이라 하여 집단무의식(collective unconscious)과 구분하였다. 그에 의하면 집단무의식은 인간에게 주어진 여러 가지의 '근원적 유형'(archetype)들에 의해서 구성되는데, 근원

8) 이부영, 『분석심리학』, 개정증보판(일조각, 1998), p.101.

적 유형은 지리적 차이, 문화나 인류의 차이와 관련 없이 존재하는 인간의 가장 원초적인 행동유형을 말한다. 이것은 신화를 산출하는 그릇이며, 우리 마음속의 종교적 원천이라는 것이다. 그래서 그것은 역사적 시기 혹은 사회적 종족적인 집단에 관계없이 초월적인 어떤 힘에 대한 공포와 위험, 그리고 상충된 갈등과 보편적인 인간 상황에 대한 인간의 전형적인 반응의 집적이라는 것이다.

이렇듯 기본적 이미지 혹은 원초적 이미지라고 불릴 수 있는 이미지들이 시공을 초월하여 보편적으로 상상력의 자주적인 힘에 의해 나타나는 우리 각자의 원형적 상상력은 똑같은 궁극성을 가짐으로써 서로 교감할 수 있다. 여기서 우리는 무의식의 충동과 의식 속에 노출되는 원초적 영상 사이에 개재하는 심적 영역을 검토할 수 있다.

이러한 보편적 궁극성과 접맥되어 있는 원형적 상상력은 어떤 상황에 대한 본능적인, 심리적으로 필요한 여러 가지 행동 양식을 가져오게 하며, 외부에서 이성적으로 생각할 때는 적절한 것 같지 않지만, 시의식을 지배하는 핵이란 점에서 대단히 중요한 일면을 지닌다고 융은 지적한다. 원형은 보편적 인간 상황에 대한 전형적인 반응의 집적이며, 어둡고 원시적인 심리가 가지는 본능적 데이터, 즉 실재하나 보이지 않는 의식의 뿌리를 나타내거나 의인화하기 때문에 이의 해명은 바로 본능과 실체의 해명이라는 말이 된다. 따라서 원형적 상상력은 궁극적 의미의 핵심에 접근하려는 시정신 자체라 해도 무방할 것이다.

시인은 각자 상징의 체계를 갖고 있다. 그러나 많은 시인들이 서로 비슷한 상징들을 공동 소유처럼 같이 쓰고 있다면 그런 상징들은 각각 하나의 초개인적 체계와 구조를 갖고 있음을 뜻한다. 이를테면 <가시리>의 '임'과 <정과정곡>의 '임'과 김소월의 '임'과 한용운의 '임'은 대단히 중요한 면에서 모두 같은 의미를 가지고 있는 상징이다.[9] 즉 시인들은 다 다르나

---

9) 이상섭, 앞의 책, p.191 참조.

그들의 '임'은 단일한 형상을 지향하고 있다. 이러한 형상이 바로 원형이다. 많은 시인들이 제각기 많은 이미지와 상징을 사용하지만, 이들 이미지와 상징은 몇몇 개의 원형을 형성하는 것이다. 따라서 원형을 작품 속에서 읽어낸다는 것은 작품의 근원(origin)을 캐는 것을 뜻한다기보다 기본구조를 밝혀내는 것이 된다.

이 글에서는 집단무의식의 원형에서 비롯된 자아의 뿌리의식과 원형적 상상력의 측면에서 박재삼·박용래·천상병의 시를 재조명함으로써, 올바른 텍스트 해석의 길을 모색하고, 그 시적 변용의 실체를 해명하며, 우리 시문학사의 정통성 회복과 세계를 보는 새로운 시각을 일깨우고자 한다. 이러한 작업은, 현대인의 정신사적 소외의식을 초월 극복하고, 우리 현대시의 전통의식이 가지는 뿌리 깊은 원형성을 확인하는 데도 뜻이 있으리라 믿는다.

2. 원형에 대한 연구 동향

우리 문학에서, 원형에 대해 관심을 갖고 신화·원형비평 방법을 적용하여 연구를 하기 시작한 것은 60년대에 들어서이다. 김태곤은 '원형'(archetype)이란 용어가 1960~1970년대에 들어와 한국 학계에서 자주 거론되어 왔는데, 원형의 개념이 다양하게 사용되고 있는 실정이라며 융(C.G. Jung)과 엘리아데(M. Eliade)의 원형 개념을 소개하면서, 용어의 사용에 대한 문제점을 제시하고 있다.[10] 국내에서는 처음으로 이상섭이 원형비평 방법을 소개하면서부터 원형에 대해 관심을 갖게 된다.[11] 본격적인 연구는 황패강에 의해서인데, 그는 민간전승의 표상 작용을 원형비평 방법에 의해

10) 김대곤, 『한국무속연구』(집문당, 1991), pp.152~154 참조.

11) 이상섭, 「Archetype와 시」, 『문우』 속간1호, (연세대학교 문과대학, 1960)./ 이상섭, 앞의 책, p.183 참조.

도출해 냄으로써 우리 고전문학의 한 당위성적 가능성을 진단하였다. 그는 '영혼의 육체 탈리' 관념을 중심으로 원시인의 초월적 상황의식을 통하여 원형을 제시하고 있다.[12)]

70년대에 들어와서는 이부영의 「한국 설화문학의 심층분석」, 「심리학에서 본 샤머니즘」 등을 비롯하여 김병욱, 신동욱, 이정기, 김열규, 이어령, 김석하, 김승찬, 이인복 등의 연구 업적을 들 수 있다. 문덕수는 원형비평 이론을 소개함은 물론, 『한국 모더니즘시 연구』(시문학사, 1981)에서 정지용의 작품에 나타난 원형이미지가 시대적 상황과 관련하여 변천한 과정을 추적하고 있는데, 원형비평의 방법으로 작품을 분석하였다. 김열규는 한국 신화의 원형을 '본풀이' 무가와의 관련 밑에서 '본풀이' 즉, 본원(本源)의 풀이로 해석했다.[13)] 유동식은, 한국 무속의 원형을 엘리아데의 명제를 그대로 옮겨다가 단군신화를 비롯한 건국신화 속에 있는 전체로 보았다.[14)]

김태곤은 앞에 인용한 책에서, 신에 의한 천지창조 행위 자체를 '원형'으로 본 엘리아데의 원형 개념을 한국신화나 무가, 무속, 중국·일본·'아이누' 등지의 동양신화, '보르네오'나 '게르만'족 신화 등에 적용시켜 놓았을 때 이들 지역에서는 그와 같은 신에 의한 천지창조 현상이 발견되지 않기 때문에 심각한 문제를 초래하게 된다고 밝히고 있다.

80년대 이후 정금철, 한상수, 전규태, 김준오, 이광풍, 김대규 등의 연구로 확대 심화되어 오고 있음을 볼 수 있는데, 이때까지의 연구의 대부분은 구비문학이나 고전문학에 관한 것이었고, 현대문학에 관심을 보인 몇몇 논문도 단편적 원형이미지 제시에 그치는 정도였다. 그 중 정지용의 시 <향수>를 시인의 원형적 상상력과 함께 시의 심상체계를 주기적 원환(圓環) 구조로 해석한 정금철의 연구[15)]는 본고의 논의에 시사하는 바가 크다. 80

---

12) 황패강, 「한국 고대 서사문학의 원형」, 『文湖』4집, (건국대학교, 1966)./ 신동욱 외, 『신화와 원형』(고려원, 1992), pp.61 - 163에 재수록.

13) 김열규, 『한국신화와 무속연구』(일조각, 1977), p.2 ff.

14) 유동식, 『한국무교의 역사와 구조』(연세대학교 출판부, 1975), p.26 ff.

년대 이후 유창근, 이현, 권영상, 나근찬, 김창근, 김용식, 이문걸, 김영아 등이 석·박사학위 논문을 발표하였는데, 이들 논문에서 다루어지고 있는 시인은 극히 제한되어 있다. 김소월, 윤동주를 비롯하여 청록파 시인, 정지용, 이육사, 김춘수 등 우리 시문학사에서 중요하게 다루어지는 극소수의 시인들을 연구의 대상으로 하고 있다. 그리고 손병희, 최현옥, 김진모, 최은석 등이 한국 현대시에 나타난 재생 유형을 분석한 논문들을 발표하였는데, 한국 현대시에 나타난 재생 양식을 프라이(N. Frye)의 주기적 관점의 반복원리나, 휠라이트(P. Wheelwright)의 천지·부모·상하·피·빛·말·물·수레바퀴(원)의 원형관의 견해로 해석하고 있음을 볼 수 있다.

이외에, 무의식의 원형중 하나인 '아니마' 심상을 논의한 연구들도 있는데, 황윤철은 안서, 소월, 만해, 영랑 시의 여성편향성을 내용면과 형태면, 화용면에서 살피고 있다. 김창근은 김소월, 정지용, 서정주, 김춘수의 작품에 나타나는 원형이미지를 논의하는 가운데, 서정주의 일련의 작품들을 융의 '페르조나', '아니마', '그림자'의 원형적 유형과 접맥시켜 논의하였다. 이정자는 고시가를 연구대상으로 하여 이를 시적화자가 지향하는 대상에 따라 연군지향형, 연인지향형, 연부지향형으로 분류하여 고찰하였다. 또한, 아니마 시에 투영된 여성의식은 숙명적 체념의식, 현실타협의식, 인고의식, 적극적 애정의식 등으로 나누어 살펴보고, 그 문학사적 의의를 논의하고 있다. 이러한 원형이미지로서의 아니마를 대상으로 한 시 해석은 현대시의 분석에 대한 새로운 방법론을 제시했다고 생각된다.

60년대 이후 우리 문학 연구에 도입된 신화·원형비평적 방법론은 인접학문의 성과를 발전적으로 수용하면서, 우리 문학의 당위성과 가능성 탐구에 적지 않은 성과를 가져왔음을 부인할 수는 없다. 그러나 이와 같은 성과에도 불구하고 특수한 지엽적 요소만으로 총체적 원형의 동질성을 관념적으로 도식화할 우려 등 그 문제성도 적지 않게 내포하고 있음 또한 간과할

---

15) 정금철, 「<향수>에 나타난 原型 心象」, 김학동 외, 『정지용연구』(새문사, 1988)

수가 없다.

한국 현대시에 나타나는 원형성의 실체를 밝혀내기 위해서는 모든 근 · 현대 시인들과 그들의 작품을 대상으로 포괄적인 연구가 이루어져야 할 것이다.

3. 논의의 범위

이 글에서는 '한국의 현대서정시 속에 일관되게 흐르고 있는 원형은 과연 무엇일까' 하는 점에 관심을 둔다. 휠라이트는 인류 전체, 혹은 대부분의 사람들에게 동일하거나 매우 유사한 의미로 통하는 상징을 원형상징이라 하였다.[16] 그의 의견에 따른다면 한국인 대부분의 정신 속에도 공통적으로 내재하는 원형이 있을 것이고, 존재한다면 그것은 문학 속에서 어떻게 표출될까? 이에 대한 답을 규명하고 싶은 것이 이 연구의 취지이다. 그리하여 연구대상으로 삼은 시인이 박재삼, 박용래, 천상병이다. 이 세 시인은 여러 면에서 공통점을 지닌 시인들이다. 세 사람 모두 1950년대에 작품활동을 시작한 이른바 '50년대 시인'으로 작품상에서도 상당히 공통점이 많은데, 우리 현대 시문학사에서 가장 순수하면서도 근원성을 추구하였다고 일반적으로 평가된다. 흔히 모더니즘의 시대라 일컬어질 정도로 이질적 정서에 압도되던 50년대, 그리고 60년대 참여주의의 양대 산맥 속에서, 이들의 시는 민족 고유의 정서를 재현해 내는 데 일관했다. 주지하다시피 1950년대, 이른바 전후시의 경향은 시적 정서를 주축으로 하는 경우와 시적 인식을 주축으로 하는 경우로 대별된다. 전자의 경우는 '전통파' 또는 '서정파'라는 말로 지칭되고 있다. 후자의 경우는 시적 언어의 형태에 새로운 실험을 감행하면서 서정적 변혁에 주력해 온 시인들과, 사회적 인식과

16) Philip Wheelwright, Metaphor and Reality (Indiana University Press, 1973), p.111./ 김태옥 역, 『은유와 실재』(한국문화사,2000), p.119 참조.

현실 문제를 시 속에 포괄함으로써 적극적인 시정신의 구연에 힘쓴 시인들이다. 이들은 후기모더니즘 운동이라는 시적 성과를 평가받고 있다.[17] 물론 1950년대의 특성을 모더니즘으로만 규정지을 수 없지만, 모더니즘이 그 시대를 대변하리만큼 지배적이었다는 것은 사실이다. 1960년대는 여전히 대립적 양상을 띤다. 즉 순수와 참여라는 문학에 대한 인식의 양분화 현상이다. 시가 오로지 시일뿐이라고 믿었던 순수시에 대한 관념이 무너지면서, 시단의 일부에서는 전후시가 보여준 정서적 폐쇄성을 거부하면서 이른바 '참여'의 목소리를 높이기 시작한다. 그러한 시기에 박재삼·박용래 등은 미당 서정주의 전통적 서정성과 청록파의 자연을 계승하면서 감각과 정서를 다져온 시인들이다. 천상병은 시정신의 천진성이나 소박성이라는 면에서 훨씬 더 서정적이다. 그리고 이들 세 시인은 모두 현실의 생활에 잘 적응하지 못하고 이방인으로 떠돌았다는 점을 공통점으로 들 수 있다. 중심부보다는 주변부 혹은 사소한 것에 머물려는 경향을 보였다는 점이다. 시인의 의식면에서 볼 때, 이들의 작품에서는 여성성의 발현과 모성회귀 성향이 두드러지고, 유년기나 고향에 대한 회상에 집착을 보인다. 아울러 '물'이나 '빛', '하늘', '바람', '새', '흙' 등의 이미지를 중요하게 부각시킨다는 점을 공통점으로 지적할 수 있다. 이들의 시에 되풀이해서 나타나는 심상 혹은 모티프는, 그것이 우리 문학에 하나의 원형이 되고 있음을 밝히고자 하는 본고의 연구 방향에 하나의 단서를 제공해 준다.

문학은 인간의 원초적 심성을 가장 잘 드러내는 예술이다. 특히 시의 영역은 그 언어의 상징성으로 말미암아 이러한 원초적인 정서 표출을 더욱 쉽게 한다. 우리가 시를 읽었을 때, 그 이미지 속에 동화되고 감동하는 것은 시가 인간 내부에 잠재한 원초심성을 내포하고 있기 때문이다. 그러나 시인 개인의 지성과 감각의 차이에 따라 원초심성은 여러 형태로 나타난다. 문학 작품은 시간을 초월하여 영구히 인간의 의식 속에 재현되는 원형

17) 권영민, 『한국현대문학사』(민음사, 1999), pp.106～107 참조.

들의 표현이라 할 수 있다.

시인의 의식은 구체적인 사물과 세계에 대한 시적자아를 상징하려는 의지이다. 그러므로 텍스트 안에서 만날 수 있는 것은 고정된 지식이 아니라 체계화할 수 있는 외계와의 진정한 교류이다. 이 같은 지향적 태도는 작품 속에 나타난 시인의 자아와 세계의 상호 작용을 의미하는 것이다.[18)]

이 글에서는 이러한 관점을 감안하여 시적자아의 근본의식과 원형적 상상력의 측면에서 이들의 시가 갖는 내재적 가치와 보편적 가치를 동시에 해명함으로써, 세 시인의 작품세계에 대한 새로운 연구와 시각을 일깨우고자 한다. 그리하여 한국 현대시에 나타나는 원형이미지의 실체는 과연 무엇인가 하는 것을 궁극적으로 밝혀보고자 하는 것이다.

이들 세 시인이 한국 전통 서정시의 영역을 확대시켜 왔다는 것을 감안할 때, 이들의 작품에서 파악되는 총체적인 의미는 한국적이고 근원적인 삶의 실상과 본질에 대한 추구라고 할 수 있다. 원형적 이미지는 많은 작품에 되풀이되어 나타나며, 모든 인간에게 유사한 의미나 반응을 환기시키는 심상이다. 그러므로 이것은 어떤 한 작품의 개별적 의미나 정서를 초월한다. 단순히 세 시인의 작품을 나열하거나 비교하는데 그치지 않고, 이들의 시에서 드러나는 공통점을 통해 원형을 찾고 그것의 보편적 가치를 탐색하고자 하는 것이 이 연구의 지향점이다. 이미지의 연구 방법과 개념의 적용을 통해 밝혀지게 될 상징과 원형의 요소는 박재삼 · 박용래 · 천상병의 시세계에 나타난 상상력의 질서를 구체적으로 해명해 주고, 이들 시의 전체적 의미구조에 도달하는 매개체가 되리라 본다. 결국 이 세시인의 작품 분석을 근거로 하여, 한국 전통 서정시에 나타나는 한국인의 사상 또는 정서의 원형을 종합화하고 보편성을 부여하는 데에 본 연구의 목적이 있다.

우선 텍스트에 대한 분석적 방법으로 원형이미지를 추출해 냄으로써, 박재삼 · 박용래 · 천상병 시의 진정한 맥은 어디에 있으며, 시적 변용의 실체

---

18) R.R.Magliola, 최상규 역, 『현상학과 문학』(대방출판사, 1986), p.13.

는 과연 무엇인가, 그리고 현대시의 원형성을 어떻게 종합하여 보편성을 부여할 것인가에 연구의 초점을 모으고자 한다. 원형비평의 방법을 적용하여 원형의 탐색에 초점을 맞출 것이다.

이러한 분석을 위한 작업은 개별적인 작품이 가지는 독특한 미학적 구조나 독자적인 가치도 중요하겠지만, 그보다는 개별적 작품들 사이에 존재하는 유사성과 일반성에 집착하는 원형 비평적 태도에서 접근해야 할 것이다. 원형 비평적 접근은 독자적인 미의 세계가 있음에도 불구하고 반복·회귀되고 있는 원형적인 어떤 요소는 '전체 문학'이라는 질서 속에서 이해되어야 한다. 우선 박재삼·박용래·천상병의 시에 표출된 이미지가 집단무의식에서 비롯된 원형으로 해석되기 위해서는 전통적 원형이미지와 비교해봄으로써 가능할 것이다. 따라서, 신화와 종교체계, 혹은 전통적 민속을 검토하여 추출한 원형 이미지를 지표로 설정하여, 세 시인의 작품에서 추출한 이미지와 비교 검토함으로써 원형의 상징체계를 정립하도록 하겠다.

이 글에서는 원형의 이론적 근거로, 융의 집단무의식의 원형론과 바슐라르의 원형적 상상력, 휠라이트의 원형상징, 프라이의 원형론, 그리고 엘리아데의 종교형태론 등에서 언급되는 원형 개념을 통합적으로 원용하게 되며, 이를 통하여 박재삼·박용래·천상병의 시에 나타난 원형이미지의 실체를 찾아내게 될 것이다.

Ⅱ. 원형 이론의 탐색

1. 원형의 개념 및 속성

1) 원형의 개념

'원형'(archetype)은 융(Carl Gustav Jung, 1875~1961)의 심층심리학에서 사용된 용어로, '집단무의식의 일부인 원초적 이미지(primordial image)', 혹은 '개인에게 선험적으로 유전되어오는 동일한 것의 무수한 반복체험에 의한 심리적 잔유물(psychic residue)'로 정의된다. 융에 의하면, 인류 선조의 생활 속에 나타나는 반복적 경험 유형의 이미지나 잔유물은 인류의 '집단적 무의식'(collective unconscious)속에 계승되어지고, 문학 작품뿐만 아니라 신화, 종교, 꿈, 개인적 환상 속에 표현된다고 한다.[19] 일반적으로 문학에서 원용하여 사용하는 원형의 개념은 '시대를 초월하여 끊임없이 반복적으로 나타나는 원시적이며 전형적인 심상'을 가리킨다.[20] 문학에서의 원형 이론은 켐브리지 대학의 비교 인류학파에게서 유래한 것인데, 그 주요 저작은 프레이저(James George Frazer)의 『황금 가지』(The Golden Bough, 1980~1915)이다. 여기서는 전혀 상이한 문화에 속하는 전설이나 의식에 반복적으로 나타난다고 보는 신화와 의식의 기본적 정형을 추적하고 있다. 이 용어는 특히 보드킨(Maud Bodkin)의 『시에 있어서의 원형적 전형』(Archetypal

19) 이부영, 『분석심리학』, pp.99~104 참조.

20) Maud Bodkin, *Archetypal Patterns in Poetry* (Oxford University Press, 1974), pp.4~5.

Patterns in Poetry, 1934)이 나온 후로 문학비평에서 많이 사용되게 되었다. 비평에 있어서 '원형'은 다양한 문학 작품에서 뿐만 아니라 신화나 꿈이나 의례화 된 사회적 행동 양식에서까지도 찾아볼 수 있는, 설화적 구상이나 인물 유형이나 이미지 등에 적용된다. 이러한 상이한 현상 속의 유사성은 일련의 보편적이고 원초적이고 기본적인 정형을 반영하고 있으며, 그것이 문학 작품 속에 효과적으로 구체화되었을 때 독자로부터 심오한 반응을 불러일으킨다고 주장되고 있다.[21] 문학에서는 특히 보편성을 띤 요소들을 일컫게 되는데, 예를 들면 모든 모험담에 등장하는 공통적인 영웅상, 모든 연애소설에 나오는 공통적인 미인, 기타 보편성이 있는 행동 양식, 행동이 벌어지는 배경, 사회관계 등을 원형이라고 할 수 있다.[22]

이상의 여러 자료에서 확인할 수 있는 것처럼 원형은 보편적 상징으로 인간의 원초적인 사고에 그 뿌리가 닿아있다. 인간의 심성 근저에 집단무의식의 형태로 내재하면서 여러 작품 속에 끊임없이 되풀이되어 나타나기 때문에 독자의 마음에 무의식적으로 반향을 일으키는 것이다. 또한 원형은 한 편의 작품을 다른 작품과 연결하는 기능을 함으로써 우리의 문학적 경험을 통일하고 종합하게 하는 것이다.

여기에서 우리는, 모든 인간의 정신적 유산 안에 공유되는 원초적 집단무의식이 있다고 주장한 융의 견해를 좀더 자세히 살펴볼 필요가 있다.

2) 의식과 무의식

인간의 정신은 그 내면구조와 마찬가지로 복합적인 의미를 가진다. 융은 정신의 구조를 '의식과 무의식의 세계'로 나누었다. 무의식의 세계가 바다라면 의식의 세계는 그것에 돌출한 조그마한 섬에 비유된다. 우리의 마음에는 '나'(자아)가 있는데 그 둘레에 의식이 있다. 내가 아는 세계, 즉 무엇

---

21) M. H. Abrams, 최상규 역, 『문학용어사전』(보성출판사, 1991), p.16 참조.

22) 이상섭, 『문학비평용어사전』(민음사, 1996), p.214.

이든 자아를 통해서 연상되는 정신적 내용은 의식(consciousness)의 세계이다. 자아 또는 '나'는 이 의식의 중심에서 의식된 마음을 통솔하고 또한 무의식의 마음과도 관계를 맺을 수 있는 의식의 특수한 콤플렉스이다.

반면에 우리의 마음속에는 우리가 알지 못하는 무의식(the unconscious)의 세계가 있다. 자아에 속하지 않으며 자아와 아직 연관되지 않고 있는 모든 심리적 경향, 내용들을 통틀어서 무의식이라 부른다. 그것은 꿈으로 나타나기도 하고, 때로는 무의식 속에서 행동을 하게도 한다. 결국 무의식이란 아직 의식되지 않은 정신세계로서 자아의 통제 밖에 있는 것이다.[23] 융에 의하면 무의식은 '우리가 가지고 있으면서 아직 모르고 있는 우리 정신의 모든 것, 우리가 알고 있는 것 너머 미지의 정신세계'이다. 융은, 무의식에는 두 가지 층이 있다고 보았다. 하나는, 사람이 이 세상에 태어나 자라는 동안 겪은 생활의 체험 내용 가운데서 무슨 이유에서든 잊어버린 것, 현실세계의 도덕관이나 가치관 때문에 현실에 어울리지 않아 억압된 여러 가지 내용으로 반드시 성적인 것에만 국한되지 않는, 그것을 포함한 모든 그 밖의 심리적 경향, 희구, 생각들, 고의로 눌러버린 괴로운 생각이나 감정, 그리고 의식에 도달하기에는 그 자극의 강도가 미약한 지각의 내용 등, 이 모든 것으로 구성된다고 한다. 이와 같은 무의식의 층은 개인의 특수한 생활 체험과 관련되고 개인 성격상의 특성을 이루는 것들이어서, 융은 이를 '개인무의식(personal unconscious)'이라고 하였다. 그런데 무의식에는 개인적 특성과는 관계없이 사람이면 누구에게나 발견되는 보편적인 내용이 있다. 이러한 내용은 태어난 이후의 경험 내용에서 나온 것이 아니고 태어날 때 이미 가지고 나오는 무의식의 층으로서 일찍이 의식된 일이 없는 것들이다. 이것은 개인의 특성보다 인류 일반의 특성을 부여하는 요소들이다. 누구에게나 보편적으로 존재한다는 뜻에서 융은 이를 '집단무의식(collective unconscious)'이라고 불렀다. 집단무의식은 인간에게 주어진 여러 가지의 근

23) 이부영, 『그림자』(한길사, 1999), pp.34~35 참조.

원적 유형, 곧 원형들에 의하여 구성된다. 원형은 지리적 차이, 문화나 인종의 차이와 관련 없이 존재하는 인간의 가장 원초적인 행동 유형으로 신화를 산출하는 그릇이며 우리 마음속의 종교적 원천이다. 융에 의하면, 집단무의식은 '역사적인 시기 혹은 사회적 · 종족적인 집단에 관계없이 초월적인 어떤 힘에 대한 공포와 위험 그리고 갈등, 남녀관계, 어린이들과 부모와의 관계, 애와 증, 생과 사, 명암의 원리적인 힘'과 같은 보편적 인간 상황에 대한 인간의 전형적인 반응의 집적이다. 결국 집단무의식은 우리들의 개인적 자아에 특유의 개인적인 요소를 포함하지 않고, 유전이 가능한 심리적 일반 기능에서 나온 내용만을 포함한 것이다. 따라서 집단무의식은 모든 개인의 두뇌구조 속에 새롭게 나타나는 인류 진화의 전체적인 정신적 유산을 담고 있다는 것이고, 이러한 심리적 유산은 모든 인류에게는 물론 동물에게도 공통된 것이다. 그것을 융은 '심상과 형상의 바다'라고 말한다.

무의식의 특징 중 하나가 '자율성'이다. 우리가 잠잘 때 계속해서 기능을 발휘하는 식물성 신경기능(자율신경)처럼 무의식은 의식 작용에 구애받음이 없이 그 스스로의 법칙에 따라서 움직여 가고 있다는 견해이다. 그런 의미에서 무의식은 의식 작용보다도 더 항구적이며 때로는 그를 능가하는 특징을 가진다. 그러나 이 자율성은 하나의 창조적 자율성이다. 무의식은 의식을 그 자율적인 힘으로 구속하는 것이 아니라 의식에게 여러 가지 미래에의 가능성을 제시한다고 보는 것이 타당하다.

또 하나, 무의식의 의식에 대한 관계는 '대상적'이다. 대상 작용은 무의식의 중요한 기능으로, 의식에 결여된 것을 보충하는 역할을 하여 개체의 정신적인 통합을 꾀한다. 의식이 지나치게 지적이면 무의식은 정적인 특징을 띠며, 의식이 지나치게 외향적이면 무의식은 내향적인 경향을 띤다.[24] 이 무의식의 내용물은 어느 때이고 의식의 수준으로 끌어올릴 수 있는 것이며, 또는 우리들에게 불유쾌하기 때문에 억압한 내용물인 것이다.

---

24) 이부영, 『분석심리학』, p.67～70 참조.

이상에서 의식의 세계와 무의식의 세계를 개략적으로 살펴보았는데, 의식과 무의식은 뚜렷하게 경계를 지을 수 있는 것도 아니고, 또 그것은 고정적으로 분리되어 있는 것도 아니다. 의식이 망각 속에서 무의식이 될 수도 있고, 무의식이 어느 순간에 의식으로 돌출할 수도 있는 것이다. 단지 확실하게 말할 수 있는 것은, 의식은 의식되어 알 수 있는 그 자체이고, 무의식은 진실로 알 수 없는 무의식 그 자체라는 것이다.

3) 외적 인격과 내적 인격

'인간은 사회적 동물'이라고 한다. 곧 '나'(자아, Ich, Ego)는 집단 속에 있으면서 집단과 어떤 형태로든 관계를 맺고 살지 않으면 안 된다는 것을 일컫는 말이다. 그러나 인간은 사회적인 동물인 동시에 정신적인 존재이다. 앞에서 살펴 본 무의식계를 포함한 마음의 세계를 '내적 세계'(internal world)라 한다면, 사회와 관계를 맺고 살아가는 세계는 '외적 세계'(external world)이다. 이러한 두 세계는 의식의 중심인 자아와 접하면서 균형 있게 적응해 나가는 것이 바람직하다.

외부세계와의 관계에서 자아는 외부의 집단세계에 적응하는데 필요한 여러 가지 행동양식을 익히게 되는데, 융은 이것을 '외적 태도' 또는 '페르조나'(persona)라 명명하였다. 페르조나는 진실된 모습이 아닌 가상(假想)이라는 뜻을 포함하는 집단정신의 한 단면이다. 즉, 페르조나는 내가 나로서 있는 것이 아니고, 다른 사람들에게 '보이는 나'를 더 크게 생각하는 특징을 가지고 있다.[25] 동시에 내적 세계, 즉 무의식계에 적응하는 가운데 외적 태도에 대응하는 내적 태도가 생기는데, 이를 '마음'(心, seele)이라 부른다. 외적 태도나 내적 태도는 거의 여러 개의 인격체처럼 일정한 특징을 가지고 있는 것이므로 이를 '외적 인격', '내적 인격'이라 부르기도 한다. 개인

---

25) 이부영, 위의 책, pp.81~86. / Jolande Jacobi, 이태동 역, 『칼 융의 심리학』(성문각, 1992), pp.44~51 참조.

에게 페르조나가 제대로 형성되지 못했을 경우 집단 속의 대인관계에서 많은 어려움을 겪게 된다. 우리가 사회집단 속에서 삶을 영위하고 살아가는 한 페르조나의 형성과 강화는 필요한 것이고 또한 필수적인 것이다. 이렇듯 페르조나는 개인과 사회집단과의 관계 속에서 이루어지는 외적 인격의 표상이다. 이 글의 연구 대상인 박용래 혹은 천상병 시인의 페르조나 결여는 결국 자아와 세계와의 갈등으로 이어지고 있음을 볼 수 있다.

한편 무의식계를 들여다보면 그 특성과 기능에 따라, '그림자'(Schatten), '아니마'(anima) 또는 '아니무스'(animus), '자기'(self)라 부르는 독특한 요소가 있다. '그림자'는 의식에 가장 가까이 있는 무의식의 내용이다. 무의식의 의식화 과정에서 제일 먼저 만나는 것이 그림자라고 부르는 심리적 내용들이다. 그림자란 무의식의 열등한 인격이다. 그것은 나(자아)의 어두운 면이다. 다시 말해 자아로부터 배척되어 무의식에 억압된 성격 측면이다. 그래서 그림자는 자아와 비슷하면서도 자아와는 대조되는, 자아가 가장 싫어하는 열등한 성격을 지니고 있다. 자아의식이 한쪽 면을 지나치게 강조하면 그림자는 그만큼 반대편 극단을 나타낸다는 것이다.[26]

그림자는 그것이 외계의 대상에 투사되거나 자아가 그것을 처음 의식할 때는 미숙하고 열등하고 부도덕하다는 등 부정적인 인상을 주는 것들이어서, 좀처럼 자아가 '자기'의 일부분으로 받아들이기를 꺼리는 것들이다. 그러나 그림자는 본래부터 그렇게 악하고 부정적이고 열등한 것이 아니라 그늘에 가려 있어서, 다시 말해 무의식 속에 버려져 있어 분화될 기회를 잃었을 뿐이며, 그것이 의식되어 햇빛을 보는 순간, 그 내용들은 곧 창조적이며 긍정적인 역할을 하게 되는 것들이다. 그러므로 그림자의 부정적 측면은 대개 상대적인 것이다. 그림자는 흔히 외계에 투사되며, 그로 인해 우리는 비로소 그림자의 존재를 알 수 있는 기회를 갖게 된다. 투사란 물론 자아가 하는 것이 아니고 무의식적으로 되는 것이다. 자아는 단지 투사된 대상에 감정적

---

26) 이부영, 『그림자』, p.41. / 『분석심리학』, pp.58~61 참조.

으로 집착하게 됨으로써 어떤 무의식적인 내용이 투사되고 있다는 것을 발견하게 되거나 그렇지 않으면 전혀 그런 사실도 모르고 있는 것이 보통이다.

일반적으로 그림자가 의식화되면 그 다음 단계로 '아니마', '아니무스'를 인식하게 되고 이것이 인식되면 자기, 즉 마음의 전체를 실현하는 마무리 단계에 도달한다고 본다. 융은 남성의 '영혼-심상'을 아니마라 부르고, 여성의 '영혼-심상'을 아니무스라고 부른다. '영혼-심상'의 모습은 항상 심리를 보충하는 부분이나, 반대되는 성의 심리를 나타내는 부분이다.[27] 쉽게 말하면 남성의 무의식 속에 있는 여성적 요소를 '아니마', 여성의 무의식 속에 있는 남성적 요소를 '아니무스'라고 일컫는다. 외적 인격이 타고난 성에 따라 남성성과 여성성의 특성을 나타내듯이, 내적 인격도 남성과 여성에 따라 각기 다른 특성을 나타낸다는 사실을 융은 발견한 것이다. 이 경우의 여성적, 남성적 속성이란 집단 사회의 전통적 여성관, 남성관과 같은 것이 아니다. 그것은 인류의 역사 속에서 남성이 여성에 관해 체험한 모든 것의 침전, 또한 여성이 남성에 관해 체험한 모든 것의 침전으로 우리의 꿈, 신화, 민담에서 상징을 통해 인지된다. 반드시 여신과 영웅신, 선녀와 같은 인격적인 이미지로만 나타나는 것이 아니라 새, 사슴, 바람처럼 비인격적인 이미지로 표현되는 수도 있고, 심지어 물질, 이념에 투사되기도 한다는 것이다.

원초적 여성성은 여러 가지 다양한 성질을 나타내지만, 남성들은 남성의 페르조나 때문에 소홀히 하기 쉬운 감성(pathos)과 예감 능력으로 표현될 수 있다. 또한 원초적 남성성은 여성들이 소홀히 하기 쉬운 생각하는 힘(logos)과 지혜의 특성을 가지고 있다. 그러나 현실적으로 우리가 관찰할 수 있는 내적 인격의 표현은 남성에서는 주로 기분(mood)으로, 여성에서는 의견(opinion)으로 나타난다.[28]

그런데 이러한 아니마의 특성은 보통 어머니에 의해서 결정된다고 한다.

---

27) C.G.Jung · C.S.홀 · J.야코비, 설영환 역, 『융 심리학 해설』(선영사, 1997), p.282.
28) 이부영, 『그림자』, pp.43～44 참조.

어머니로부터 부정적인 영향을 받았다면 그는 쉽게 흥분되고, 우울해지고, 불안해하고, 감동을 하는 변덕스러운 성격의 소유자가 되는 경향이 있다. 남자의 영혼 안에서 부정적인 모성상은 일에 대한 권태와 무기력, 병에 대한 두려움, 소심증, 우수, 억압 등의 증상을 띤다. 반면에 어머니로부터 긍정적인 영향을 받고 자란 남성에게 있어서, 좋은 신부감을 찾는 능력은 긍정적인 아니마의 덕이다. 이러한 긍정적인 아니마는 남성들로 하여금 논리적인 사고를 도와주고, 올바른 내적 가치와 합치도록 하여 마음의 심부에 이르는 길을 열어 준다고 한다.[29] 이처럼 아니마는 남성의 마음에 숨은 모든 여성적인 심리적 경향들이 인격화된 것이다. 곧 막연한 여러 느낌과 기분, 예견적 육감, 비합리적인 것에 대한 감수성, 개인적 사랑의 능력, 자연에 대한 느낌, 그리고 무의식적인 것과 관계되는 복합적인 감정의 총체로 이루어진 여성적인 정서 일반을 말한다. 결국 아니마, 아니무스는 원형이지만, 무의식의 원형 중에 특수한 원형이어서 자아의식을 무의식의 심층인 '자기'에게로 인도하는 인도자, 또는 매개자의 역할을 하는 것이다. 그러므로 아니마, 아니무스의 인식을 통한 인격의 통합과 분화는 '자기실현'의 중요한 과제가 된다.[30]

---

29) C.G. Jung 편, 이부영 외 역, 『인간과 무의식의 상징』(집문당, 1995), pp.182~187. / 이부영, 『분석심리학』, p.91 참조.

30) 이상에서 살펴본 '마음의 구조'를 그림으로 나타내면 다음과 같다.

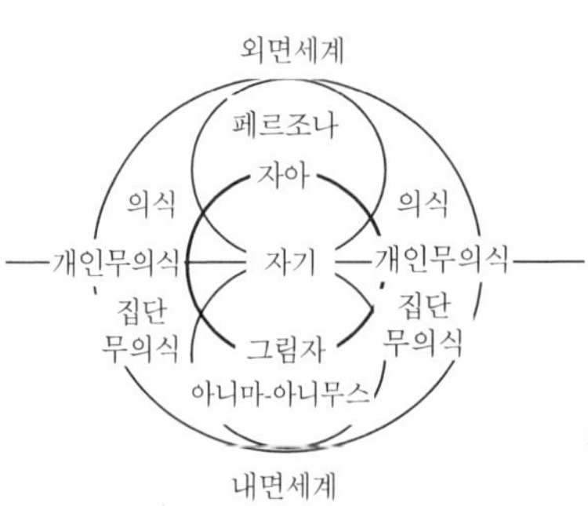

〈 그림1. 전체심리 〉

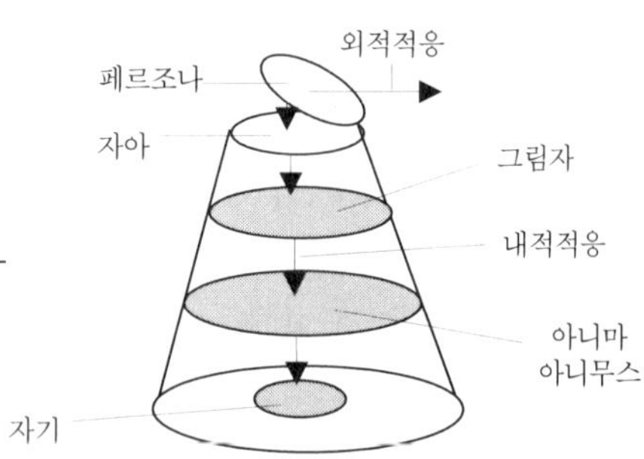

〈 그림2. 자기실현의 과정 〉

이제까지 융의 심층심리학을 중심으로 살펴본 바에 의하면, 결국 '원형'은 재현된 심층적 경험, 즉 '무의식의 상징적 형상'이다. 구체적으로 말하면 '의식적 사고의 영역에서 선택되어 이미지의 형태로 재현된 그 이미지와 그것에 반영된 심층 경험을 한 데 아우른 것'이라고 정리된다. 여기에서 원형과 심상의 근원적인 관계를 이해할 수 있다. 그러나 한편 융은, 원형이 어떤 명확한 신화적인 이미지나 모티프를 뜻하는 것이 아니라 그와 같은 모티프의 표상을 형성하는 경향이라고 강조한다.[31]

2. 원형적 상상력과 이미지

문학을 상상력의 소산이라고 했을 때, 상상력을 가진 언어의 단위로 이미지, 은유, 상징, 신화 등을 들 수 있다. 이 네 가지 단위들은 시의 중심적 구조가 된다. 의미론적으로 볼 때 이 용어들은 서로 겹치지만, 이들은 분명히 동일한 영역의 관심사를 지향한다.[32] 우리는 대체로 반복과 지속성에서 '상징'을 생각한다. 하나의 '이미지'가 한번은 메타퍼로서 환기될 수도 있지만, 그것이 묘사와 재현으로서 거듭해서 나타나면, 그것은 하나의 상징이 되고, 심지어는 상징적(혹은 신화적) 체계의 부분이 될 수도 있다. 우리가 일반적으로 상징이라 할 때는 우리의 지각 경험 가운데 비교적 지속적이며 반복적인 요소를 말하는 것이다. 또한 지각 경험 자체만으로 전달되지 않거나 충분히 전달될 수 없는 더욱 광범위한 어떤 한 의미 혹은 일련의 의미를 뜻한다. 어떤 특이한 통찰력이 번득일 때 단 한 번 은유로 사용된 이미지는 정확히 말해서 상징적 기능이 있다고 말할 수 없다. 이처럼 상징은 하나의 이미지가 다른 하나의 관념을 암시하거나 환기함으로써, 의미가 더

31) C.G. Jung, 설영환 역, 『무의식 분석』, 선영사, 1997. p.305 참조.

32) 르네 웰렉 · 오스틴 워렌, 이경수 역, 『문학의 이론』(문예출판사, 1993), p.269.

욱 확대되고 인간의 정신활동의 영역을 넓히는 기능을 갖는다.

휠라이트는 상징을 협의 상징(steno-symbols)과 긴장성 상징(tensive symbol)으로 나누고, 긴장성 상징의 암시력과 환기력의 범위 정도에 따라 상징을 다섯 단계로 설명하고 있다.[33] 첫째, 특정 시의 주도적 이미지는 관련 시 밖에서는 작용력이 없는 상징으로, 어떤 한 상징이 어느 특정한 시에 속한 것일지라도 진정한 효과를 거두기 위해서는 그 시에만 국한되어서는 안 된다. 둘째, 한 특정 시인에 의해서 의미심장하게 반복 사용되고 개발되는 개인 상징은 한 시인의 상상적 삶과 그의 실제생활에 대하여 지속적인 활기를 불어넣고 타당성을 가질 뿐 아니라, 시 작품 속에서 다양한 형태를 취하며 수시로 반복해 나타나는 상징을 말한다. 셋째, 조상 전래의 활력 상징(ancestral vitality)은 한 시인이 어떤 고전 문헌에서 찾아내어 개인적으로 창작 활동에 차용하는 상징이다. 차용에 의한 의미의 확충 작용은 특히 어떤 과거의 의미와, 새로 상징이 도입된 문맥에서 표시되는바 새로운 의미가 교유적으로 융합되어 이루어진다. 넷째, 문화권적 상징은 한 특정 문화권 전체나 한 특정 종교인 전체에 의미가 통용될 수 있는 것으로, 어떤 공동체나 비교적 큰 종교단체 혹은 비종교단체에 속하는 사람들에게 중요한 생명력이 있는 상징들이다. 다섯째, 원형상징은 문화적 차용이나 역사의 영향 밖에서 인류의 전체 혹은 그 대부분 사람들에게 동일하거나 유사한 의미로 통한다는 점에서 원형성을 갖는 상징을 말한다. 이와 함께 휠라이트는 어느 경우든 하나의 시 속에서 상징적 기능을 발휘해야 할 주도적 이미지를 선택할 때, 시인은 이에 새로운 문맥을 제공해야 한다고 하였다. 휠라이트의 상징 중에서 원형상징은 융이 말한 원형과 같은 개념으로 받아들일 수 있다.

이미지 혹은 상징을 산출하는 작용이 상상력에 있다는 견해는 오랫동안 수용되어 왔으며 여기에 별다른 이의는 없는 것처럼 보인다. 이승훈은 그

---

33) Philip Wheelwright, 앞의 책, pp.92～110, '*From Metaphor to Symbol*' 참조.

의 시론에서, 상상력의 표현으로서의 코울릿지 시론을 요약하고 있는데, 그에 따르면 '상상력은 위대한 질서의 원리이며, 제재들을 분별하고 질서화하고 통합할 수 있는 능력'[34]이다.

위대한 질서의 원리이자 창조적 능력으로서의 상상력은, 바슐라르에 의하면 시적 교감의 보편성이다.[35] 상상력은 보편성을 가지고 있기 때문에, 개인마다 다른 경험적 삶의 개체성에 좌우되지 않는 그만의 독자성을 나타낸다. 다만 그 보편적인 상상력이 개아적(個我的)인 우리들 각자의 내부에서 더욱 깊고 본원적인 자아를 이루고 있는 것으로 여겨질 따름이라는 것이다. 원형이란 바로 이와 같은 상상력의 보편성을 보여주는, 정확히 말해 상상력의 궁극성을 표현하는 이미지라고 말한다.

바슐라르에 의하면 이미지를 낳은 상상력은 무의식이고, 의식의 영역인 기억과는 다르게 구별된다. 기억이 과거 사실을 재현하는 일반화한 이미지를 환원하는데 반하여 상상력은 창조력이다. 상상력은 시적 이미지의 상태를 환기한다. 상상력의 궁극성에 의해 이미지의 생성은 원형을 지향한다. 원형은 이미지의 목표로서 이미지의 생성을 결정하는 것이다. 시인에게 대상이나 사물은 그 존재 자체로 이미 시적 이미지이면서 동시에 상상력의 가치이다. 실재 대상과 사물은 그것이 원형에서 받아들이는 정열적인 관심에 의해서만 시적 힘을 갖는다. 원형은 자체의 힘을 가진 이미지이다. 따라서 그것은 이미 만들어지고 유전된 이미지이면서 또한 재현 가능성을 함께 포함하는 것이다.

한편, 융에게 있어 원형은 의식적 사고의 감춰진 바탕이며 행위를 위한 준비의 체계인 동시에 이미지들이며 또한 감정이다. 이 원형은 전달이 가능한 상싱의 단위이다. 이러한 원형적 이미지는 하나의 시를 다른 시와 연결하고 그렇게 함으로써 문학 경험을 통일하고 종합하는 상징이다. 그러

34) 이승훈, 『시론』(고려원, 1993), p.56.

35) Gaston Bachelard, 곽광수 역, 『공간의 시학』(민음사, 1996), pp.15~16 참조.

므로 원형이미지를 탐색하는 것은 보편적 상징을 발견・모색하는 작업이기도 하다. 그것은 상징이 시에서 사용될 때, 어떤 대상이나 관념을 단순히 지시하거나 전달하지 않고 간접적이며 암시적인 방법으로 대상을 표상한다는 점에서 이미지와 유사하기 때문이다. 시를 포함한 모든 문학 작품에서 원형은 이미지를 산출하는 기능적 역할을 담당하며, 작품에서 이미지의 울림[共鳴]을 가능하게 하는 심리적 요인으로 나타난다. 즉 상징은 시에서 원형 자체로 또는 개념화된 이미지로 나타나기 때문이다. 이러한 원초적이고 기본적인 이미지는 상상력을 촉발시키고 상상력의 힘으로 그 이미지는 원형이미지로 만들어져 한 시인의 정신 활동을 근본에서 지배하는 것이다.

지금까지 살펴본 것처럼 이미지는 상상력의 작용에 의하여 산출된다. 시의 언어가 일상적 의미의 지시 기능을 거부하고 상상력을 여과한 이미지의 언어라는 사실에 동의한다면, 한 편의 시를 형상화하기 위해 동원된 모든 시어는 이미저리 표상에 관련되지 않을 수 없다. 우리의 잠재의식 속에는 의식 생활이 받아들인 체험이 뿌리내리고 있어서 시어를 듣거나 읽을 때 체험의 재현으로 인한 영상이나 느낌을 가지고 있는데, 그것을 바로 이미지라 할 수 있다. 결국 이미지는 시적으로 인식된 대상인 바, 인식된 대상의 시적 진술이라는 측면에서 이미지는 시인의 상상력 속에 내재한 인식대상의 한 모형이다. 이미지를 만드는 힘이 바로 상상력이라면, 시에 나타난 이미지를 연구하는 것은 곧 상상력에 대한 연구와 직결된다. 이 상상력이야말로 이미지를 생산하는 정신적 능력이며, 한 편의 시를 형성하는 결정적인 힘이라고 할 수 있다. 창의적이고 능동적인 시인의 상상력에 의해 떠오른 하나의 시적 이미지가 어떻게 형상화되며 어떤 과정을 통해서 우리 가슴속에 울리고 반향 하는지, 또 그러한 시적 이미지들이 한 시인의 작품 속에서 어떤 상징체계를 이루고 있는지를 이해하지 않고서는 올바른 시의 분석에 이를 수 없을 것이다.

3. 원형론의 여러 양상

융의 심층심리학에서의 인간심성론을 고찰해본 결과, 어떤 사물이 가지고 있는 보편적 상징 혹은 근원적 유형을 일반적으로 원형이라고 부른다는 것을 이해할 수 있었다. 여기에서는 융 이외의 다른 비평가들이 밝힌 원형의 개념을 검토해 보도록 한다.

개별적인 사물들은 모두가 보편적인 어떤 형을 내포하고 있다고 보는 이러한 견해는 관념론에 지나지 않지만, 중요한 것은 관념론 자체의 의미보다는 그것이 얼마나 우리의 삶을 풍요하게 해 주느냐에 있다. 이런 점에서 모든 형이상학적 체계는 우리의 삶과의 관련 속에서만 그 진정한 가치가 밝혀진다고 보아야 할 것이다. 원형의 세계는 모든 구체적인 사물들이 한결같이 지니는 여러 특성들을 기본적으로 대표하는 세계이다. 그것은 매우 추상적인 범주의 세계라고 할 수 있으며, 어떤 특수한 사물도 한결같이 뿌리를 박고 있는 깊은 근원인 것이다.

문학론 특히 시론에서 원형이란 일반적으로 세속적이고 특수하고 독자적이기보다는 '원시적이고 보편적이고 일반적인 여러 기본적 특성을 내포하는 상황, 사건, 관계, 대상, 행동, 인물, 관념'을 뜻한다. 원형의 이러한 일반성과 보편성은 대체로 두 가지 사실을 깨닫게 한다. 첫째로, 원형은 다양한 문학 작품들에 나타나는 유사성만을 지시한다. 이때 문학이론가들은 어떤 전형적인 설화나 민담이 시간적·공간적 측면에서 어떻게 변주되었으며 어떤 점을 유사성으로 내포하는가를 탐구한다. 둘째로, 원형은 문학 작품 자체가 아니라 작품 외부에서 발견되는 보다 광의의 유사성을 지시한다. 이때 비평가들은 시 속에서 발견되는 사실을 신화, 꿈, 의식들과 비교하여 검토한다. 전자의 방법이 보다 직접적인 방법이라면, 후자의 경우는 보다 간접적인 방법이다. 이것은 인류의 집단무의식, 시의 의식적 기원, 문화의 보급 따위에서 어떤 가설을 구성하려고 하기 때문이다. 대체로 위의

두 방법은 실제로는 중첩되어 사용된다.[36)]

역사적으로 문학 작품에 대한 원형적 접근은 20세기 초에 두 학파를 중심으로 하여 나타난다. 첫째로, 『황금 가지』를 쓴 프레이저를 필두로 하여 나타나는 캠브릿지 대학의 비교인류학회를 들 수 있다. 여기엔 포괄적으로 머레이, 해리슨, 웨스턴, 후크, 라글란, 버틀러, 가스터 등이 포함된다. 둘째로, 이미 앞에서 살펴보았듯이 『무의식의 심리학—성욕의 상징과 변형에 대한 연구』를 쓴 융의 심리학에 토대를 두고 있는 심리학적 탐구가 있다. 물론 여기에는 『꿈의 상징』, 『일반 정신분석 입문』을 쓴 프로이트의 심리학도 관계가 되며, 라이크, 오토 랭크, 에리히 프롬 등에 의하여 탐구된 신화와 의식의 심리학도 포함된다.

결국 위의 두 학적 체계, 곧 비교 인류학과 심층심리학의 결합은 카시러가 언어의 기원에 대한 견해에서 성취했듯이 문학 해석에 있어서 다음과 같은 일련의 가설을 제기한다. 첫째, 꿈과 신화와 의식은 근본적으로 '보편적・정서적 욕구를 충족시키거나, 보편적 인간의 문제를 해결하기 위한 변장되고 간접적이고 비공리적인 방법'이다. 둘째, 상징은 '어떤 사물을 이야기하는 방식이지만 실제로는 그 행위를 초월한 다른 관념의 세계를 보여주는 변장되고 간접적이고 비공리적인 방법'이다. 따라서 꿈과 신화와 의식은 상징적이라고 할 수 있다. 셋째로, 만약 꿈, 신화, 의식이 보편적 정서적 욕구를 충족시키거나 보편적 인간의 문제를 해결하기 위한 상징적 방법이라면, 그리고 원형이 꿈・신화・의식이 공통적으로 나누어 가지고 있는 것에서 태어난다면, 결국 원형이란 '보편적 상징'과 다름없다. 따라서 다음과 같은 가설이 성립된다. 만약 원형이 보편적 상징이라면, 그리고 주어진 한 편의 시 속에 나타나는 형태가 원형적이라면, 그 원형적 형태 역시 보편적 상징이라고 할 수 있다.[37)]

---

36) 이승훈, 앞의 책, p.245～246 참조.

37) 이승훈, 위의 책, 247～248 참조.

융을 비롯하여 보드킨, 바슐라르, 캄펠, 프라이 등 여러 비평가들이 개별적으로는 상이한 방법에 의하여 문학 작품을 연구하였지만, 궁극적으로는 모두 개인적 경험의 세계가 아니라 보편적 경험의 세계를 추구하였다. 여기에서는 앞서 살펴본 융 이외의 비평가들 중에서 본고의 논의에 이론적 토대가 되고 있는 바슐라르, 휠라이트, 프라이, 엘리아데의 원형에 대한 견해를 검토하도록 한다.

시인 가운데 가장 훌륭한 철학자이며, 철학자 가운데 가장 훌륭한 시인이라는 평을 받고 있는 사상가 바슐라르(Gaston Bachelard, 1884~1962)는, 시적 이미지에 관한 그의 최초의 저작 『불의 정신 분석』 및 『공간의 시학』, 『몽상의 시학』 등 시적 상상력에 관한 저서를 통해 우리의 관심의 대상이 되어 왔다.

바슐라르 하면 대개의 경우 "시적 이마주(image)에 관한 혁명적 측면을 내세운 '물질적 상상력'과 저 유명한 4원소론에 바탕을 둔 상상력"[38]의 분류를 떠올리는 것이 보통이다. 바슐라르는, 시공을 초월하여 끊임없이 여럿의 다른 작가들에게 되풀이해 나타나는 이미지들이 있음을 발견하고, 이 이미지들이 바로 원형이라고 밝혔다. 그는 원형이 물질적 상상력과 관계한다고 파악하고, 원형을 네 개의 기본적 물질, 이른바 '물・불・공기・흙(대지)'으로 분류할 것을 주장하였다. 그에 의하면, 한 인간의 믿음・정열・이상・사고의 형태를 파악하려면 그것들을 지배하는 이 4원소 가운데 어떤 물질의 한 속성으로 생각해야 한다는 것이다. 그는 이 네 가지 물질적 상상력이 보여주는 원형성을 많은 시 작품의 분석을 통해 밝혔다.

그런데 우리가 여기서 주의해야 할 것은, 이 이미지들이 서로 다른 작가들에게 그리고 한 작가의 여러 작품들에 나타날 때마다, 그것은 각 작가의, 그 순간의 상상력의 자주적인 활동으로 그렇게 된다는 사실이다. 즉, 그 이미지들은 그것들이 위치하는 작품의 콘텍스트로서 그들의 출현을 전혀 예

---

38) Gaston Bachelard, 이가림 역, 『촛불의 美學』(문예출판사, 1997), p.9.

기치 못하는 가운데 홀연히 나타난다. '기본적 이미지' 혹은 '원초적 이미지'로 불리는 이 이미지들이 시공을 초월하여 보편적으로 그러나 상상력의 자주적인 힘에 의해서 나타난다는 사실은 중요한 뜻을 내포한다. 그것은, 우리 각자의 상상력은 똑같은 목적을 지향하기 때문에, 인류 전체의 모든 상상력들은 하나의 똑같은 궁극성을 가짐으로써 서로 교감할 수 있다는 것이다. 따라서 이 기본적인 이미지들, 곧 원형은 어떤 의미로는 인간 상상력의 보편적인 궁극성 자체를 가리킨다고 생각할 수 있다.

바슐라르의 원형은 융의 원형을 상기시키는데, 사실 그가 쓰는 원형이라는 용어는 융한테서 빌려 온 것이다. 또한 그는 상상력의 궁극성을 융의 무의식에 접근시키고 있다. 바슐라르 자신의 말에 의하면 그가 융의 저서를 접하게 된 것은 이미 그의 상상력 이론이 정립된 후의 일이었다고 하나, 어쨌든 우리는 인간의 정신 작용의 궁극성에 대한 그의 견해가 융의 견해와 같다는 것을 알아볼 수 있다. 또 바슐라르 자신도 융을 발견한 뒤에는 고전적 정신분석에 반대하여 융의 큰 지지자가 되었다. 바슐라르 상상력이 절대적으로 인간의 정신 작용 위에 군림하는 것이라면, 그것의 궁극성인 원형은 바로 융의 그것을 가리키며, 사실 양자가 찾아낸 원형은 거의 같다.[39)]바슐라르는 상상력의 소산인 시적 이미지의 독자성을 강조한다. 이미지는 '그 자체의 존재와 그 자체의 힘'을 가지므로, 우리가 새로운 시적 이미지와 무의식의 밑바닥에 잠자고 있는 원형 사이의 관계에 대해 언급할 때에도, 인과론의 원인에 따른 결과로서가 아니라, 그 자체의 존재론적 연구가 선행되어야 한다고 본다. 그는 '①4원소론, ②이미지의 현상학, ③상상력의 궁극적 원형성'을 세 측면으로 하여, 하나의 전체로서의 상상적 현상을 조명하고 있다. 첫째 측면인 4원소론에서는 상상력의 독자적인 작용이 외계의 대상의 이미지를 어떻게 변환시키는가를 밝히고 있다. 둘째 측면인 이미지의 현상학에서는 상상력의 독자적인 작용 자체를 보편적인 시각 교감

---

39) 곽광수 · 김현 공저, 앞의 책, pp.37～38 참조.

의 현상으로 밝히고 있다. 셋째 측면인 원형론에서는 그러한 작용이 우리들의 외적인 삶이나 실용적 생리적 욕망이나 목적과는 전혀 관계가 없다는 점에서 상상력의 궁극성을 밝히려 하고 있다. 특히, 유년시절이 가지는 시적 몽상의 원형성은 이러한 원형적 상상력의 근저를 밝히는 바슐라르만의 독특한 특징을 갖는다.

휠라이트(Philip Ellis Weelwright, 1901～1970)는 인류학 · 철학 · 문학 · 신화학의 복합적 명제를 종합해 다루며, 실제 세계를 감지하고 구현하는 데 언어의 도구적 기능, 그리고 실재와 예술의 상호작용에서 일어나는 모든 현상에 대하여 명쾌하고 예리한 분석을 시도하였다. 그에게 언어는 의사전달의 도구이자 비전의 방편이며, 그러한 통찰의 매체로 은유 · 신화 · 원형상징 등을 다루기 위해 무수히, 적절한 예문들을 세계문학 속에서 끌어내고 있다.[40] 신화와 언어 분석에서 휠라이트는 어네스트 카시러의 영향을 받았고, 원형상징을 다룸에 있어 융의 영향을, 그리고 마르틴 부버의 신화적 이론에서도 힘입은 바 크다.

휠라이트에 의하면, 원형상징은 인류 전체나 아니면 그 대부분의 사람들에게 동일하거나 매우 유사한 의미 내용을 갖는 상징들이다. 시간적으로나 지리적으로 상당한 거리가 있어 역사적으로 어떤 영향을 주고받거나 인과관계가 전혀 없는 이질 문화 사이에서 '아버지인 하늘, 어머니인 대지, 광명 · 피 · 상하 · 바퀴 축' 등의 상징들이 거듭 사용되는 사실을 흔히 찾아볼 수 있는데, 이는 인간 사회와 그들의 사고 · 반응의 방식이 무척 다양하지만 사람들의 육체적, 심리적 구성은 자연적인 유사성을 지녔기 때문이라는 것이다. 육체상으로 모든 사람은 중력의 법칙에 종속되어 있으며 그 때문에 상향 작용은 하향 작용보다 늘 더 어렵고, 그래서 상향 운동은 성취의 개념으로 연상되며, 드높음이나 상승의 의미를 지니는 여러 이미지들이 탁월함과 왕권 · 지배 등의 개념을 흔히 연상시키는 것은 지극히 당연한 일이

---

40) Philip Weelwright, 앞의 책, 김태옥 역, 『은유와 실재』(한국문화사, 2000), p.189.

라고 밝히고 있다.

영어권에서 최고의 문학이론가 가운데 한 사람으로 손꼽히는 비평가 프라이(Northrop Frye, 1912~1991)는, 현대비평의 결정적인 전환점이 된『비평의 해부』[41]에서 체계적이고도 포괄적인 자신의 문학 이론을 전개한다. 그는 범인류적 현상인 문학도 심층 해부를 통하여 그 시간적 변형과 시간을 초월한 불변적 요소를 가려낼 수 있다고 주장한다. 한 무리의 문학 작품들도 적절한 비교 해부를 통하여 동일한 원형구조를 가지고 있음이 밝혀질 수 있다는 것이다. 이렇게 함으로써 인류 문학의 근본적 동질성과 질서를 그려볼 수 있다는 것이다. 이 질서를 수립하려는 것이 원형비평(archetypal criticism)의 궁극 목표이다. 원형비평의 근본 원리의 하나는 어떤 이미지의 개별적 형식과 보편적 형식이 동일하다는 것인데, 우리가 그 이유를 지금 당장 이해하기에는 너무 복잡하지만, 프라이의 주장에 따르면, 원형비평은 모든 다른 조망들을 가장 잘 통일하고 통합할 수 있다고 한다.[42] 프라이는, 비평의 주기능은 문학을 평가하기보다는 그것을 해석하는 것이라고 주장한다. 그는 문학에서 원형적 상징이 되는 세 가지를 제시하고 있다.

첫째는 묵시적 심상으로, 묵시적 세계는 종교적인 하늘로서 인간 문명의 노작에서 볼 수 있는 형태들에 의하여 지시된다. 즉 인간 욕망의 형태는 정원(흔히 동산, 에덴동산), 농장(또는 목장), 숲 등이다. 동물은 길들인 것이어야 하고, 흔히 양은 기독교적 은유의 대표적인 예가 된다. 광물의 경우에는 돌을 사랑의 힘으로 변형한 도시가 중요한 상징이 된다.

둘째는 악마적 심상인데, 이는 묵시의 상징에 반대되는 세계로서 욕망이 성취되지 못하고 거절된 세계를 제시한다. 즉 악몽의 세계로서 희생, 구속, 고통, 혼란 등의 심상으로 표현되는 일체의 대상을 포괄하고 있는 세계이

41) Northrop Frye, *Anatomy of Criticism* (Prinston University Press, 1973), 임철규 역, 『비평의 해부』(한길사, 2000).

42) Northrop Frye, 「문학의 원형」, 이상우 역, 『문학의 구조와 상상력』(집문당, 1992), p.160 참조.

다. 묵시적 심상들은 시에서는 종교적인 천국과 밀접하게 통합되어 있으나, 이 악마적인 세계는 정반대로 단테의 <지옥>과 같은 존재론적인 지옥과 밀접하게 연결되어 있으며, 오웰의 <1984년> 등을 위시한 그 계통의 작품들을 포괄하는바 지상의 지옥으로서 인간이 만든 것이다. 이로부터 악마적 심상의 중심적 주제는 비하와 조롱으로서 '실생활'의 모방을 뜻한다. 종교에서 정신의 세계는 육체적 세계와는 구분되는 실재이다. 시에서는 육체적이거나 행위적이거나 정신적인 존재이기보다는 가정적인 진실이다. 도스토예프스키의 <죄와 벌>에서 라스콜리니코프가 전당포의 노파를 살해하는 장면은 악마적 행위를 취급하고 있는, 19세기 산문문학에서 대표적인 예가 된다.[43]

셋째는 유추적 심상으로, 시에서는 영원히 불변하는 천국과 지옥의 두 세계를 다루기보다는 대개 덜 극단적인 다른 세계를 다루게 마련이다. 묵시적 세계에 대한 인간의 상대물로서 이 심상은 '천진의 유추'라고 하는 것을 제시하는데, 유년기와 순진무구의 상태, 즉 순결과 가장 밀접하게 결부돼 있다.

프라이에게 신화는 원형적 의미를 제공하고, 신탁에 원형적인 이야기를 제공하는 주요 정보원이다. 그래서 신화는 원형이다. 그는 이야기에 대하여 언급할 때만 신화를 말하고 의미에 관하여 말할 때 원형을 말하고 있다. 하루의 태양 주기, 일 년의 계절적 주기, 그리고 인생의 유기적 주기에는 일치된 의미의 패턴이 있어서 그로부터 신화는 부분적으로 태양이기도 하고, 일면 식물의 생식이기도 하며, 한편으로 보면 신 또는 원형적 인간이기도 한 인물을 중심으로 어떤 주요한 이야기를 구성한다. 그래서 프라이는 네 계설의 원형에 상응하는 장르로서의 원형을 제시하고 있다. 즉, ①새벽, 봄, 탄생의 단계(희극의 원형과 가장 광상적이고 열광적인 시의 원형), ②정오,

43) 신동욱, 「신화 비평론 서설」, 신동욱 외, 『신화와 원형』(고려원, 1992), pp.38～41 참조.

여름, 결혼 혹은 승리의 단계(로맨스, 목가, 전원시의 원형), ③저녁, 가을, 죽음의 단계(비극과 엘레지의 원형), ④어두운 밤, 겨울, 소멸의 단계(아이러니와 풍자의 원형)로 순환논리를 편다.[44] 프라이는, "신화는 문학 형식의 구조적 구성원리이고, 원형은 문학적 표현의 필수적인 요소이다."라고 주장함으로써 신화와 문학을 동일시하기도 했다. 즉, 원형의 개념을 인간과 사물의 동일화와 반복적 사고로 나타나는 우주의 순환구조—계절, 탄생과 죽음의 순환—로 설명하고 있다.

엘리아데(Mirea Eliade, 1907~1986)는 융이 원형을 집단무의식의 구조라는 의미로 사용하고 있는 데 반해, 자신은 융의 심층심리학이나 집단무의식의 개념을 사용하고 있지 않다고 그의 저서에서 밝히고 있다. 엘리아데는 '원형'을 '모범이 되는 모델' 혹은 '본'(本)이라는 용어와 동의어로 사용하고 있다. 그는 전통적인 사회를 연구하면서 하나의 특징적인 사실을 밝혀냈다. 그것은 그 사회가 역사적인 시간, 곧 사물이 비롯된 태초의 신화적 시간—'위대한 시간'(Great Time)으로의 주기적인 복귀에 대한 향수를 지니고 있다는 사실이다. 그는 이와 같은 사실의 의미와 기능을 '원형과 반복'이라고 부르고 있다.[45] 예컨대, 제의가 신에 의해 이루어진 천지창조 행위를 모방 반복하는 것, 그래서 제의(또는 신화)의 원형을 천지창조를 한 신의 행위 그 행동 자체로 보았다. 원시적인 행위의 대부분은 일반적으로 생각되는 바와 같이 태초에 신이나 신화적 인물이 하였던 원초적인 행동을 반복하는 것이다. 하나의 행위는 초월적인 모델, 원형을 반복할 때에만 의미를 가진다. 이 반복의 목적은 행위의 규범성을 확실히 하기 위한 것이고 거기에 실재론적인 지위를 부여함으로써 그 행위를 정당화하기 위해서이

---

44) Northrop Frye, 이상우 역, 앞의 책, p.156 참조.

45) M. Eliade, *Cosmos and History*, *The Myth of Eternal Return*, trans. from the French by Willard R. Trask, Harper Torchbooks, The Bollingen Library, Harper & Row, Publishers, New York, 1959, 서문 참조./ 정진홍 역, 『우주와 역사—영원회귀의 신화』(현대사상사, 1998), pp.5~7 참조.

다. 그것은 원형을 반복하는 경우에만 진실한 것이 된다. 원시인이 행하는 모든 행위는 초월적인 모델을 전제로 하고 있다.

이상에서 원형에 대한 연구가들의 견해를 살펴보았다. 문학 작품 속에 '집단무의식'의 형태로 잠재해 있는 원형은 시공을 초월한 관습적 패턴으로 인류의 가장 근본적인 경험이며, 보편적 상징이다. 원형은 인간 심성의 근저에 흐르며 끊임없이 나타났다 없어지는, 그리고 다시 나타나는 어떤 이미지인 것이다. 이른바 원형은 작품 속에 숨어서 무의식적으로 독자의 마음에 반향을 일으킨다. 원형비평은 이러한 원형적 패턴, 즉 보편적 질서를 찾는 작업이다. 인간의 마음속에 흐르는 인류 공통의 심리적 유산이 곧 원형인 것이다.

Ⅲ. 원형심상의 양상과 상징체계

원형이미지는 많은 작품에 되풀이하여 나타나며, 모든 인간에게 유사한 의미나 반응을 환기시킨다. 그러므로 이것은 어떤 한 작품의 개별적 의미나 정서를 초월한다. 앞으로의 논의를 위해, 앞에서 살펴 본 '원형'과 '상징', 그리고 상징체계에 대해 다시 간략하게나마 검토해 볼 필요가 있겠다. 융은 '원시적인 이미지'라는 말을 사용해서, 모든 일반적인 인간 행동의 양식을 이미지나 인식 가능한 양식으로 집중시키는, 모든 신화와 이야기와 모든 설화의 모티프를 나타냈다. 역사 가운데 재현되는 이런 모티프들은 모든 국가와 문화의 종교적 관념을 통해서 내려오는, 굉장히 아득한 원시적인 개념에서부터 현대인들의 꿈, 환상, 몽상 등에 이르기까지 수없이 많은 형태를 취하면서 나타난다. 원형의 집합체로서의 무의식은, 상당히 먼 시초로 정확히 회귀하는 모든 인간 경험의 침전물이라는 것이 융의 견해[46]이다. 원형에 대해 좀더 쉽게 이해하기 위해서는 원형과 신화와의 관계를 고찰해야 할 것이다. 모든 민족에게는 전설, 민속, 관념 형태에 반영될 수 있는 그 자체의 특별한 신화가 있다. 신화는 그것이 성장하는 문화적 환경으로부터 특수한 형태를 취한다. 일반적인 의미에서 신화는 보편적이다. 유사한 모티프나 주제가 상이한 많은 신화 사이에서 발견될 수 있고, 시간과 공간적으로 멀리 떨어진 여러 민족의 신화에서 반복적으로 나타나는 어떤 이미지들이 공통적인 의미를 갖는 경향, 즉 유사한 심리적 반응을 끌어내

46) Jolande Jacobi, 유기룡 · 양선규 공역, 『콤플렉스 · 원형 · 상징』(경북대학교 출판부, 1986), pp.37~38 참조.

고 비슷한 문화적 기능을 담당하는 경향이 있다. 그러한 모티프와 이미지가 '원형'이다. 간단히 말하면, 원형은 보편적 상징이다.

휠라이트는 시간적, 지리적으로 상당한 거리가 있어 역사적으로 어떤 영향을 주고받거나 인과관계가 전혀 없는 이질 문화 사이에서 아버지인 하늘, 어머니인 대지, 광명, 피, 상하, 바퀴 축 등의 상징들이 거듭 사용되는 사실을 흔히 찾아볼 수 있는데, 이처럼 인류 전체나 아니면 그 대부분의 사람들에게 동일하거나 매우 유사한 의미 내용을 갖는 상징들을 원형상징이라고 말하고 있다.

원형이 공간과 시간의 현즉성 가운데 스스로를 현현(顯現)시킬 때, 그것은 의식적 마음에 의해, 일정한 형태를 지닌 것으로 인식될 수 있다. 이 말은 모든 상징이 그것임과 동시에 아울러 원형이라는 말이며, 그것은 인식될 수 없는 '원형 그 자체'에 의해 결정된다는 것을 의미한다. 말하자면, 그것이 상징으로 나타나기 위해서는 '원형적인 밑그림을 가져야만 한다'는 것이다. 집단무의식에 의해 제공되는 무경험의 자질을 표상하는 원형의 집단적 인간성의 핵이, 의식적 마음과 그것의 형태 형성적 성격과의 유대관계를 맺기 시작하면 원형은 '몸', '물질', '확고한 형태' 등을 취하게 된다. 그래서 그것은 확실한 이미지—원형적인 이미지, 상징—가 되는 것이다. 기능적 관점에서 정의하자면, 원형 그 자체는 정신적 에너지로 농축되어 있으나, 상징은 그 원형이 분별 가능한 것이 됨에 따라 현현의 유형을 제공하는 것이라고 이야기할 수 있을 것이다. 이런 의미에서 융은 상징을 '정신적 에너지의 요체와 이미지'라고 정의한다. 결과적으로 누구도 '원형 그 자체'와는 직접적으로 대면할 수 없으며, 단지 간접적으로, 상징으로서 그것이 원형적 이미지로 현현될 때, 또는 콤플렉스나 징후 가운데 현현될 때만 원형과 대면할 수 있다. 무엇이든 간에 무의식으로 남아있는 한, 원형에 관한 어떠한 언급도 불가하다는 것이다.[47] 그리하여 원형적 내용물은 자신을 드

47) 위의 책, pp.79~80 참조.

러내는 방법으로, 최우선적으로 메타포를 사용한다.

이들 원형과 광범위하게 연관되며 상징적 의미를 갖는 이미지를 예로 들어보면, 물, 태양, 색채, 원(구체), 뱀(벌레), 숫자(3, 4, 7), 원형적 여성, 현명한 노인(구세주, 구속자, 도사), 요술사, 정원, 나무, 사막 등이다. 이들이 문학 작품에서 접하게 되는 일반적인 원형이미지의 예가 된다.[48] 원형은 본질적으로 무의식의 내용을 나타내며 그것이 의식화되고 지각됨으로써 변하는 것이다. 즉 원형은 나타나는 그때그때의 개인의 의식에 맞추어 변한다.

이 장에서는 이러한 원리에 근거하여 박재삼・박용래・천상병 시인의 시세계에 집중적으로 나타나는 이미지들을 추출하여 공통성에 따라 3개영역으로 항목화 하고, 그 이미지들에 내재한 원형성을 밝혀보고자 한다. 여기에서 검토하고자 하는 이미지는 천상적 혹은 우주적인 것들과 지상적인 자연심상, 그리고 인간의 심상 요소로서 원형적 여성—곧 모성원형으로, 이들은 신화시대에서부터 현대에 이르기까지 문학 작품에서 끊임없이 나타나는 원형이미지들이다.

1. 해, 달, 별, 하늘, 바람 : 우주적 심상의 순환원리

문학은 상상력과 개인적 체험의 소산이다. 또한 상상력은 개인의 체험에 의존함과 동시에, 한 집단의 무의식적 원형의 영향을 받는다. 개인적인 성향과 집단적인 무의식이 종합되어 나타나는 것이 문학적 상상력이라고 할 수 있다. 또한 문학은 자연에 대한 개인 체험과 인류의 보편적인 관점, 자연관을 상징적으로 형상화한다. 문학 작품은 작가의 관념과 체험의 구체적인 표현이며, 그 표현은 상징성을 띨 수밖에 없다. 그러므로 자연을 소재로

48) 자세한 것은 Wilfred L. Guerin, 최재석 역, 『문학비평의 이론과 실제』(한신문화사, 2000), p.180 참조.

한 모든 시에는 자연에 대한 시인의 상징적인 해석이 들어 있다고 할 수 있다.

휠라이트에 의하면, 일반적으로 상징이란 우리의 지각 경험 가운데 비교적 지속적이며 반복적인 요소를 말하며, 지각 경험 자체만으로 전달되지 않거나 충분히 전달될 수 없는, 더욱 광범위한 어떤 한 의미 혹은 일련의 의미를 뜻한다. 어떤 특이한 통찰력이 번득일 때 단 한 번 은유로 사용된 이미지는 정확히 말해서 상징적 기능이 있다고 말할 수 없다. 상징성을 띠게 되는 것은 어떤 변용을 거쳐서라도 회기성을 지니게 되거나 그 가능성이 있어야 된다는 것이다. 한편, 엘리아데에 의하면 상징은 인간 실존의 구조와 우주의 구조 사이에 내재하는 상호 의존성을 밝혀준다.[49)]

동양에서는 '상(象)'과 '형(形)'을 구분하여 설명하는 『주역』에서 상징의 어원을 찾는 것이 보통이다.[50)] 즉 '상'은 하늘에 있는 '일월성신'을 말하고, '형'은 땅에 있는 '산천초목'을 가리킨다. 하늘은 높고 땅은 낮듯이 상은 높고 존귀하고 형은 상에 비해 낮고 비천하다. 이 높고 낮은 것과 귀천의 상호작용이 만물변화의 원천이 된다. 여기에서 '하늘'로 표현된 어떤 궁극적 본체 또는 실재의 세계에 대한 표상은 상이고, 지상의 가시적 표상은 형이다. 상을 나타내기 위해서는 형이 필요하고 또한 형안에는 상의 본래의 의미가 들어 있으니 상과 형은 상호 연관적인 관련성을 가지고 있다. 그리고 '징(徵)'은 '징조(徵兆)'의 뜻으로 예로부터 사용되어 왔다. '상'과 '징'의 뜻이 합쳐져 '상징'이란 말이 이루어진 것이다. 주역의 '상'은 하늘의 조짐이 괘를 통해서 나타나는 것을 말하므로, '상징'이란 '괘상을 통해서 표현된 하늘의 징조'의 뜻이 된다. 그러므로 상징의 뜻은 '인간의 지각을 초월한 만유의 근원인 형이상학적 실재의 세계를 간접적으로 나타내어 암시해 주는 표징'의 의미로 일단 이해될 수 있을 것이다.[51)]

---

49) Mircea Eliade, 박규태역, 『상징, 신성, 예술』(서광사, 1991), p.48.

50) 노태준 역, 『周易』(홍신문화사, 1978), p.208 참조.

주역에서 말하고 있는 상징에 대하여 간략하게나마 인용해 보았는데, 동서양을 막론하고 하늘은 일차적으로 자연을 가리키는 말이었음을 알 수 있다. 하늘은 모든 생명의 근원이며 땅은 이를 발육시키는 것으로서 천지의 조화에 의해 만물이 발육되고 완성되는 것이다.

한편, 불교에서의 하늘은 윤회의 한 과정으로 '육도'[52]에 속한다. 불교에서는 우주를 구성하는 기본 물질로 '지·수·화·풍'을 들고 있는데, 불교에서뿐만 아니라 동양의 고대 철학에서 이 '수화풍토'는 중요한 역할을 한다. 이미 앞에서 살펴본 '불, 물, 공기, 땅'의 네 물질로서 상상력의 토대를 삼은 바슐라르의 4원소론 역시 고대 동양 철학의 영향이라고 할 수 있다. 우리 인간의 육체 또한 이것으로 이루어져 죽으면 다시 원래대로 돌아가게 된다. 즉, 살은 땅으로, 피는 물로, 체온은 열기로, 숨결은 바람으로 흩어져 자연으로 돌아가는 것이다. 그러므로 하늘과 인간은 연속되어 있어서 천은 인간을 낳고 인간의 안에 거주한다. 인간의 안에 거주하는 천을 천성이라고 한다.[53] 이러한 생각은 한국인에게도 마찬가지였다. 보통 한국인은, '하늘 또는 땅으로부터 생명을 받은 인간은 육신과 영혼의 결합으로 존재하는데, 육신과 영혼이 결합되어 있는 상태가 삶이고, 육신으로부터 영혼이 분리된 상태가 죽음'이라는 생명관을 갖고 있다. 하늘이 끊임없이 운행하듯이 인간의 생명도 순환하는 존재라는 사고인 것이다. 예컨대, 삼재를 천·지·인이라고 할 때 거기에는 인간과 천지가 하나의 존재라는 의미가 내포되어 있으며, 이런 까닭에 천인합일이라고 말하는 것이다.

이러한 사고를 바탕으로, 흔히 자연 혹은 우주의 원리를 형이상학적으로 상징하는 동양의 '만다라'와 '태극'은, 변화하는 우주의 원리 속에서 천인합일의 경지를 가시적으로 드러내 주는 상징이라고 하겠다. 예를 들면, 태

---

51) 신현락, 『한국 현대시와 동양의 자연관』(한국문화사, 1998), p.78.

52) 한국문화상징사전편찬위원회, 『한국문화상징사전1』(두산동아, 2000), p.625 참조.

53) 森三樹三郎, 임병덕 역, 『중국사상사』(온누리, 1986), p.27.

극을 도상화하여 우리의 국기를 만든 의식의 바탕에는, 태극이 표상하는 하늘 · 우주 · 일월의 상징을 통해 국가의 무궁한 발전을 기원함과 동시에, 음양의 화합과 순환으로 만물의 생성을 지속해 가기를 기대하는 염원이 깔려 있다고 할 것이다.

이 장에서는 이처럼, 불멸의 영역에 속하는 우주적 이미지들을 유한한 인간적 차원으로 결합시켜 가시적인 기표로 드러내 주는 '우주적 원형상징'으로 상정하고자 한다. 여기서 검토하게 되는 이미지들은 천상적 이미지라 할 수 있는 태양, 달, 별, 하늘, 빛 등이다. 이러한 이미지들이 본질적으로는 자연 심상에 속하지만, 이들은 이른바 신성을 갖고 '상승'의 개념과 연결되어 왔으며, 또한 이들이 함의하고 있는 원형성에 근거한 것이다. 여기에 '구름'과 '바람'의 이미지도 포함시키려 한다.

1) 박재삼의 천상적 이미지와 정서의 승화

박재삼의 작품세계에서 드러나는 이미지 가운데 천상의 것을 의미하는 것은 '빛, 해(햇빛), 달, 별빛, 하늘, 바람, 구름' 등의 심상이고, 지상의 것을 의미하는 것은 '물'의 심상이 대표적이다. 시 속에서 '빛'은 '찬란함', '반짝임' 등 빛을 연상시키는 시어들로 표현되기도 한다. 박재삼의 시에서 빈번하게 등장하는 빛은 그의 시를 형성하고 시적 의미를 전개하는 원동력이 되고 있는 것이다. 휠라이트는 모든 원형상징 가운데에서 '빛'의 이미지만큼 널리 알려지고 직접적으로 이해될 수 있는 것은 없다고 말한다. 이는 어떤 '정신적이며 영적 성격을 상징'하기 때문이라는 것이다. 빛은 창조된 세계의 최초의 대상물이다. 성경의 창세기에서 볼 수 있듯이 태초에 하느님이 천지를 창조할 때 가장 먼저 창조한 것도 빛이었다. 이 빛은 어둠을 추방하여 사물을 명료하게 지각할 수 있도록 해 주는 특성의 원형이 된다. 곧, 빛은 세계를 형성하고 인식하는 기본적인 재료인 것이다.

이제 그의 작품들에서 천상계에 속한 이미지들이 유발하는 정조가 무엇이며, 그 나타난 정조의 원천은 무엇인가 규명해보도록 한다.

다음의 시는 <해와 달> 전문이다.

남의 눈 때문에
그대의 집에는 차마 갈 수 없어
이렇게 먼 빛으로만
늘 안개 속에 부연 윤곽만을 짓고
아, 그 짓만 할지라도
사랑하는 것은 변함이 없고
너무나 뚜렷하구나.

해와 달은
나란히 안 뜨더라도
하늘 속에서 가장 중요한
둘이 되어 있는데,
그대와 나도
결국 따로따로 헤어져 있지만
하나는 뜨겁게 하나는 서늘하게
무심코 아름답게 빛나면 그만이지
그 이상이 없구나.

이 시에서 중심축을 이루고 있는 이미지는 '해'와 '달'이 환기하는 음양의 원리이다. 음양은 동양의 전통적 사고에서 우주를 형성하는 생성의 원리이자 질서의 원리로 인식되어 왔다. 그러므로 역사나 문학에 나다나는 상징성 역시 기본적으로 이들 두 관념에 근거해 구체화된다. 해는 하늘과 함께 '양'을 대표하는 심상으로 남성의 원형상징이며, 달은 땅과 함께 '음'을 대표하는 여성의 원형상징이라는 것은 널리 알려진 사실이다. 이 둘은 본질적으로 상반된 의미를 갖고 존재하지만, 세상에서 영원히 공존할 수밖에 없는 완전한 세계의 실체인 것이다.

위의 시는 사랑의 완성을 이루지 못하는 시적자아의 아픔을 형상화하고 있다. 1연에서는, 밝은 빛을 내는 해와 어둠 속에서 빛나는 달이 미완성의 사랑을 영원히 이어가듯이, 비록 '남의 눈 때문에' 무섭고 두려워 차마 다가서지 못하고 '먼 빛으로만' 바라보아야 하는 사랑이지만, 자아가 품고 있는 사랑의 신념만큼은 변함없이 '뚜렷하'다는 것을 나타내고 있다. 그리하여 한 자리에 나란히 존재하지는 못하더라도, 2연에서처럼 '하나는 뜨겁게/ 하나는 서늘하게' 영원히 끊이지 않는 사랑을 갈구한다. 해와 달은 영원히 만날 수 없는 사이이다. 그러나 그 둘은 실상 하늘 속에서 가장 중요한 둘이 되어 존재한다. 그러한 자아의 인식이 '무심코 아름답게 빛나면 그만이지/ 그 이상이 없'다며 미완성 사랑의 아픔을 극복할 수 있는 힘으로 작용하는 것이다. 그러한 자아의 인식은 원초적으로 해와 달이 갖는 상징을 통해 확인할 수 있다. 해는 태고의 영원과 함께 오랜 어둠을 물리쳐 깨뜨리는 희망의 상징으로 인식되어 왔다. 또한 해가 뜨고 지는 것은 가장 규칙적이며, 예측할 수 있는 현상이므로, 절대의 신뢰와 불변의 우주 질서를 상징한다. 달은 원시시대부터 죽음과 부활, 풍요와 재생, 통과제의 등에 관련되어 왔으며, '영원한 회귀'를 나타낸다. 달은 차면 기울고, 기울었다가 다시 찬다. 완전히 기울면 사흘 동안 그 모습을 감추어 버린다. 이것이 달의 기울고 차는 이치이지만, 이 같은 월면의 변화는 인간이 지니고 있는 순환 개념(cyclical concept)을 정교하게 하는 데 가장 큰 역할을 수행하였다. 우리는 그런 달의 리듬이, 짧은 간격(주, 혹은 날)만이 아니라, 보다 확대된 지속적인 기간에 대해서도 원형의 역할을 하고 있음을 알게 된다. 예를 들면, 인간의 탄생, 그의 성장, 노쇠, 그리고 사라짐은 주나 월의 기간과는 전혀 다른 확대된 지속이지만, 달의 순환과 일치하고 있는 것이다.[54] 이처럼 달의 순환이 주기적 항구적으로 되풀이되기 때문에, 달은 삶이나 시절의 영고와 기

54) Mircea Eliade, 정진홍 역, 앞의 책, pp.125～126 참조.

복, 홍망성쇠를 상징한다. 즉, 달의 주기에서 사흘 동안 완전히 사라지는 것이 죽음으로 비유되고, 차고 기욺은 탄생에 이은 성장과 노쇠에 비유됨으로써, 달은 '중단 있는 영생성과 재생'[55]을 상징한다. 예컨대, 민속에서 행해지는 부녀자들의 강강술래를 비롯한 몇몇 지방의 원진무는 달이 가지는 중단 있는 영생이라는 관념이 구체화된 것이다. 특히 강강술래는 매우 미세한 묘사를 통해 달의 차고 기욺을 재현하고 있다. 그리하여 달은 재생 또는 부활의 기본적 원형이 된다. 이것은 '음양'이 삼라만상을 통제하고 모든 변화를 일으키는 주체이지만, 시간의 흐름 속에서 볼 때 절대적 음과 양은 존재하지 않는다는 음양의 원리와 일맥상통한다. 즉, 해가 지면 달이 뜨고, 달이 지면 해가 뜨듯이, 음양은 각각 별개의 것이 아니며, 역동성을 갖고 끊임없이 순환하며 변화한다. 양속에는 음이 있고, 음속에는 양이 있으며, 이 둘은 하나 속의 둘로서 영원성을 갖기 때문에, 2연에서 보듯이 '그대와 나'도 '아름답게 빛나면 그만'이라는 시인의 인식과 맥을 같이 하는 것이다. 이처럼 자연과 인간의 조화를 지향하는 시인의 시 정신은 화합의 경지에 이르게 되며, 결국은 만물의 생과 사를 주관하는 우주의 원리에 통합되고 있는 것이다.

이러한 우주의 원리는 <슬픈 노래에 머물고>에서도 나타난다.

해와 달, 별은
천날 만날
하늘 속에 밖에는 뜰 줄 모르건만
우리가 우러르는 곳에
휘영청 높이 있고
한결로 빛나기 때문에
가장 거룩한 것이여 !

---

55) 『한국문화상징사전1』, p.193.

일부 인용한 이 시에서 '해, 달, 별'은 영원한 세계에서만 존재하는 대상으로, 인간이 우러르는 '거룩한' 존재이다. 그것은 '천날 만날/ 하늘 속에 밖에는 뜰 줄' 모르는 태고의 영원과 함께, '휘영청' 높이 떠서 '한결로 빛나는' 희망의 원형으로 존재하게 된다. 인용한 시편의 다음 연에서는 '새도 하늘을 나는/ 부러운 재주를 가졌건만/ 그러나 결국 땅에서 죽고' 말며, '간혹 사람은 상상의 날개로/ 멀리 갈 수는 있지만/ 어차피 지상을 못 벗어'난다고 표현하고 있다. 여기에서 나타나듯, 하늘을 마음대로 날아다니는 새일지라도 결국 땅에서 죽는 유한한 존재일 뿐이다. 또한 인간의 삶이 결코 우주적 테두리에서 벗어날 수 없음을 말해준다. 이것은 일견 유한한 존재로서 '생명력'의 한계에 대한 좌절과 상실을 나타내는 것으로 볼 수 있다. 그러나 비록 해와 달과 별이 갖는 '신성함과 영원성'에는 이르지 못하지만 그것이 바로 우주의 원리, 곧 자연의 원리라는 것을 깨닫고 있는 것이다. 그것은 또한 가장 규칙적이고 예측할 수 있는 현상이므로, 절대의 신뢰와 불변의 우주 질서인 것이다. 자아의 존재에 대한 이러한 인식은, 역설적으로 원초적인 영원세계에 대한 '우러름'과 다르지 않다고 할 수 있다.

만일에도
별을 주워모을 수만 있다면
얼마나 좋을까 싶지만
네 마음대로 바꿔놓을 테니까 못써!
해와 달을 안 뜨게만 한다면
더구나 큰일나서 안 돼!

그런 안 변하는 것을
아득히 두어야만이
잘 변하는 인생이 차츰
하늘 속에 드러나고 말아

한없이 부끄럽지 않느냐.

위에 인용한 시 <대치>에서 '별', '해', '달'과 같은 원형적 이미지들이 환기하는 것은 '불변의 진리'이다. 엘리아데는 태양 숭배야말로 인간의 역사적 존재 양식의 발달과 병행하는 것으로 보았다.56) 예컨대, 태양은 생명을 주는 원천, 세계를 밝히는 빛으로서, 인간에게 신같이 보고 깨닫는 힘을 주며, 질서의식을 찾아주는 존재이다. 우리에게 원형이란 근원적으로 자연적인 것이다. 1연에서 화자는 '별을 주워' 모으는 일, '해와 달을 안 뜨게' 하는 일 등은 우주의 질서, 곧 자연의 법칙에 위배되는 일이기 때문에 그래서는 안 된다고 말한다. 해와 달과 별이 존재하는 자연은 '잘 변하는 인생'에 비하면 변하지 않는 영원성을 가진 절대적 세계이다. 이러한 변하지 않는 우주의 질서를 통해 배운 것은 '아득히 두어야만'(2연) 한다는 것이 자아의 인식이다. 그래야만 인생도 '하늘' 즉, 자연의 완전한 세계 속에 드러날 수 있다는 것이다. 시적자아는 이러한 심리 상태를 '하늘 속에 드러나고 말아'로 나타내며, 인간 내면세계의 부끄러운 단면을 보여주고 있다. 그리하여 자아는 영원히 변하지 않는 해와 달의 세계를 인간의 삶과 일치시키며 영원불변의 세계로 이끌고 있는 것이다.

박재삼의 시에 자주 등장하는 해와 달, 그리고 별은 우주의 절대적 원리로서 자아에게 인식되는 초자연이며, 원초적 영원세계의 원형으로, 유한한 인간이 우러르고 꿈꾸는 희망의 원형으로, 또는 미완성 사랑의 극복의지로 표상되고 있음을 확인할 수 있다. <가난의 골목에서는>이라는 시를 보자.

골목골목이 바나를 향해 머리갈 같은 날빛을 빗어내고 있었다. 아니, 달이 바로 얼기빗이었다. 홍부의 사립문을 통하여서 골목을 빠져서 꿈꾸는 숨결들이 바다로 간다. 그 정도로 알거라.

---

56) Mircea Eliade, 이은봉 역, 『종교형태론』(한길사, 1997), pp.189～190 참조.

> 사람이 죽으면 물이 되고 안개가 되고 비가 되고 바다에나 가는 것이 아닌것가. 우리의 골목 속에 사는 일 중에는 눈물 흘리는 일이 그야말로 많고도 옳은 일쯤 되리라. 그 눈물 흘리는 일을 저승같이 잊어버린 한밤중. 참말로 우리의 가난한 숨소리는 달이 하는 빗질에 빗어져, 눈물 고인 한 바다의 반짝임이다.

이 시의 1연은 '달빛'이 비치는 동네의 골목안 풍경을 묘사하고 있다. 그 '골목골목'이 모두 바다에 닿아 있는 그곳은 '흥부'로 표상되는 가난하지만 착한 사람들이 삶을 꾸려가는 슬픈 추억의 현장이다. 여기서 '달빛'은 평화를 상징하는 심상이다. '달'은 마치 '얼기빗' 같은 모습으로 '골목골목'에서 퍼져 나오는 가난한 숨결들을 빗질을 하듯 '바다'로 쓸어 모은다. 그 '골목' 안에는 '눈물 흘리는 일', '가난한 숨소리'가 가득했기에 그 어두운 기억들을 '달'이 빗질을 하여 바다로 모으곤 한다. 그리하여 비록 가난한 사람들이 모여 사는 '골목'이지만, 밤이 되면 마치 하늘의 은총처럼 평화롭게 달빛이 비치고, 잠든 사람들은 꿈속에서나마 바다를 향해 간다. '흥부의 사립문'은 가난한 골목을 나와 바다로 가는 통로이다. 바다의 이미지는 '꿈꾸는 숨결들이' 모이는 곳으로, 희망을 암시하는 원초적 재생 공간임을 유추할 수 있다. 그 바다가 비록 '죽음'의 공간이라 할지라도 그곳은 가난의 서러움으로 눈물을 흘리지 않아도 되는 공간이다. 그것은 2연에서, '사람이 죽으면 물이 되고 안개가 되고 비가 되고 바다에나 가는 것이 아닌 것가'의 표현에서 그 의미가 나타난다. 여기서 시적자아는 물의 순환원리를 통해 만물의 윤회의식을 드러낸다. 사람의 죽음도 물이 되었다가 안개가 되고 비가 되었다가 바다로 모여들기 때문에, 가난이야 사람 사는 일 중에 흔하고도 당연한 일로서, 바다에 와서는 '눈물고인' 반짝임이 될 뿐이라는 것이다. 이러한 자아의 인식에 작용하는 것이 '달(달빛)'이 환기하는 원형적 상상력이다. '달'은 '물, 안개, 비, 바다, 눈물' 등의 이미저리를 통해 풍요와 생명과 재생의 원리를 제공하며, 암울했던 그 시절을 '달빛'으로 빗질하여 빗어내고, '반짝임'으로 승화시켜 새로운 세계 인식과 깨달음을 얻게 하는 역할을 하고 있는 것이다.

달은 한국인의 생활과 가장 밀접한 연관을 맺었던 자연물로서, 전통적이며 인습적인 상징의 하나이다. 태양보다도 더 친근한 대상이었고, 시가에서도 해보다는 달이 더 자주 등장하였다. 종교체계와 신화체계 속에서 달의 주기성의 원리와 여성원리는 다같이 생산력의 풍요, 생명과 그 갱신이라는 이른바 원형상징적인 의미를 갖는다.[57] 문학에서 달은 <처용가>, <원왕생가>, <찬기파랑가> 등 향가에서부터 나타난다. 향가에서의 달은 하나의 신앙적 공간에서 발원의 대상이었고 지상과 천상을 잇는 천사의 이미지였다.[58] 예컨대 <원왕생가>의 '달하, 이제 서방(西方)까장 가샤리고/ 무량수불 전에 일러다가 사뢰소서…'에서 작자의 눈빛과 달빛이 조응하여 마련한 새로운 공간은 상방의 서방정토였다. 또한 '처용'이 영원한 민속적 벽사진경(辟邪進慶)으로 이어질 수 있게 되었던 것처럼, <처용가>의 달은 벽사의 길을 밝혀주었다는 의미가 된다.

박재삼의 시에는 빛, 달, 해와 같은 이미지 이외에도 '구름', '바람' 등의 이미지들이 많은 작품에서 나타난다. '구름'과 '바람'은 신화시대부터 등장하는 원형심상이다. 구름은 물의 변형태로서 이미 원형성을 갖는다. 단군신화에는 환웅이 바람의 신(風伯)과 비의 신(雨師), 그리고 구름의 신(雲師)을 거느리고 하늘에서 내려와 360 여종의 일과 농사를 주관한다. 이는 구름이 풍요의 원리로 작용하고 있음을 말해 준다. 또, 환웅이나 그 밖의 고대 왕들이 지닌 왕권이 우주론적인 권위임을 상징적으로 나타내기도 한다. 한편 구름은 비와 더불어 이른바 '우순풍조'와 자연의 순조로운 조화를 상징하기도 하는데, 이는 농경사회의 풍요로운 힘을 나타내는 것이다. 반면에 먹구름이 표상하는 불안, 부정, 은폐 등의 부정적 의미로도 작용한다. 구름이

57) 김열규, 『한국의 신화』(일조각, 1998), pp.11~14 참조.

58) 김영수, 『한국문학의 맥락』(일지사, 1988), pp.152~164 참조.

상징하는 것은 서양에서도 크게 다르지 않다. 성경의 '구름 기둥'의 이미지에서는 성스러운 세계의 표상이었으나, '잔인한 전쟁의 구름' 같이 흉변을 상징하기도 한다.[59] 구름과 함께, 바람 또한 '우주의 숨' 혹은 풍요를 상징하는 원형심상이다. 이것은 우주의 구성을 동적으로 관찰함으로써 형성된 고대인의 인식에서 비롯된 것인데, 하늘의 기운, 나아가 우주의 숨과 기운을 상징한다. 단군신화에서 환웅이 거느리고 온 여러 신중에서 풍백이 우사, 운사보다 앞서는 것도 이 같은 우주론적 상징성에 기인한다. 이들 세 신의 도움으로 인간사를 주관한다는 것은, 신화시대의 우주론이나 우주 구성론에서 바람이 차지하는 위치나 그 중요성을 헤아리게 한다. 또, 인간사의 으뜸으로 곡식이 내세워진 것은 바람의 역할이나 상징성이 풍요에 있음을 알게 한다.

이상에서 신화에 나타나는 구름과 바람이 내재한 원형성을 고찰해 보았는데, 그러한 이미지가 박재삼의 시에서는 어떻게 수용되고 또 변모되어 나타나는지 살펴보도록 한다. 그런데 박재삼 시에서 '빛'의 심상은 번번이 '물'의 심상과 함께 나타나듯이, '구름'과 '바람'의 심상 역시 늘 '물', '빛'의 심상과 함께 나타난다. 이 점이 박재삼의 시의 한 특징이라고 할 수 있다. 다음의 시 <바람 그림자를>을 보자.

어지간히 구성진 노래끝에도 눈물나지 않던 것이 문득 머언 들판을 서성이는 구름 그림자에 눈물져 올 줄이야.

사람들아 사람들아,
우리 마음 그림자는, 드디어 마음에도 등을 넘어 내려오는 눈물이 아니란 말가.

— 문득 이도령이 돌아오자, 참 가당찮은 세월을 밀어버리어, 천지에 넘치

---

59) 『한국문화상징사전1』, p.66~71 참조.

는 바람의 환한 그림자를 춘향은 눈물 속에 아로새겨 보았을 줄이야.

이 시는 박재삼의 첫 시집 『춘향이 마음』에 실린 연작시 중 한 편으로, 고소설 『춘향전』에서 모티프를 차용하고 있다. 그러나 이 시를 비롯한 일련의 연작에서 춘향전 본래의 이야기가 갖는 비중은 그리 크지 않다. 이 시에서도 춘향이 처한 상황 설명은 생략돼 있다. 단지 이도령을 기다리고 있는 춘향의 현실적 상황을 제시하고 있을 뿐이다. 따라서 시의 전면에 드러나는 것은 그러한 상황에서 생성되는 '춘향의 마음'과 그 정서이다. 이 시에서 춘향의 마음은 '눈물'로 표현되고 있는데, 바로 이 '눈물'이 환기하는 어떤 정서가 시 전반을 이끌고 있는 것이다. 이도령을 기다리는 춘향의 마음은 눈물뿐만이 아니라, '구름, 바람'의 이미지를 통해 형상화된다.

1연에서 나타나는 정조는 그리움이다. 춘향의 그리움을 고조시키는 것은 구성진 노래도 아니고 '머언 들판을 서성이는 구름 그림자'이다. 구름은 특별한 형상이 없이 하늘을 떠다니는 자유로운 존재이다. 특별한 형상이 없다는 것은 여러 형상이 될 수도 있다는 뜻을 함유한다. 춘향은 그 구름의 형상에서 이도령의 모습을 그려보고 있다. 그리하여, 비록 믿음과 의지로 지켜오던 단단한 마음이었지만, 임의 형상을 한 '구름 그림자'를 보자 그리움과 설움이 북받쳐 눈물이 흘러나오는 것이다.

2연은 설움의 극한 상황이다. 그것은 '등을 넘어 내려오는 눈물'의 이미지에서 나타나듯, 등을 타고 내리는 눈물의 뜨거움과 물기가 환기하는 촉각 때문에 설움이 더욱 구체적이고 강렬하게 느껴지는 것이다. 이상숙은 그의 논문에서, '사람들아 사람들아/우리 마음'에 나타난 복수 표현이, 춘향의 눈물을 '민족 전체의 설움으로 확대'시키는 작용을 한다고 해석한 바 있다. 박재삼이 『춘향이 마음』 연작에서 춘향전의 서사적 구성에 연연해하지 않는 까닭도, 어쩌면 춘향전이 함유한 정서가 우리 민족의 보편적 정서와 상통한다는 것을 염두에 두었기 때문이라고 생각된다. 주지하다시피 고소설 『춘향전』은 신분의 차이에서 비롯되는 구속된 삶의 비극을 사랑의 완성으로 극복하는 모습을 담고 있다. 박재삼은 이러한 춘향의 사랑을 주조로 하여 당대의 삶을 통어하는 한 방식을 보여주고 있는 것이다. 소급해 보면, 춘향의 시적 변용은 김소월, 김영랑, 서정주에 의해서 이미 시도되었다. 소월의 <춘향과 이도령>, 영랑의 <춘향>, <두견>, 미당의 <추천사>, <춘향유문> 등은『춘향전』에서 모티프를 빌려온 선구적인 시라고 하겠다. 그런데 이들은 단순히 고전적 소재를 취하여 시 창작을 한 것은 아니다. 이는 오랜 기간 시인의 무의식에 내재된 전통적 미학의 요소가 분출된 것이라고 유추할 수 있다. 이러한 특성은 한국적인 감정과 정서라는 근원적인 사상의 맥을 잇고 있는 것으로 해석된다. 진순애도 그의 연구에서, 춘향은 일종의 '민족적 원형'[60]이라고 말하고 있다. 요컨대 춘향전은 '집단적으로 향유되어온 대표적 서사물로서, 전통주의 미학의 중심부에 자리하고 있는 고전'[61]인 것이다. 춘향전이 유발하는 정조가 현대시 혹은 현대소설에서 꾸준히 표출되는 것은 정금철 교수가 제시한 바 있는 '정서적 감염'[62]과도 밀접한 관계가 있다고 생각된다.

다시 작품으로 돌아가 살펴보자. 춘향의 설움은 3연에서 해소되는 양상을 보인다. 이도령이 돌아옴으로써 고통과 슬픔의 해소가 이루어진다. 기다림의 세월, 곧 '가당찮은 세월'을 밀어버리고 사랑이 가득 넘치도록 한 것이 '바람'이다. 그 바람이야말로 시련을 극복하고 사랑의 승리와 믿음의 결실을 가져온 '재생과 풍요'의 원형심상이 아닐 수 없다. 한편, 슬픔이 모두 해결되는 그때에 춘향은 '천지에 넘치는 바람의 환한 그림자'를 '눈물 속에 아로새겨' 본다. 고통과 슬픔은 비록 해소되었지만, 기다림의 세월 속에서 '눈물'이니 '설움'이니 하는 것들이 생래의 것처럼 감정의 기저에 자리 잡

60) 진순애,『현대시의 자연과 모더니티』(새미, 2003), p.201.

61) 전영주,「1950년대 시의 전통주의 연구」, 동국대학교 대학원, 박사학위논문, 2000, p.78.

62) 정금철,「<향수>에 나타난 원형 심상」, 김학동 외,『정지용연구』(새문사, 1988), p.11.

왔기 때문일 것이다.

이상에서 보듯이, 이 시에서의 이미지 추이는 '구름→눈물→바람'으로 전개되고 있는데, 이는 원형적 상상력에 근원을 두고 있는 것으로 해석할 수 있다.

바슐라르는 4원소—이른바 불, 물, 공기, 땅의 네 물질에 대한 이미지들을 연구해 가는 가운데, 시공을 초월하여 끊임없이 여러 다른 작가들에게 되풀이해 나타나는 이미지들이 있음을 발견하게 되는데, 이 이미지들이 바로 원형이라고 하였다.[63] 바슐라르는 '원형'의 개념을 융에게서 차용하고 있는데, 바슐라르가 말한 상상력의 궁극성 역시 융의 무의식의 개념과 다르지 않다. 위의 시에서뿐만 아니라 박재삼의 시에서 채택된 이미지들이 원형으로 자리 잡을 수 있는 것은, 그의 상상력의 활동이 무분별하게 이루어지는 것이 아니라 보편적인 가치 판단의 기준에 의해서 이루어지기 때문이다. 독자가 시를 읽고 난 후, 그 시의 이미지들이 그의 상상력에 나타나면서 느끼게 되는 미적 감동 속에서 어떤 놀라운 정신적 체험을 하게 되는데, 이와 같은 '이미지의 현상'을 바슐라르는 '혼의 울림'이라고 했다. 즉 울림이란, 이미지가 우리의 상상력을 촉발시킴으로써 상상력이 그의 전 힘

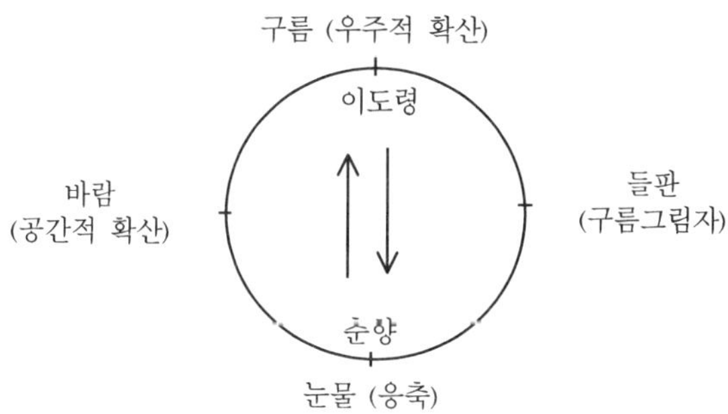

〈 그림3. 공간 심상의 순환 〉

63) 곽광수 · 김현 공저, 앞의 책, pp.37～38 참조.

으로 그 이미지를 원형의 이미지로 밀고 갈 때, 즉 그 이미지가 상상력의 전적인 움직임 속에서 원형의 이미지로 동적인 변화를 수행할 때, 우리가 느끼는 정신적인 효과라는 것이다.

위의 그림에서 보듯이, 이 시에서 원형에 지배되는 시인의 상상력은 '천상→지상→천상' 공간의 순환을 통해 정서적 승화 과정을 거치면서, '(구름;우주적 확산)→(눈물;응축)→(바람;공간적 확산)'으로 그리움의 정조를 표출시키고 있는 것이다.

이제까지 몇몇 작품을 대상으로 하여 분석해 본 결과, 박재삼 시의 근원을 형성하며 인식의 과정에 작용하는 것이 '해, 달, 별, 빛, 바람' 등의 우주적 심상과 '구름, 눈물' 등 물의 심상을 중심으로 한 이미지들로서, 이들은 원형적 공간을 형성한다.

예를 들어, 박재삼의 다른 시 <대인사>에서, '저 칠칠한 대밭 둘레길을 내 마음은 늘 바자니고 있어요. 그러면, 훗날의 당신의 구름 같은 옷자락이 不刻스레 보여 오는 것이어요.'의 경우에도, 무성하게 잘 자란 대밭 길을 늘 오락가락 거니는 춘향에게는 문득 당신의 '구름 같은 옷자락이' 갑자기 혹은 알지 못하는 사이에 보이는 것이다. 이는 앞의 시 <바람 그림자를>에서 '구름 그림자'를 보고 눈물나는 심정과 같이 '문득' 일어나는 일이다. 그리하여 '不刻스레' 보인 당신의 구름 같은 옷자락은 다시 '눈물 속에서는, 반짝이는 눈물 속에서는, 당신 얼굴이 여러 모양으로 보여오다가 속절없이 사라지는, 피가 마를 만큼 그저 심심할 따름'이라고 그리움의 정조를 표출하고 있다.

① 그 소리도 가지가지의 매미울음. / 머언 어린날은 구름을 보아 마음대로 꽃이 되기도 하고 잎이 되기도 하고 친한 이웃아이 얼굴이 되기도 하던 것을. -<매미 울음에> 부분-

② 바람 때문에 / 햇살 때문에 / 못이겨 그냥 그 / 웃어진다 울어진다 하겠네 -<自然> 부분-

③ 환장할 듯 환장할 듯 / 햇빛이 흐르나니, / 바람이 흐르나니
-<맑은 하늘 한 복판> 부분-

④ 풀밭에 바람이 날리듯이 / 남쪽바다에 햇살이 날리네.
-<한 景致> 부분-

바람이 소리와 결합하여 우리에게 전달되기도 하지만 가장 중요한 속성은 움직임일 것이다. 바슐라르가 바람을 달리는 말과 결부시켜 그 역동적이고 상승적인 속성을 지적했던 것처럼, '온갖 사물에 감촉 되면서도 무게가 없는 바람은 순수한 운동 그 자체'64)라고 할 수 있다. 이 움직임은 곧 변화와 관련된다. 이러한 바람의 속성은 우리들 각자의 심정 상태에 따라 서로 다른 의미 표상을 구축할 수 있다.

①의 시편에서, 자유자재로 형상을 취할 수 있는 구름은, 꽃이나 잎이 되다가 이웃 아이처럼 '친한' 얼굴이 되면서 화자와의 거리를 좁힌다. 이런 경우, 화자와 가까워진 구름은 해, 달, 별과 마찬가지로 하늘에 있으면서도 '아득함'이나 '영원성'의 거리가 없는 친근한 자연물일 뿐이다. ②③④의 시편에서 '바람'은 항상 '햇빛'과 함께 나타난다. 또한 햇살과 바람은 '흐르는 것'으로 표현되고 있다. 이것은 '구름'의 경우처럼, 정해진 형태가 없는 무형성 때문이기도 하지만, 박재삼의 많은 시에서 볼 수 있듯이 이는 '물' 이미지와의 결합에서도 변하지 않는다. 빛과 바람의 등가적 합일은 물질이 구성할 수 없는 자연의 세계와 인간의 세계를 빛과 바람으로 구현할 수 있음을 보여주고 있다. 자연과 인간의 세계가, 여기서는 빛과 바람으로 재현되고 있는 것이다. 그저 바람과 햇살 때문에 웃고 운다고 표현할 정도로 '바람'과 '햇살'은 삶의 여러 측면들을 대표하는 본질적인 요소로 인식되고 있다. 보드킨(Maud Bodkin)의 말을 빌리면, 바람의 이와 같은 움직임은 시인의 심리적 기복을 상징한다. 그는 자연의 상태와 운동에 시인 자신의 심

64) 김현자, 『시와 상상력의 구조』(문학과 지성사, 1982), p.51.

정을 투영하여 표현하는 것을 하나의 원형적 패턴으로 보았다.[65)]

이상으로, 박재삼의 시에서 '해, 달, 별, 빛, 바람, 구름' 등의 이미지들이 중심축을 형성하는 작품들을 집중적으로 살폈다. 이러한 천상적 혹은 우주적 이미지들이 유발하는 정조의 원천을 규명하고, 나아가 시에 내재하는 정서적 효과와 시적 구조를 탐색해보았다. 박재삼의 시에서 '빛'을 중심으로 한 천상적 이미지들은 원형적 상징으로 존재하며, 또한 자연의 순환원리로서 인간 존재를 새롭게 인식하고 해석하게 하는 하나의 단서를 제공한다. 즉, 해와 달, 그리고 별은 우주의 절대적 원리로서 자아에게 인식되는 초자연이며, 원초적 영원세계의 원형으로, 유한한 인간이 우러르고 꿈꾸는 희망의 원형으로 판단된다. 빛의 심상 이외에도 '구름, 바람' 등의 이미지들이 많은 작품에서 나타난다. '구름'과 '바람'은 신화시대부터 등장하는 원형심상이다. 구름은 물의 변형태로서 이미 원형성을 갖는다. 이러한 심상들은 자연과 인간의 조화와 일치를 지향하는 시정신을 나타내며, 원초적인 영원세계에 대한 정서적 승화로 귀결되고 있다.

2) 박용래의 상승이미지와 재생의지

박용래는 24년의 시단 활동기간 동안 약 170여 편의 시를 남겼다. 1969년에 첫 시집 『싸락눈』을 간행한 후, 1975년에 제2시집이자 시선집인 『강아지풀』을, 1979년에 제3시집 『백발의 꽃대궁』을 출간하였다. 그리고 다음해인 1980년 박용래가 세상을 떠난 뒤에 유고 시집이자 시전집인 『먼 바다』가 발간되었다.

박용래는 그가 활동하던 당대에 작품 성과와는 무관하게 소홀히 취급된 시인 중의 한 사람이다. 그러나 그의 시는 80년 이후 현재에 이르기까지 지속적으로 논의되고 있는데, 이는 그의 시가 우리 현대시사에서 특기할 만

---

65) Maud Bodkin, *Archetypal Patterns in poetry* (Oxford University Press, 1974), Chapters II pp.26～89.

한 변별성을 갖고 있다는 사실에 기인한다.

기존의 연구들을 통해 드러난 박용래 시의 특성을 언급해 보면, '토착어를 통한 이미지의 형상화, 생활 속에서 발견되는 미세한 자연의 포착, 여백과 여운을 중시하며 시각적 효과에 충실한 회화적 기법, 전통적 율격의 계승과 변형, 시인의 의식세계를 결정짓는 요소가 애상주의라는 점' 등으로 정리할 수 있다.

'박용래가 전통적인 순수서정시인이지만 그의 시세계는 소월이나 만해, 영랑, 목월과는 또 다른 독창성을 지니고 있다. 그것은 심층적 내재율이라 할 수 있는 독특한 율격과, 개별 시어들이 지닌 함축미, 그리고 행간의 묘법을 살리는 여백의 미학을 두루 갖추고 있기 때문'[66]이라고 손종호는 지적한다. 이러한 분석은 그의 시가 "전통 서정시라는 서정성에 천착하고 있으면서도, 동시에 묘사력에 있어서는 '말하기'의 기법이 아니라 '보여주기' 기법에 의한 형상화라서 현대적 시쓰기를 담지한 독특함을 지니고 있다"[67]는 견해와 일맥상통한다. 이와 같은 관점은 외형의 구조적 측면에 입각한 접근이라 할 수 있다. 본 항에서는 무의식의 반영인 원형상징으로서의 자연에 초점을 맞추고, 박용래의 시가 표출하는 원형 구조를 밝히는데 주력하고자 한다. 박용래 시에서 추출할 수 있는 우주적 심상은 '황혼, 은하, 빛, 햇무리, 달무리' 등으로 나타나는 천상계의 이미지로, 박재삼, 천상병 시인에 비해서 다양하게 나타나지는 않는다. 분석 대상으로 삼은 작품은 <땅>, <濁盃器>, <下棺>, <黃土길>, <月暈> 등이다. 그의 시는 대체적으로 우주 순환의 원리를 통해 재생을 희구하는 원형적 세계를 지향하는 것으로 판단된다. 여기에서 '재생'이란 말은 삶의 순환을 의미하는 것뿐만 아니라, 삶의 한 국면에서 다른 국면으로 옮겨지는 이행을 뜻하는 폭넓은 개념으로 이해해야 할 것이다. 다음의 시 <땅>은 박용래의 등단작품이다.

66) 손종호, 「서정성 혹은 이면적 구조의 힘」, 『시안』(詩眼社, 2002 겨울호), p.70 참조.
67) 진순애, 앞의 책, p.163.

나 하나
나 하나뿐 생각했을 때
멀리 끝까지 달려갔다 무너져 돌아온다

어슴프레 燈皮처럼 흐리는 黃昏

나 하나
나 하나만도 아니랬을 때
머리 위에
은하
우러러 항시 나는 엎드려 우는 건가

언제까지나 作別을 아니 생각할 수는 없고
다시 기다리는 位置에선 오늘이 서려
아득히 어긋남을 이어오는 고요한 사랑

헤아릴 수 없는 상처를 지워
찬연히 쏟아지는 빛을 주워 모은다.

이 시의 의미구조는 '땅'과 '은하'로 대별되는 '상하의 원형이미지'가 중심을 이루고 있음에 주목하게 되는데, 작품의 분위기는 전체적으로 슬프고 어둡다. 이런 시적 분위기는 화자의 고독하고 외로운 심사가 반영된 것이라 여겨진다.

1연은 화자의 심리적 갈등과 고독의 원인을 나타내고 있다. 그 원인은 바로 외부와의 단절감에서 비롯된 것이다. 인간세계와의 불화, 그 속에 버려져 있는 자신의 발견, 즉 근원적 고독의 주체가 '나 하나뿐'이라는 인식에 이르렀을 때, 그 고독감을 잊으려 '멀리 끝까지 달려'가 보지만 이내 참담하게 '무너져 돌아'오게 된다. 2연에서 화자는 '어슴프레 등피처럼 흐리는 황혼' 속에서 존재의 근원적 고독을 자각하게 된다. 절망적 세계인식이 화자로 하여금 더 이상 밖으로의 출구를 허용하지 않는 것으로 해석할 수 있다. 이러한 자아의 정서를 대변하는 것이 소멸과 하강이미지인 '황혼'이다. 3연에 이르러 '나 하나만도 아니'라는 세계 내적 존재로서의 자아인식은 '엎드려 우는' 나약한 모습으로 드러난다. 자아의 고독과 슬픔이 내면화된 상태이다. 분석심리학(심층심리학)에서는 자아가 사회적 평가나 사회적인 이상상(理想像)에 맞추어 살기만 하면 그는 필연적으로 자기소외 또는 자기포기에 빠지게 된다고 한다. 정신적으로 혼돈(chaos)에 빠져 있을 때 방향을 가리켜 주는 것이 바로 '자기원형'[68]이다. 그것은 질서를 형성하며 혼돈으로 하여금 우주(cosmos)로 전환하게 한다.[69] 시적자아는 자신의 감정이입의 대상으로 '은하'를 떠올린다. '은하'에 대한 전통적인 관념은 견우와 직녀 설화에서 비롯된 '이별, 슬픔, 그리움'을 상징한다. 한편 '경계'와 '근원'이라는 상징성을 갖기도 하는데,[70] 3연에서 화자가 '머리 위에 은하 우러러 항시 엎드려 우는가'라고 자문하면서 상승이미지의 발판을 마련하는 데에 관련된다. 곧 화자의 절망적 세계인식은 4연에 와서 현재의 상황을 수긍하고 극복할 수 있는 것으로 선회한다. 만남과 헤어짐, 존재와 부재의 그 '아득히 어긋남'을 이어주는 것이 '고요한 사랑'이라는 인식은, 실존의 고독을 승화시키는 장치라 할 수 있다. 그리하여 마지막 5연에서 '헤아릴 수 없는 상처를 지워' 고통과 절망을 극복할 수 있는 '찬연히 쏟아지는 빛을' 주워 모으는 상태에 이르게 된다. 밝고 미래 지향적인 생성의지의 바탕을 마련함으로써 내적으로 승화된 자아의 모습을 엿볼 수 있다. 절망적이고 비극적인 세계인식이 평정을 찾으면서 소멸되고 무너져 내리는 세계가 희망의 세계로 바뀌는 것이다.

---

68) 이부영, 『분석심리학』, p.102.

69) 위의 책, pp.117～119 참조.

70) 한국문화상징사전편찬위원회, 『한국문화상징사전2』(두산동아, 2000), p.570 참조.

이제까지 이미지 분석을 통해 <땅>의 의미구조를 살펴보았다. 이들을 다시 종합하면서 이 시에 내재해 있는 원형을 추적해보도록 한다.

이 시에서 '땅'은 황폐하고 참담한 고독의 공간으로 나타나고 있다. 그러나 '땅'의 이미지는 재생의 발판을 이루는 모티프로 작용한다. 우주의 순환원리에 따르는 '태양'은 대지에서 태어나 대지로 돌아갔다가 다시 떠오른다. 사계의 순환이나 주기적인 재생을 보여주는 '달', '별', '은하'도 마찬가지로 우주의 질서에 지배된다. 이 시에서는 인간세계의 중심을 그러한 우주의 순환원리에 뿌리를 두고 있다 하겠다.

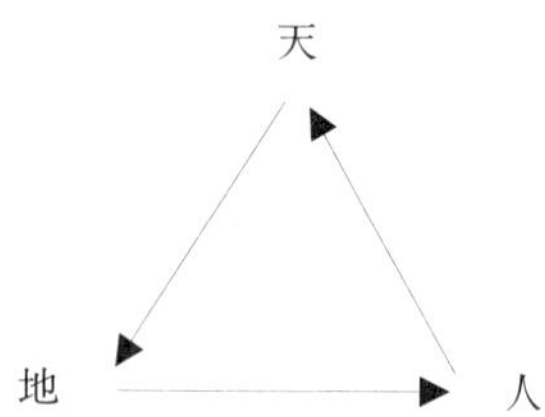

〈 그림4. 우주의 순환원리 〉

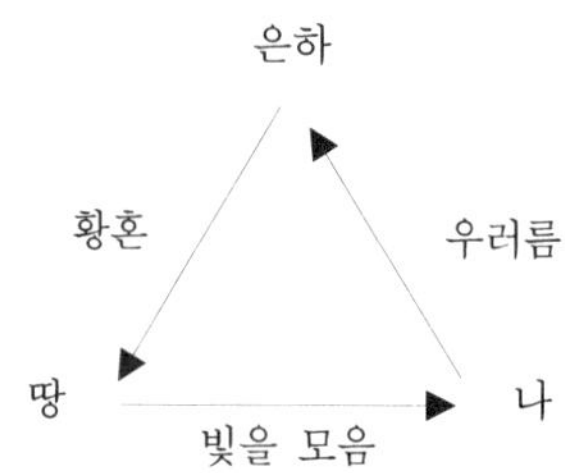

〈 그림5. 갈등극복의 원리 〉

이처럼 시인의 상상력과 시의 심상체계는 위의 그림과 같이 삼원구조로 설명이 가능하다. <그림4>는 우주의 순환원리를 나타낸 그림이다. 상하의 원형공간에 인간이 매개항으로 위치하면서 삼원구조를 구축하게 된다. 이러한 원리는 창조와 생성을 상징하는 단군신화를 위시한 여러 신화와 민담, 소설 속에 많이 내포되어 있다. 예컨대, 단군신화의 모티프는 '천 · 지 · 인' 삼재의 화소가 '조 · 부 · 손'의 관계로 나타나며, 또한 '천계-동물계-인간계', 곧 '환웅-웅녀-단군'의 관계로 일체화되는 구조를 볼 수 있다. 이러한 삼위일체 관념은 동명왕 신화에서도 '햇빛-유화-알'의 3체계로 나타난다.[71] 엘리아데 역시 우주의 순환 원리를 '천상-지상-하계'라는 세 개의 우주적 차원으로 나누면서 이들이 서로 교류한다고 하였다.[72]

이 시의 1연에서 고독과 절망감에 휩싸여 있던 자아와 세계와의 갈등은 <그림5>에서 보듯이, '황혼-은하-빛'으로 이어지는 우주의 계기적 질서를 통해 극복된다. 즉, 2연에서의 '황혼'(작별)이 3연의 '은하'(기다림)로, 그리고 5연의 '빛'(만남)으로 귀결되는 데서 우주의 질서를 깨닫게 되는 것이다. 이로써 자아는 '아득히 어긋남을 이어오는 고요한 사랑'이라는 능동적인 주체의 자각에 이른다. 그리하여 '헤아릴 수 없는 상처'라는 시인의 절망적 인식은 '찬연히 쏟아지는 빛'을 주워 모으는 긍정적 인식의 전환을 가져오게 된다. 결국 <땅>은 '상하의 원형이미지'와 '천지인' 삼위일체의 원형구조 속에서 인간과 자연의 일체감을 표상한 것으로 해석할 수 있다. 우리가 의식하지 못한다 할지라도 우주의 원리는 인류의 근원적 원형으로서 무의식의 심층에서 집요하게 살아 움직이고 있으며, 박용래는 그의 감수성과 상상력에 의해 그것을 재생하여 인류의 정신적 갈망에 부응한 것이라 하겠다. 박용래 시의 출발은 이렇듯 지상적 존재인 자아의 근원적인 고독과 절망에서 비롯되고 있으며, 이후 줄곧 그 자신을 시적 서정의 대상으로 삼은 일련의 자아탐구의 시를 쓰게 된다. 이러한 태도는 시인이 외부세계에 대처하는 자신만의 방법을 터득한 것으로 볼 수 있다.

다음의 시 <탁배기>는 비교적 후기에 쓰인 것으로 시인의 자화상을 반영한 작품이라고 생각된다.

무슨 꽃으로 두드리면 솟아나리.
무슨 꽃으로 두드리면 솟아나리.

굴렁쇠 아이들의 달.
자치기 아이들의 달.
땅뺏기 아이들의 달.

---

71) 윤경수, 『한국문학사상의 현대성 연구』(태학사, 1994), pp.155～197 참조.

72) Mircea Eliade, 이은봉 역, 『聖과 俗』(한길사, 2004), p.66.

공깃돌 아이들의 달.
개똥벌레 아이들의 달.
갈래머리 아이들의 달.
달아, 달아
어느덧
半白이 된 달아.
수염 까슬까슬한 달아.
濁盃器 속 달아.

달은 남성이나 아버지를 상징하는 태양에 대해서 여성, 어머니의 상징으로 여러 신화나 문학 속에 나타난다. 인류학에서 말하는 'Lunar System'도 달, 여성, 물, 대지, 생산을 일련의 구조로 보고 있는 것이다. 달은 시인의 관조의 대상이 되어 예나 지금이나 수없이 등장하는 심상이다. 이 시에서의 달은 시적 자아의 은유 대상임을 알 수 있다. 이미지의 전개를 살펴보도록 한다.

1연은 정월대보름이나 추석날밤 달맞이를 하기 위해 모인 아이들이 동쪽 산마루에서 보름달이 빨리 솟기를 바라며 부르는 노랫소리를 떠올리게 한다. 솟아나기를 바라는 대상은 과거의 기억 속에 있는 '달'이다. 반복되는 구절 '무슨 꽃으로 두드리면 솟아나리'가 마치 주술사의 주문처럼 유년의 달빛 속으로 끌려가게 만든다. 이제는 '반백이 된' 화자가 유년시절로 회귀하여 '꽃'과 '아이들의 달'에 투영되어 있는 것이다. 2연의 전반부에서 이어지는 '달'의 심상은 유년의 추억과 연결되어 있다. 그것은 곧 화자의 이야기이며, 순수한 동심의 세계이다. 아이들의 놀이와 관련된 이미저리는 화자로 하여금 과거 유년시절로 회귀하게 하는 근원이 되고 있다. 이 시의 원형적 심상들—'꽃, 달, 아이들의 놀이'가 환기하는 순수하고 낯익은 이미지는 우리의 근원적인 그리움을 촉발한다. 달과 하나가 되어 있는 아이들의 모습은 이 땅의 전형적인 서정의 한 원형이다. 이어령 교수가 "한국인은 아무리 가난한 살림이라도 달을 쳐다볼 때만은 신선이 된 느낌이었다. 아이들은 아이들대로 경이에 찬 눈을 뜨고 둥근 달을 바라본다."[73]고 나타낸 것처럼, 우리는 삶의 풍속 전반과 달을 연결시켜 왔다. 그러나 유년의 경이에 찬 눈으로 바라보던 그 달은 '어느덧/ 반백이 된/ 수염 까슬까슬한' 화자의 모습을 비추는 '탁배기 속 달'로 바뀌면서 현실인식을 반영하고 있다. 화자는 바로 자신의 자화상을 '탁배기' 속에서 발견한다. 굴렁쇠나 자치기, 땅뺏기, 공깃돌 놀이를 하고 있는 유년의 모습이 이제는 반백이 되어 '탁배기' 속에서 어른거리고 있는 것이다. '탁배기'로 대유되고 있는 술은 바로 화자의 과거와 현재를 이어주는 매개체로 작용한다. 화자는 술을 매개로 하여 유년시절의 기억을 되살림으로써 힘겹게 다가오는 현실의 무게를 극복하고자 한 것인지도 모른다. 여기서 '달-술-화자'의 관계는 천상과 지상이라는 공간 체계뿐만이 아니라, 과거와 현재의 시간을 넘어 '신화적 시간'[74] 위에 존재한다. 화자의 술잔 속에 뜬 달은 이미 '소멸과 생성, 순환'을 내재하고 있다. 따라서 화자의 달은 인간과의 별체계에 있는 존재가 아니다. 우주라는 거대한 순환원리 속에서 인간과 달과의 인연관계를 구조적으로 보여주고 있는 것이다. 달은 스스로 사라졌다가 다시 살아나는 재생력을 지니고, 생명의 근원이 되는 물을 주관하며, 출산에 특별한 기능을 하는 여성의 주재자이다. 그래서 고대인들은 달을 생생력의 원천이 되는 존재로 숭앙하였다. 현대에도 시적 서정이나 생활 정서와 관련된 대부분의 영역에서 달의 전통적인 집단적 상징성은 그대로 지켜지고 있다. 무엇보다도 대보름달이나 추석 달놀이 등은 집단적 무의식을 끊임없이 촉발한다. 1연에서 마치 주문과도 같

---

73) 이어령, 『흙 속에 저바람 속에』(동화출판공사, 1970), p.140.

74) 신화적 시간 혹은 순환적 시간이라 함은 낮과 밤, 계절의 변화, 출생 · 성장 · 소멸의 과정 등 자연적 혹은 인간적인 경험을 순환적인 성질로 인식하는 시간체계인데, 이는 고대인의 시간특성이다. 이 시간은 원으로 상징될 수 있으며 이 시간은 성스러운 시간으로 심화될 수 있다. 신화적 시간에서 시간은 불균질적, 즉 聖과 俗으로 이분되어 있다./ 김준오, 「인간탐구와 미당의 신화」, 『심상』(1978.11.), p.37.

은 '무슨 꽃으로 두드리면 솟아나리'의 반복은 곧, 속의 시간을 폐지하고 그것을 성스러운 시간으로 변용시키는 원형적 행위의 반복이라고 할 수 있다.

프라이의 사계원형에 비추어볼 때, 원초적 인간들은 그믐달이 죽지 않고 다시 초승달이 되어 부활하는 것이라고 믿어왔기 때문에, 돋는 달은 영원하며 불사의 원형이 된다. 엘리아데는 그의 <종교형태론>에서 이 거대한 우주의 그물[망] 속에서 달은 질서의 규제자일 뿐만 아니라 재생의 힘을 가지고 있다고 밝혔다. 즉 인간은 달의 삶 가운데 자기 자신을 재인식하게 되고 그 '신월'이라는 현상에 의하여 재생의 희망을 갖는다는 것이다.

비록 현재 살아가고 있는 현실이 힘들지라도 자연과 자연을 가장 닮은 아이들을 통해서, 재생의지를 표출하고자 하는 시인의 정서를 읽을 수 있다. 이처럼 시 <탁배기>는 '달'이 가지는 영원한 현재성의 반복과 확대와 축소의 공간적 순환, 그리고 시간의식과 공간 의식을 바탕으로 한, 반복과 순환의 원리를 통해 근원회귀의 원형성을 획득하고 있다고 해석된다.

박용래의 시는 간결한 표현, 서술어미의 생략, 빈 행간의 울림을 살리려는 시도 등 다양한 표현 기법이 드러나는 것이 하나의 특징이다. 다음의 시 <하관>을 보도록 하자.

볏가리 하나하나 걷힌
논두렁
남은 발자국에
딩구는
우렁 껍질
수레바퀴로 끼는 살얼음
바닥에 지는 햇무리의
下棺
線上에서 운다
첫 기러기떼.

이 시는 원의 이미지와 상하의 원형을 바탕으로, 시간과 공간, 삶과 죽음, 시각과 청각, 물과 빛의 이미지들을 조응시킴으로써 화합하고 상승하는 원형공간을 형성하고 있다. 화자는 가을걷이가 끝나고 초겨울로 접어든 빈 논의 풍경을 감정 표출 없이 담담하게 제시하고 있다. 계절 중에서 가장 황량한 때가 늦가을에서 초겨울로 접어드는 때일 것이다. 그것은 소멸과 죽음을 내재하고 있기 때문이다. 프라이에 의하면 가을은 비극의 원형이다. 그것은 하루 중 저녁에 해당되며, 인생에서는 노년에 해당한다. 바꾸어 생각하면, 이 시기는 봄에 시작되었던 모든 활동이 결실을 맺고 다시 원상태로 되돌아가는 시점이기도 하다. 볏가리가 모두 걷힌 초겨울 논은 생명력이 상실된 앙상한 공간이다. 그러한 논의 경계로 드러나는 텅 빈 논두렁, 남은 발자국에 굴러다니는 우렁 껍질, 수레바퀴에 끼인 살얼음, 그 위로 비치는 햇무리, 그리고 선상에서 우는 첫 기러기 떼. 이들은 늦가을에서 초겨울로 접어드는 농촌의 들녘에서 어렵지 않게 볼 수 있는 한 순간의 풍경이지만, 그것은 또한 관심을 갖지 않으면 포착하기 힘든 미시적인 대상들이다. 이러한 심상들은 자연의 리듬인 계절의 순환성 가운데에 자리 잡게 된다.

1~8행까지의 심상—'빈 논두렁, 우렁 껍질, 살얼음, 하관' 등의 이미지는 화자의 시선과 의식에 따라 수평적 이동 후 수직적 하강이미지를 보여주고 있으며 생명 소실을 집중적으로 환기한다. 이 시에 대해서 박용래 시인은 다음과 같이 메모해 놓았다.

> 허수아비 모자에 바람이 쓸리는 들녘으로 눈을 모았다. 12월은 무작정했던 계절의 하관이 아니랴. 잃어버린 것에 대한 아쉬움과 새것에 대한 용솟음같이 피는 수레바퀴. 아아 내일은 어쩔 것인가.[75)]

---

75) 박용래, 『우리 물빛 사랑이 풀꽃으로 피어나면』(문학세계사, 1985), p.101.

위의 시 <하관>을 두고 이문구는 「박용래 약전」에서 '남의 추측을 불허할 만큼 세필에 의한 소묘로서 전위적인 추상마저 원천적으로 포괄'한다고 묘사기법을 설명한 다음, "기러기 떼의 이미지를 통하여 기러기처럼 왔다가 기러기처럼 날아간 숙명적인 이름인 '홍래' 누이의 죽음을 애도하는 것으로 이 작품을 이해할 경우, 보다 가급적인 정한을 느끼게 된다"고 했다. 이문구의 이러한 추측은 설득력이 있어 보이기도 한다. 박용래의 시 속에서 '기러기떼'가 자주 등장하는 것은 누이의 이름자에서 비롯되었다는 것을 짐작할 수 있기 때문이다. 예컨대, 시 <막버스>의 '차창 밖 꽂히는 기러기떼,/ 기러기떌 보아라/ 아 어느 강마을/ 殘光 부신 그곳에/ 떨어지는가.'에서도 기러기의 이미지는, 강 건너 마을로 시집갔다가 죽은 누이를 떠올리게 하는 매개물이 되고 있는 것이다. 그러나 박용래 시인이 누이의 죽음을 모티프로 한 것인지 여부는 알 수 없고, 물론 그 가능성도 충분하지만, 어느 누구의 죽음이든 그 죽음의 묘사에서 우리는 시적자아가 지향하는 방향이 얼마나 견고한가를 느낄 수 있다.

8행에서, 햇무리가 지는 것을 상례 절차 가운데 하나인 '하관'에 빗댄 것은 단절의식을 부각시키려는 시인의 의도라 하겠다. '하관'은 이승에서의 삶이 끝났다는 것을 의식을 통해 확인하는 과정이다. 그러므로 이 시 속의 모든 세계는 '하관'이라는 이미지 하나로써 어두운 종말의 상황에서 끝맺게 될 위기에 처한다. 그러나 마지막 두 행에서 '첫 기러기떼'의 울음이 묘사되면서 이 시의 분위기는 반전된다. 9행의 '선상'은 바로 삶과 죽음을 구분하는 경계선으로 보는 것이 타당할 것 같다. 그 경계는 죽음의 세계인 저승과 자아가 살고 있는 이승의 경계임과 동시에, 죽음이라는 하강의 세계와 그 죽음을 통해 재생하는 상승의 세계가 만나는 지점이기도 하다.

'하관'으로 표상된 이 죽음은 비록 육신이 땅에 묻히지만 그 죽음의 영혼은 시적자아에 의해 되살아나 역동성을 갖고 솟아오른다는 의미로 해석할 수 있다. '하관'의 폐쇄적 하강이미지가, '첫 기러기떼'의 울음으로 표상된 상승적 이미지로 전환되면서 재생의지를 내보인 것이라 하겠다. 채수영은 그의 논문에서 죽음을 '생의 원초적 상징 공간'[76]으로 해석하고 있다. 그는 죽음은 생명의 단절이 아니라 현상의 다양함이라고 말한다. 그런 논리에 비추어볼 때, 죽은 이를 이승에서 떠나보내는 마지막 절차인 '하관'이야말로 근원으로의 회귀, 곧 '어머니인 대지'의 품으로 돌아감을 상징한다고 하겠다. 다시 말하면 원초적 원형공간으로의 복귀인 것이다.

이상에서 분석한 <하관>의 상징체계는 엘리아데가 제시한 '천상-지상-하계'의 우주 순환원리를 통해 설명이 가능하다.

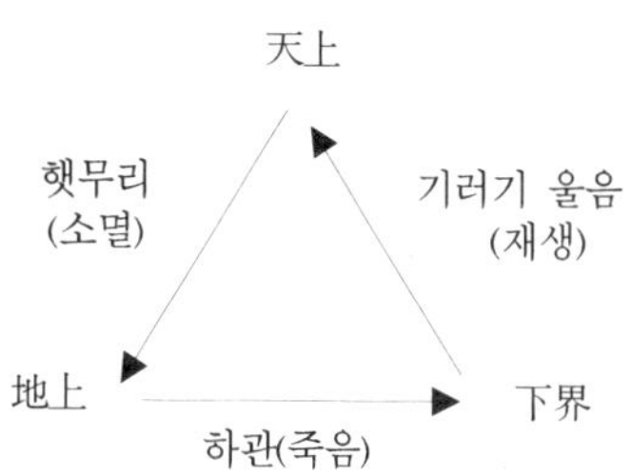

〈 그림6. 우주의 순환구조 〉

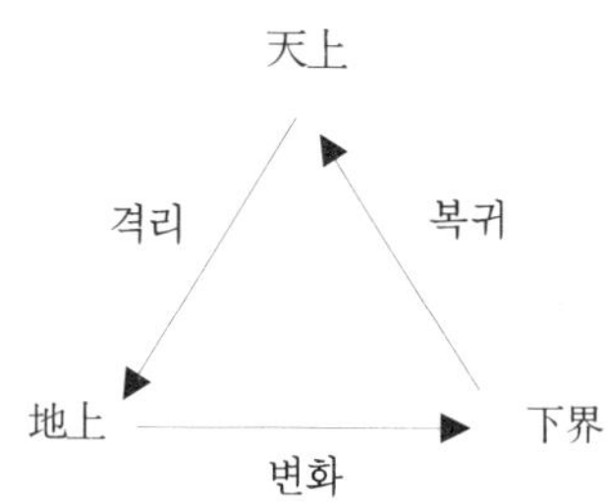

〈 그림7. 입사의 원형구조 〉

이 시의 모든 심상들—'논두렁, 우렁껍질, 살얼음, 햇무리' 등은 <그림6>에서 보듯이 '천상-지상-하계'의 순환성에 의해 조직되고 배열된다. 이들은 단순히 계절적 이미지로 존재하는 것이 아니라, '소멸과 재생'이라는 주제를 위해 선택되고 조절된 이미저리이다. 이 심상들은 모두가 사라지고 버려진, 겨우 존재하는 아주 작은 것들로, 시인의 자아에 의하여 확인된 죽음의 존재 의미를 드러낸다. 이런 존재들을 배경으로 '하관'이 이루어지고, 그 죽음은 다시 '첫 기러기떼'의 '울음'으로 재생의 의미를 부여하고 있는 것이다. 이러한 소멸과 재생의 모티프는 입사(initiation)의 원형 모티프에 의한 죽음과 재생의 상징적 변형으로 이해되기도 한다. 즉, <그림7>의 '격리

---

76) 채수영, 『신동집시연구』(대일, 1987), p.31.

-변화-복귀'의 세 단계 탐색처럼[77] 죽음과 재생을 상징하는 변형인데, 죽음은 육신의 형태를 삶에서 죽음으로 바꾸는 계기적 순간에 지나지 않는다. 그렇다면 여기에서 복귀하는 주체는 기러기 울음으로 표상된 '영혼'으로 유추할 수 있다. 앞에서 기러기를 죽은 '홍래 누이'의 상징으로 보기도 했지만, 죽음이 '육체 탈리 현상'이라는 관점에서 보면 '기러기'는 영혼의 부활물로 생각할 수 있다. 이는 영혼 분리의 계기로 죽음을 영적 원인으로 해석하려는 고대인의 사생관과 밀접한 관련이 있다고 하겠다. 원시인들은 죽음을 사람의 영혼이 육체라는 외각을 벗어버리고 영적인 것으로 승화한 것이라 여겼다. 위의 시 <하관>이 암시하는 죽음이야말로 삶(재생)의 기반을 조성하는 원형적 의미를 갖는 것이다. 따라서 이 시의 정서는 구체적이기보다는 추상적인 개념으로 인간 존재의 근원으로까지 우리를 끌고 간다. 인간의 무의식은 현세에 대하여 인류적인 고향을 갖는데, 그것이 바로 원형으로서의 '모태'라고 볼 수 있는 것이다.

이상의 논의에서 살펴본 것처럼 <하관>은 소멸의식으로서의 비극성을 극복하고 재생을 꿈꾸는 원형적 상상력에 지배되고 있으며, 원초적 근원세계로의 회귀의지를 나타낸 것으로 해석된다.

박용래는 '흙'이미지를 끈질기게 추구한 시인이다. 그 이미지는 천상을 표류하는 허무의 실체인 '바람'으로, 지상의 누추한 삶의 원형인 '풀'로 그 이미지가 확장되면서 전후의 향토적 서정시가 가질 수 있는 독특한 영역을 구축했다고 평가된다. '흙'은 인간이 태어나고 다시 돌아가야 할 원형회귀의 기착점이다. 그것은 생명의 모태이며, 인간 삶의 근원인 자연과 동등한 개념을 갖는다.

다음의 시 <황토길>은 박용래의 초기 작품이다.

낙엽 진 오동나무 밑에서

77) Wilfred L. Guerin 외, 최재석 역, 앞의 책, pp.184～185 참조.

우러러보는 비늘구름
한 권 책도 없이
저무는
황토길
맨 처음 이 길로 누가 넘어갔을까
맨 처음 이 길로 누가 넘어왔을까

쓸쓸한 홍분이 묻혀 있는 길
부서진 봉화대 보이는 길

그날사 미음들레꽃은 피었으리
해바라기만큼한

푸른 별은 또 미음들레 송이 위에서
꽃등처럼 주렁주렁 돋아났으리

푸르다 못해 검던 밤하늘
빗방울처럼 부서지며 꽃등처럼
밝아오던 그 하늘
그날이 그날 별을 본 사람은
얼마나 놀랐으며 부시었으리

사면에 들리는 위엄도 없고
강언덕 갈대닢도 흔들리지 않았고
다만 먼 화산 터지는 소리
들리는 것 같아서

귀 대이고 있었으리
땅에 귀 대이고 있었으리.

길은 공간의 이동뿐 아니라 시간의 소통을 뜻하는 원초적 기호이면서, 한편으로는 우주와 인간, 이승과 저승을 매개하는 근원적 맥락이다. 길이 지닌 시공의 원형은 필연적으로 그것을 투사하는 심상을 거느리게 마련인데, 이 때 심상은 일회적인 것이 아니라 연속적이고 중층적인 무늬를 띈다.[78] 길을 벗어나서는 삶이라는 형태를 가질 수 없다. 길은 인간과 지역을 결합시키는 관계의 체계인 동시에 연결과 연결의 장소적 표상 체계인 것이다.

이 시는 도입부터 '상하의 원형이미지'가 나타나면서 그리움의 정조를 표출한다. 1연에서 화자가 우러러 보는 '비늘구름'과 '황토길'은 이 상과 하의 원형적 대비이다. '구름'과 '길'의 심상이 '상/하'의 대립을 이루는 가운데, 시적 정조는 '낙엽 진/ 저무는'과 같은 표현을 통해 하강이미지를 드러낸다. 세계와 마주하여 노래하는 시인에게 '길'은 자신과 풍경 사이의 경계이고 통로이며 동시에 실존적인 삶의 장소이기도 하다. '한 권 책도 없이'의 이미지가 주는 공허감, 더구나 저물 무렵에 바라보는 '황토길'이 환기하는 정서는 사색적이고 몽환적인 슬픔으로 나타날 수밖에 없다. 길은 가야만 하는 사람의 통로이다. 길은 만남과 이별, 얻음과 잃음, 구함과 포기 등의 대립들이 한 공간에 서로 잇닿아 있기 때문에 경계를 지을 수 없는 속성을 지니고 있다. 따라서 '길의 기호는 방향이나 목표와 관계없이 이동성, 비정확성, 비거주성을 나타내는 의미작용'[79]을 한다.

병렬과 반복 구조로 나타나는 2연과 3연은 이 시를 현재와 과거의 대립체계 속에 놓이게 하는 축으로 작용하고 있다. 2연에서 화자는 '맨 처음 이 길로 누가 넘어갔을까/ …넘어왔을까'의 인식에 이르러 초시간적인 공간으로 회귀한다. 이는 달리 말하면 과거에 대한 그리움이다. 길은 이웃과 이웃,

---

78) 오탁번, 「길의 원형 심상과 시적 상상력」, 『시안』(시안사, 2002 여름호), p.9.

79) 김혜니, 「박목월 시 공간의 기호론적 연구」, 이화여자대학교, 박사학위논문, 1990, p.140.

마을과 마을을 연결시킨다. 나아가 자아와 세계를 연결시켜주는 통로가 된다. 그리하여 인간은 이 길을 따라서—시공을 초월하여 어디에나 이를 수가 있게 되는 것이다.

3연의 '쓸쓸한 홍분', '부서진 봉화대'는 현재의 모습을 나타내는 하강이미지이다. 곧, '맨 처음 이 길로 넘어' 가고 오던 사람들의 '홍분'은 현재는 묻혀있음으로 해서 쓸쓸한 감정으로 바뀌어 있고, 봉화대 또한 과거에는 온전하였지만 현재는 무너진 채로 남아 있는 것이다. 이러한 현실에 대한 공허감은 자아로 하여금 과거로 회귀하게 하는 동인으로 작용한다.

4연~8연은 과거를 나타내는 상상공간으로, 현재와는 달리 충만함으로 가득 차 있다. '해바라기만큼한/ 미음들레꽃'이 피고, '푸른 별'이 '꽃등처럼 주렁주렁 돌아'나던 원초적인 공간이다. 또한 그곳은 별들이 마치 '빗방울처럼, 꽃등처럼' 부서져 '밤하늘'을 밝히는 모습을 보며 사람들이 놀람과 홍분으로 떨던 초시간적인 공간이다. '화산 터지는 소리'를 '땅에 귀를 대고' 듣는 순수한 사람들이 살던 신화적 세계인 것이다. 결국 '황토길'은 신화세계에 존재하는 재생원형인 '흙'의 보편적 상징이라 하겠다. '황토길'은 우리 한국인의 정서에서는 마치 어머니의 품과도 같은 정감의 장소이다. 그 길은 공간과 시간 그리고 인간이 합일된 모습으로, 개인사적인 차원을 넘어 시대적 정신사적 의미 속에 놓이는 것이다. 자연과 인간의 동일성에 대한 믿음은 서로 다른 질서를 따르고 있는 존재의 괴리감 혹은 인간의 한계를 의식하고 있는 데서 비롯된다. 이것은 인류의 근원적이고 무의식적인 심층이기 때문이다.

이상에서 살폈듯이, <황토길>은 시인의 '원형적 상상력'에 근원을 두고 있다. 이 시의 상상력의 구조는 '현재↔과거', '하강↔상승' 이미지의 대립체계로 나타난다. 시를 구성하는 이미지들도 과거의 '상방'공간에는 긍정적 의미가, 현재의 '하방'공간에는 부정적 의미가 내포되어 있는 체계이다. 결국 박용래 시인은 대립의 구조를 통해 자아와 세계와의 갈등을 드러내는 한편, 그 갈등의 극복으로 과거의 공간, 곧 원초적인 세계에 대한 그리움과 함께 회귀의지를 표출하고 있는 것이다. 그가 과거를 그리워하는 것은 현재의 불안, 혹은 불완전함에 연유하고 있음을 의미하며, 자아는 내면세계를 지향하는 모습을 보여주고 있는 것이다. 이러한 대립구조는 자아와 세계의 관계 속에서 고립된 자아의 의식을 나타낸다. 자아의 고립감은 소외감으로, 더 나아가서는 외로움으로 표출되고, 그러한 외로움은 과거로의 회귀를 통해 고향에 대한, 유년에 대한 그리움으로 일관하는 것이다.

흔히, 시가 향토성을 지니게 될 경우, 그것은 과거로의 집착이기 쉬운데, 박용래는 현실과 현재를 노래하려고 하였다. 비록 과거로 회귀한다 할지라도 현재라는 곳에서의 여행과 다르지 않은 형태로 나타난다. 다음의 시 <월훈>은 그런 시인의 갈망이 담긴 시로 읽힐 수 있을 듯하다.

첩첩 山中에도 없는 마을이 여긴 있습니다. 잎 진 사잇길 저 모래뚝, 그 너머 江기슭에서도 보이진 않습니다. 허방다리 들어내면 보이는 마을.

抗 속 같은 마을. 꼴깍, 해가, 노루꼬리 해가 지면 집집마다 봉당에 불을 켜지요. 콩깍지, 콩깍지처럼 후미진 외딴집, 외딴집에도 불빛은 앉아 이슥토록 창문은 木瓜빛입니다.

기인 밤입니다. 외딴집 老人은 홀로 잠이 깨어 출출한 나머지 무를 깎기도 하고 고구마를 깎다, 문득 바람도 없는데 시나브로 풀려 풀려내리는 짚단, 짚오라기의 설레임을 듣습니다. 귀를 모으고 듣지요. 후루룩 후루룩 처마깃에 나래 묻는 이름 모를 새, 새들의 溫氣를 생각합니다. 숨을 죽이고 생각하지요.

참 오래오래, 老人의 자리맡에 밭은 기침소리도 없을 양이면 벽 속에서 겨울 귀뚜라미는 울지요. 떼를 지어 웁니다, 벽이 무너지라고 웁니다.

어느덧 밖에는 눈발이라도 치는지, 펄펄 함박눈이라도 흩날리는지, 창호지 문살에 돋는 月暈.

이 시는 섬세하고 잔잔하게 그려진 한 폭의 풍경화를 떠올리게 한다. 세밀하게 묘사하고 있는 '첩첩 산중에도 없는' 그 마을은 휘영청 밝은 달밤에

나 볼 수 있을지 모를 환상 속의 마을이다. 그야말로 자연과 인간이 동화되어 있는 원초적인 공간이라고 하겠다. 실제로 존재하고 있는 자연이 아니라, 있어야 할 이상적인 자연을 상상하고 있는 것이다.

화자의 시선을 따라가며 그 풍경 속으로 빠져들게 되는 이 시의 심상 추이를 눈여겨보면, 마치 영화의 한 장면처럼 큰 배경을 따라 움직이다가 작은 것으로 초점을 집중시키는 수법을 쓰고 있음을 느끼게 된다. 먼저 첩첩산중의 마을을 찾아가고, 그 마을에서도 후미진 곳에 있는 외딴집을 찾아가서, 그 안에 홀로 깨어있는 노인에게 초점을 맞춘다. 그 노인에 이르면 심리묘사 쪽으로 초점이 고정된다. 외롭게 사는 노인의 심리를 나타내는 심상들—예컨대, 무・고구마를 깎거나, 밖의 소리에 귀를 모으고, 처마 밑에 깃들인 새들의 온기를 생각하고, 가끔씩 기침을 하는 등 미세한 것을 제외하면 거의 없는 셈이지만, 그 심리적 배경을 이루는 요소들은 매우 면밀하게 제시되고 있다. 해가 넘어가면 집집마다 봉당에 등불이 걸리고, 이슥토록 창문에 모과빛 불빛이 비친다. 부드러우면서도 희부연한 불빛은 매우 평화스럽다. 시적자아는 은은하게 불빛이 비치는 창문을 통해 노인의 정서적 분위기를 그려내고 있는 것이다. 이 행복하고 평화스러운 불빛을 통해서 우리는 시인이 그러한 세계를 동경하고 있음을 느낄 수 있다. 반면에 시인이 사는 현실은 그와는 반대라는 사실도 유추해 볼 수 있는 것이다. 외딴집 노인은 바람도 없는데 '짚오라기의 설레임'에 귀를 기울인다. 이것은 모든 사물에 대한 애틋한 감정이 밖의 세계로 향하고 있음을 말해준다. 그것은 염원과 같아서 새 소리를 듣고, 그 따스한 온기를 무한히 그리워한다. 이미 노인과 자연은 물아일체의 경지에 있는 것이다.

프라이의 사계원형에 따르면, 하루 중 밤은 겨울과 연결되고 겨울은 죽음과 연결된다. 하지만 이 시에서 겨울은 풍요의 봄을 맞이하기 위한 휴식의 시간으로 해석할 수 있다. 그것은 달빛이 환기하는 재생의 상징을 통해 유추해 볼 수 있기 때문이다.

<그림8>에서 볼 수 있듯이, 화자의 시선이 '열린 공간(산중의 마을)→닫

힌 공간(외딴집, 방안)→열린 공간(밖)'으로 이동하면서, '빛'이 주도하는 배경도 '밝음(겨울 해)→어둠(일몰)→밝음(봉당의 등불)→불빛(창문)→달빛(월훈)'으로, 확산→응축→확산의 과정을 거치게 된다. 그리고 이 시를 구성하는 여러 심상들—'외딴집, 불빛, 짚단, 새, 귀뚜라미, 울음소리, 눈발' 등은 시의 분위기를 형성하면서 이 작품의 중심점이라고 할 수 있는 '노인'을 향해 새롭게 자리를 잡는다.

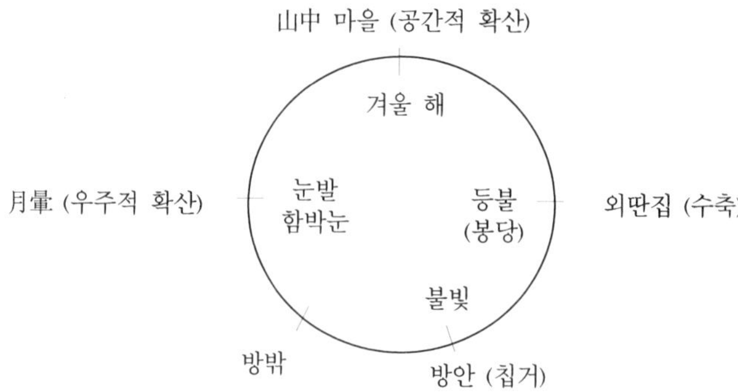

〈 그림8. 이미지 추이의 원환구조 〉

화자는 이 마을이 첩첩산중에도 없는 마을이라고 표현했다. 이미지의 추이를 통해 볼 때 이 마을은 전혀 세속에 물들지 않은, 문명의 그늘에서 벗어나 있는 원시적인 공간이다. '모래뚝'과 '강기슭'에서도 보이지 않는 그 마을은 '허방다리'를 들어내어야만 보이는 곳에 있다. 곧, 허방다리(함정)처럼 다른 사람의 눈에 띄지 않게 은밀한 곳에 숨어 있는 마을이다. 해가 지면 '抗 속'같이 깜깜해지지만, '봉당'의 불빛이 어둠을 걷어내고 이슥토록 창문을 모과빛으로 물들이는 평화롭고 순수한 세계인 것이다. 이 시에서 화자의 시선이 마지막으로 고정되는 곳은 창호지에 돋는 '월훈'(달무리)이다. '월훈'은 '방안'에 응축돼있던 화자의 시선을 밖으로 확산시키면서, 다시금 자연으로의 환원을 꿈꾸는 계기를 마련한다. 달은 거대한 원환이다. 그 달을 둘러싸고 은은하게 빛을 발하는 '월훈'은 더욱 거대한 원환이다. 그러한 거대한 원환은 마치 고향의 모든 사물들을 포근하게 감싸 안는 모성을 떠올리게 한다. 그리하여 시적자아는 내면과 외면이 완전하게 합일된, 동심원적 경지에 있게 되는 것이다. 이렇듯 '월훈'의 심상이 환기하는 것은, 자연의 일부인 인간이 근원으로 융합하여 전체로서 존재하는, 이른바 '자연과의 일체감'을 불러일으킨다고 하겠다. 널리 알려진 바와 같이 달은 이미 원시시대부터 신화소였고 그것은 깊은 신비를 함축하고 있다. 특히 동양인에게 달은 영원하고 원형적인 고향의 이미지를 갖는다. '산업사회의 소외된 존재로서 근·현대인에게 집단적 무의식의 세계인 향토적 자연은 신화적 시간대로서 원형의 세계나 다름없다'[80]는 진순애의 말에 비추어 보면, 이 <월훈>의 숨겨진 마을은 화자뿐만이 아니라, 나아가 현대인의 안식처인 셈이다. 이 작품이 바로 박용래 시인이 그려내고자 한 전형적인 낙원의 모습을 보여주는 한 예가 된다고 하겠다. 이것은 곧 원초적 자연으로 회귀를 꿈꾸는 현대인의 이상향일 수도 있는 것이다.

이제까지 박용래 시에 나타난 원형심상을 중심으로 <땅>, <탁배기>, <하관>, <황토길>, <월훈> 등 다섯 작품을 분석하면서, 이 작품들이 유발하는 정서적 효과의 원천을 규명하고자 하였다. 시인의 원형적 상상력은 이들의 작품에서 우주의 순환원리를 통해 재생을 희구하며, 원형적 세계를 지향하는 것으로 판단된다. 또한 우주의 궁극적 근원인 자연에 대한 향수로 자아와 세계의 갈등을 극복하고 과거의 순수 공간, 곧 원초적인 세계에 대한 그리움과 함께 회귀의지를 표출하기도 한다. 바꾸어 말하면 이것은 시원적인 삶, 근본적인 삶을 회복 유지하고자 하는 시인의 의지이기도 하다. 그러한 원형회귀의 정서는 결국 자연과 자아의 일체감을 통해 삶의 기쁨을 누리고자 하는 시인의 응집된 관념을 표출한 것으로 해석할 수 있다.

80) 진순애, 앞의 책, p.178.

3) 천상병의 하늘이미지와 영원회귀

천상병은 유고시집까지 포함하여 모두 6권의 시집과 2권의 시선집, 그리고 사후에 발간된『천상병 전집』을 남기고 있다. 천상병 시세계의 특징은 자신과 자신의 삶을 둘러싸고 있는 현실에 대한 꾸밈없는 천착에 있다. 평생을 가난하고 외롭게 살면서도 자신의 삶을 부끄럽게 여기지 않았고, 주변 현실을 시를 통하여 끊임없이 나타냈다는 점에서, 시에 대한 그의 애정을 읽을 수 있다. 비록 문학적 논의의 중심부에서 소외되어 있었지만 지속적으로 시를 창작하며 삶의 진실을 추구한 천상병 시인의 역정은, 우리의 삶과 시의 본래적 의미를 돌아보게 하는 계기를 마련해 준다.

이제까지의 선행 연구들을 보면 천상병의 시세계는 전통 서정의 세계와 닿아 있다는 대체로 공통된 견해를 나타내고 있다. 또한 천상병의 시는 소외와 순수함, 관용과 개방성을 지녔으며, 인생에 대한 긍정적 태도와 아울러 비극적인 세계인식에 닿아 있다는 것도 공통된 분석이다. 천상병의 시가 차지하는 문학사적 비중이 아주 크다고는 할 수 없겠으나, 나름대로 자신의 시세계를 구축하였다는 점을 감안할 때 그의 시에 대한 총체적인 연구가 필요하다고 하겠다.

천상병 시에서 거듭하여 나타나는 주요 이미지 중의 하나가 '하늘'이다. 이 하늘의 이미지는 초기시에서부터 후기시에 이르기까지 일관되게 등장한다. 하늘의 이미지는 지상적인 세계와 대립되는 천상적인 세계를 표상한다.

엘리아데는 "창공은 단지 고개를 들어 그것을 바라보는 것만으로 벌써 종교적인 체험을 불러일으킨다. 하늘은 그 자신을 무한한 것, 초월적인 것으로 보여준다. 그것은 인간과 그 환경에 의하여 표상된 그 어떤 것과도 비교할 수 없는 '전적으로 다른' 뛰어난 것"[81]이라고 말한다. 전통적으로 하

81) Mircea Eliade, 이은봉 역,『성과 속』, p.122.

늘은 그 자체에 부여된 신격으로 인해 우주를 창조한 초월적 존재로 간주되어 왔다. 아울러 낙원을 상징하기도 하는데, 최고의 행복, 기쁨, 아름다움의 공간으로 여겨진다. 이밖에도 청정무구한 곳을 뜻하며, 사람이 죽은 뒤 그 영혼이 가는 곳이 하늘이라고 생각하였다.

천상병 시에서 핵심적인 심상이라 할 수 있는 '새'와 함께 그의 시세계에서 중요한 의미를 갖는 '하늘'의 심상 역시 지상적 삶의 구속성에서 벗어나 영원한 자유를 지향하는 상징성을 갖는다. 융은 고태적인 성질을 가진 모든 심상, 달리 말하면 신화의 잘 알려진 모티프들과 부합하는 모든 심상을 '본원적 심상'이라 불렀다. 본원 심상, 곧 '원형'은 개인적 심상과는 달리 항상 집단적이다. 이 본원 심상은 적어도 한 국민, 혹은 한 시대 안에서 공통적이다. 신화의 주요 모티프는 모든 인종들에게 그리고 모든 시대에 있어 십중팔구 다시 나타나기 마련인 것이다.[82] 그러나 한편 원형의 속성은 매우 불가해하다. 왜냐하면 이는 집단무의식이라는 신비한 그늘의 영역을 다루어야 하는 것이어서, 우리가 결코 집단무의식의 심층에 도달할 수 없는 한, 원형에 대한 직접적인 조명 역시 불가능한 일이다. 다만 우리가 바랄 수 있는 최선의 방법은 그것을 우회적인 방법으로 기술함으로써, 원형의 일반적 의미를 제시하는 것뿐이다. 그것은 원형이 우리의 이성적 이해를 능가해 버리는 심오한 수수께끼를 표상하기 때문이다. '원형적 내용물은 자신을 드러내는 방법으로, 최우선적으로 메타포를 사용한다.' 곧 원형은 심리요소를 일정한 이미지로 배열시켜 원형적 성격을 부여하는 요인들이며 모티프들이다.[83]

이러한 원형의 개념에 근거하여 여기서는 천상병 시에 나타난 '하늘'을 비롯한 우수적 자연심상을 통하여 보다 원초적이고 근원적인 상상력의 심

---

82) C.G.Jung, 전혜징 역, 「융 심리학의 주요 개념들」, 상경렬 외 편, 『상상력이란 무엇인가』(살림, 2000), pp.145~146 참조.

83) Jolande Jacobi, 유기룡·양선규 공역, 앞의 책, pp.35~36 참조.

층을 파악해보고자 한다. 앞에서도 언급했지만, 천상병의 시에는 주체보다는 자아가 강하게 드러나는 작품이 많다. 특히 시인은 '하늘'의 심상을 통해 영원한 자유의 의지를 표출한다. 그 하늘은 죽음과 밀접하게 연관된 회귀처로서의 의미를 갖기도 한다.

> 지난날엔 싸움터였던/ 흙더미 위에 반듯이 누워/ 이즈러진 눈으로 그대는/ 그래도 맑은 하늘을 우러러 보는가 //
> 구름이 가는 저 하늘 위의/ 그 더 위에서 살고 계신/ 어머니를 지금 너는 보는가 //
> 썩어서 허무러진 살/ 그 살의 무게는/ 너를 생각하는 이 시간/ 우리들의 살의 무게가 되었고 //
> 온 몸이 남김 없이/ 흙 속에 묻히는 그때부터/ 네 뼈는/ 영원한 것의 뿌리가 되어지리니 //
> 밤하늘을 타고/ 내려오는 별빛이/ 그 자리를 수억만 번 와서 씻은 뒷날 새벽에 //
> 그 뿌리는 나무가 되고/ 숲이 되어/ 네가/ 장엄한 산령(山嶺)을 이룰 것을 나는 믿나니 //
> —이 몸집은/ 저를 잊고/ 이제도 어머니를 못 잊은 아들의 것이다.

위의 시 <무명전사>는『전선문학』(1953. 5.)에 발표된 것으로, 6.25 전쟁 중에 이름 없이 죽어간 무명용사를 기리며 그들의 넋을 위로하고 있는 전장시의 성격을 띠고 있다. 6.25의 비극적 체험과 상흔은 한국인 모두에게 인간 실존의 허무를 심어주었으며, 식민지 체험 이상으로 패배주의와 허무주의를 심화하는 결정적 계기가 되었다. 6.25는 의식의 첨단을 살아가는 시인에게 참전과 종군이라는 대응 방식, 풍자와 역설이라는 비판 정신의 예각화, 센티멘털리즘이나 폐쇄적 자아 속으로의 굴절 등 다양한 정신적 편차를 보여 주었다. 시사적 문제점을 제기하고 현대시로서 본질적인 갈등과 몸부림을 겪기도 하였다. 전장의 직접 체험을 바탕으로 씌어진 전장시는

직설적 상황 묘사와 인위적 절규, 감탄사 나열로 이루어진 것이 많다.[84)]

위에 인용한 <무명전사>는 총 7연으로 되어 있는데, 도입부터가 '상하의 원형이미지'로 되어 있음에 주목하게 된다. 상의 이미지는 '하늘, 밤하늘, 구름, 별빛'으로 표출되며, 하의 이미지는 '흙더미, 나무, 숲, 산령'으로 나타나는데 이들 심상들은 궁극적으로는 모성원형과 접맥되고 있다. 이 시는 '지상(흙)→천상(하늘)'으로 전개되는 상상력에 의해 시적 공간을 형성한다. 1연의 내용은 전쟁터에서 죽은 이에 대한 회고이다. '싸움터'와 '흙더미', '반듯이 누워', '이즈러진 눈' 등 죽음과 관련된 심상은 쓸쓸하고 어두운 분위기를 형성하지만, '그래도 맑은 하늘을 우러러 보는가'라며 죽음이 지향하는 곳이 하늘이라는 것을 나타내고 있다. 2연에서 화자는 죽은 이의 시선이 영원한 구원과 안식의 품인 '어머니'를 향하고 있음을 말한다. 3연은 그들의 죽음은 오늘 우리들 삶의 근원이 된다는 것을 말하고 있다. 4~6연에서 화자는 죽은 자의 시신은 비록 흙에 묻혔지만 그 죽음은 '영원한 것의 뿌리'가 되고 '나무'가 되고 '숲'이 되며, '장엄한 산령'이 될 것이라고 믿는다. 마지막 연에서 죽음은 곧 원초적인 '어머니'의 품으로 돌아가는 것임을 역설하고 있다.

동서양을 막론하고 대지는 지모신적 풍요를 상징하는 원형심상이다. 따라서 영원한 대지에의 회귀는 근원적인 모성으로 돌아가는 것이다. 그것은 죽음의 현실로부터 자유로워지는 것이며 죽음과의 화해를 뜻하는 것이기도 하다. 죽은 이의 육신이 어머니의 품에 안길 때 그의 영혼은 하늘을 지향한다. 하늘은 삶의 질곡을 뛰어넘어 평안과 영생을 누릴 영원공간으로 제시되고 있다. 그에 비해 지상은 싸움의 공간으로 나타나며, 따라서 지상에서의 삶은 부정적 의미를 지닌다. 이러한 질곡의 삶으로부터 바라보는 하늘은 '맑은' 세계, 곧 지상의 인간이 동경하는 자유와 평화의 공간이며 이상적 염원의 세계인 것이다.

---

84) 김윤식 외, 『우리문학 100년』(현암사, 2002), p.206.

천상병의 시에서 '하늘'은 사물인식의 타성에서 벗어나 다양성을 인식할 수 있도록 자아를 이끄는 상징으로 제시된다. 그는 하늘을 '순결과 무한한 공간의 영원성'으로 즐겨 노래했다.

저기 저 하늘을 깎아서
하루 빨리 내가
나의 무명을 적어야할 까닭을
나는 알아야 한다

부분 인용한 위의 시 <무명>에서의 하늘은 시적자아로 하여금 삶의 유한성을 극복할 수 있도록 자신을 돌아보게 하는 거울상징의 의미를 지닌다. 즉, 자기의 삶을 돌아보고 푯대를 세우는 것은 곧 무명으로부터 벗어나는 일이 되는 것이다.

앞의 살핀 바 있듯이, 휠라이트는 그의 원형론에서 인간 사회와 거기에 속한 사람들의 사고·반응의 방식이 무척 다양하지만 사람들의 육체적, 심리적 구성은 자연적인 유사성을 지녔기 때문에, 육체상으로 모든 사람은 중력의 법칙에 종속되어 있으며 그 때문에 상향 작용은 하향 작용보다 늘 더 어렵고, 그래서 상향 운동은 성취의 개념으로 연상된다고 밝히고 있다.

하늘은 시적자아가 삶에서 고통을 느낄 때, 질곡을 뛰어넘어 평안과 영생을 누릴 영원공간으로 제시되고 있는 것이다. 다음의 시 <그날은>을 살펴보자.

이젠 몇 년이었는가
아이론 밑 와이셔츠 같이
당한 그날은……

이젠 몇 년이었는가

무서운 집 뒷창가에 여름 곤충 한 마리
땀 흘리는 나에게 악수를 청한 그날은……

내 살과 뼈는 알고 있다.
진실과 고통
그 어느 쪽이 강자인가를……

내 마음 하늘
한편 가에서
새는 소스라치게 날개 편다.

이 시는 1967년에 있었던 이른바 '동백림(동베를린) 간첩 사건'을 배경으로 쓰인 것으로 보인다. 천상병 시인이 동백림 사건에 무고하게 연루되어 고초를 겪었다는 것은 널리 알려진 사실이다. 전기고문으로 인하여 육체적, 정신적 황폐로까지 이어졌던 그 사건은, 천상병에게는 생애사적 수난이었다. 그리하여 시적화자는 1연에서 자신의 고통을 '아이론 밑 와이셔츠 같이 당한 그 날'로 표현하고 있다. 무자비한 고문체험을 회상하고 있는 이 시에서 하늘은, 자아가 고통스러운 현실을 극복하고 지향하는 공간이다. 이 시는 '현실→비상(새)→천상(하늘)'으로 전개되는 상상력에 의해 시적 공간을 형성한다. 화자는 지상의 고달픈 삶을 '새'로 형상화해서 지상에서 하늘로, 즉 자유로운 공간으로 탈출을 꿈꾸고 있다. 그 하늘은 '새가 소스라치게 날개를 펴는' 비상의 공간으로, 자아가 억눌림과 고통으로부터 벗어나 도달하고자 하는 자유로운 공간을 상징한다. 이양섭이 그의 논문에서 밝힌 바 있지만, 이 시에서 뚜렷하게 드러나는 것은 '구속, 억압'에 대한 '자유, 해방'의 선명한 대비이다. 이러한 자유의 공간을 확보해 주는 것은 바로 진실이 있었기 때문이며, 하늘은 '양심이나 진실을 비추어주는 거울로서의 상징성'[85]을 갖는다고 하겠다. 자유에 대한 화자의 갈망은 하늘과 새의 이미지 대비를 통해 더욱 확고해진다.

당시의 정황을 시로 표현하면서도 단순한 사실의 기록이나 감정 토로에 그치지 않는 것은 새와 하늘의 상징 때문이다. 시적자아로 설정된 새는 고통의 기억, 즉 억압의 상황에서 벗어나 자유롭게 하늘로 날아오르기를 염원하는 시인의 시의식을 보여준다. 그 하늘이 모든 고통을 무화시키는 원초적이고 신화적인 공간임은 두말할 나위 없을 것이다.

다음은 시인 신동엽의 죽음을 애도하는 작품이다.

> 어느 구름 개인 날 / 어쩌다 하늘이 / 그 옆얼굴을 내어보일 때, //
> 그 맑은 눈 / 한 곬으로 쏠리는 곳 / 네 무덤 있거라. //
> 잡초 무더기. / 저만치 가장자리에 / 꽃, 그 외로움을 자랑하듯, //
> 신동엽! / 꼭 너는 그런 사내였다. //
> 아무리 잠깐이라지만 / 그 잠깐만 두어두고 / 너는 갔다. //
> 저쪽 저 / 영광의 나라로!

위의 시 <哭 신동엽>에서 '하늘'의 심상은 '무덤'의 심상과 동일시되어 있다. '하늘, 대지, 광명, 상하' 등의 심상들은 대표적인 원형상징이다. 이 시에서 하늘은 상의 이미지와, 무덤은 하의 이미지와 맞닿아 있다. 그런데 이 상승과 하강의 이미지는 홀로 존재하기보다는 다른 관념이나 이미지와 혼합되어 나타나기 마련인데, 이 시에서 하강이미지는 무덤과 동궤에 놓여 있는 잡초 무더기, 꽃 핀 대지, 곧 궁극적인 모성을 지향한다. 이 시에서의 상상력의 구조는 '지상(무덤)→하늘(영광의 나라)'의 시적 공간을 형성한다. 지상은 죽음이 존재하는 곳이지만 화자는 죽음을 슬퍼하거나 두려워하지 않는다. 오히려 죽은 다음의 세계인 '저쪽' 세계, 즉 광대무변한 부성적 원형이미지인 하늘을 '맑은 눈이 쏠리는 곳', '영광의 나라'라고 표현함으로써 영혼이 기거하는 곳이 하늘임을 암시함과 동시에, 시적지아가 영적 순

85) 김재홍, 『한국현대시 형성론』(인하대학교 출판부, 1985), p.172 참조.

수성을 갈망하고 있다는 것을 유추하게 한다. 결국 시적자아는 죽음 자체를 '영광'으로 받아들이고 있으며, 죽음 이후의 세계를 어둡거나 두려움의 공간이 아닌 밝은 공간으로 제시하고 있는 것이다. 시인의 이러한 관념은 무속의 영혼관과 일맥상통한다고 하겠다. 무속에서는 인간을 육신과 영혼의 이원적 결합체로 본다.[86] 영혼은 시공을 초월한 무형의 정기로 인간 생명의 근원인데, 이 영혼이 육체와 결합될 때 인간으로서 존재성이 부여되지만, 분리될 때는 죽음의 상태에 이르게 된다. 그러나 죽음의 상태인 영혼의 분리를 두려워하지 않는데, 그것은 죽음을 단지 이승을 떠나 제자리인 저승으로 돌아가는 회귀과정으로 여기기 때문이다.

천상병은 이렇듯 영혼불멸의 원형적 패턴 속에서 상상력의 깊이를 보여주고 있는 것이다.

나무가 타면
연기가 나고
그 연기는 하늘하늘 올라간다.

나는 죽으면 땅 속인데
그래도 나의 영혼은
하늘에의 솟구침이어야 하는데

어찌 나의 영혼이
나무보다 못하겠는가?
죽은 다음에는 연기이기를!

위의 시 <연기>에서 화자는 식물심상인 '나무'로, 그의 영혼은 나무가 타면서 하늘로 올라가는 '연기'로 환치되어 있다. 앞의 작품 <곡 신동엽>

86) 자세한 것은 김태곤, 『한국무속연구』(집문당, 1991), pp.300～306 참조.

에서와 마찬가지로 여기서도 죽음을 슬프거나 어두운 것으로 인식하지 않는다. 나무가 탄 연기가 하늘로 올라가는 것이 자연스러운 현상인 것처럼 죽은 뒤의 자신의 영혼 또한 '하늘에의 솟구침'이기를 바라고 있다. 화자는 죽음을 슬픔으로 받아들이지 않는다. 죽음과 동시에 자연의 일부로 돌아가 영원한 자연으로 남기를 소망한다. 시인의 이와 같은 사유는 그가 갖고 있는 영혼관에 바탕을 둔 것이라 해석된다.

천상병은 영세를 받은 천주교인이면서 수년간 개신교에 다니기도 하고, 또는 무교주의자로 자처하며 성경읽기에 몰두하기도 하였다. 그가 무소유의 삶을 추구하며 그 속에서 참된 자유와 행복을 느꼈던 것도 예수의 가르침을 따른 것으로 볼 수 있다. 그의 시 배경에 기독교적인 맥이 흐르는 것도 이와 같은 연유에서이다. 그러나 본 항에서는 그의 시에 나타난 샤머니즘적 성격에 주목하려 한다. 무속은 불교나 기독교보다 훨씬 더 일찍부터 우리 민족의 민간생활신앙이 되어 있었다.

전통적으로 우리 민족의 영혼에 대한 원형적 사고는 영육분리의 이원적 사고와 영혼불멸관을 바탕으로 한 것이다. 물론 무속의 영혼불멸관은 모든 종교에 편재하는 사상으로, 무속의 종교체제도 다른 고등 종교와 마찬가지로 이 신념을 토대로 성립되었다.[87] 인간의 생존은 육신과 영혼의 결합에 의한 것인데, 육신에서 영혼이 이탈하면 죽고, 영혼이 깃들어 있을 때에만 육신은 살아 있을 수 있다. 따라서 인간의 존재 근원은 영혼이라고 보는 것이 우리 한국인이 갖고 있는 영혼관의 원형이다.

여러 재생설화를 통해 보면, 영혼은 여러 가지 형태로 나타나지만, 본질적으로는 형체가 없어 눈으로 볼 수 없는 영원한 존재라 믿는다. 형체가 없어 눈으로 볼 수 없다는 것은 공간성에 의한 것이고, 없어지지 않는 영원한 존재라고 하는 것은 시간성에 의한 것이다. 따라서 영혼은 공간과 시간의 제약을 받지 않는 무시간 · 무공간의 존재인 것이다. 그에 비해 육신은 형

---

87) 이몽희, 『한국현대시의 무속적 연구』(집문당, 1990), p.27.

상을 갖추고 있어 눈으로 볼 수는 있으나, 영구적으로 지속할 수 없는 유한한 존재이다. 형상을 갖추고 있어 눈으로 볼 수 있다는 것은 공간성에 의한 것이고, 유한하다는 것은 시간성에 의한 것이다. 따라서 육신은 공간과 시간의 제약을 받는 존재인 것이다.

시 <연기>에서 화자는 무형의 '연기'를 매개로 하여 자신이 지향하는 곳이 지상세계가 아니라 하늘 즉, 천상세계(또는 우주적 공간)임을 분명히 하고 있다. 이 시는 '지상→연기(영혼)→천상'으로 전개되는 상상력의 구조를 갖는다. '연기'가 영혼과 등가의 관계에 놓이는 것은 여러 나라의 무속이나 민속에서 쉽게 확인된다. 전통적으로 제단의 향연은 신에게 전달하는 기원이자, 신을 지상으로 초대함을 나타낸다. 또 장례식이나 지노귀굿이 끝나고 망자의 의복이나 소지품, 종이꽃 등을 태우게 되는데, 이때 연기가 오르는 것은 망자의 영혼이 극락세계로 들어가는 것을 의미한다.

천상병 시인이 지향하는 영원공간인 하늘은 다음의 시 <편지>에도 나타난다.

1

아버지 어머니, 어려서 간 내 다정한 조카 영준이도, 하늘 나무 아래서 평안하시겠지요. 그새 시인 세 분이 그 동네로 갔습니다. 수소문해 주십시오. 이름은 소시훈 심수영 최계락입니다. 만나서 못난 아들의 뜨거운 인사를 대신해 주십시오. 살아서 더없는 덕과 뜻을 저에게 주었습니다. 그리고 자주 사귀세요. 그 세 분만은 저를 욕하진 않을 겝니다. 내내 안녕하십시오.

2

아침 햇빛보다 / 더 맑았고 // 전세계보다 / 더 복잡했고 //
어둠보다 / 더 괴로웠던 사나이들, // 그들은 / 이미 가고 없다.

일반적으로 죽음이란 인간에게 부과된 어쩔 수 없는 운명이면서도 늘 두

렵고 거부하고 싶은 대상이다. 그런 만큼 죽음을 노래할 때에는 언제나 슬픔이나 비통함을 동반하게 된다. 두 부분으로 이루어진 이 시에서도 상상력의 구조는 '지상→천상'으로 전개됨으로써, 천상병 시의 전체적 주제소들이 이루어내는 상상력의 구조와 일치하고 있다. 이 시에서의 하늘 역시 화자가 존재하고 있는 속세적・현실적 공간과 대비되는 곳으로, 현실세계에서 떠난 죽은 자들의 영혼이 사는 공간으로 상정되어 있다. 그러나 그곳은 슬프거나 어두운 곳이 아니라 언제나 평안하고 아름다운 곳으로 인식된다. 그것은 1연 첫 행의 '하늘 나무 아래서 평안하시겠지요' 라는 표현에서 나타난다. 화자는 영혼들의 세계인 하늘을 '푸름'의 심상을 지닌 '나무'와 결합시킴으로써 삶의 세계에 비해 더 조화롭고 참된 생명을 누리는 영원공간으로 생각하고 있다. 인간의 삶과 죽음은 현세적 입장에서 본 가시적 존재인 육신의 공간적 지속과 단절에 의한 것이다. 삶은 가시적 존재의 공간적 지속이고, 죽음은 가시적 존재 조건이 단절되어 순간존재(육신)가 영원존재(영혼)로 회귀해 가는 것이다. 천상병 시인이 갖고 있는 영혼관 또한 이와 같은 인간의 존재 자체는 영원한 것이라고 믿는 존재근원으로서의 회귀사고에 근거한 것으로 판단된다. 아울러 이 시인이 속세의 삶에서 벗어나 원초적인 영원세계를 지향하는 삶의 자세는 그의 무의식이 작품 속에 투사되어 나타난 것이라고 해석할 수 있다.

천상병의 영혼관은 다음의 시 <넋>에서도 엿볼 수 있다.

> 넋이 있느냐 없느냐, 라는 것은, / 내가 있느냐 없느냐고 묻는 거나 같다. / 산을 보면서 산이 없다고 하겠느냐? / 나의 넋이여 / 마음껏 발동해 다오. / 내 몸의 모든 움직임은, / 바로 내 넋의 발동일 것이니, / 내 몸은 바로 넋의 가면이다. / 비 오는 날 내가 다소 우울해지면, / 그것은 즉 넋이 우울하다는 것이다. / 내 넋을 전세계로 해방하여 / 내 넋을 널찍하게 발동케 하고 싶다.

한국인이 갖고 있는 영혼관은 앞에서도 언급했지만 영혼(넋)을 사람과 동일한 인격을 갖는 것으로 상정하는 데서 출발한다. 여러 작품에서 드러나는 천상병 시인의 영혼관은 한국의 토속신앙인 샤머니즘과 그 맥을 같이 하고 있다. 한편, 죽음 이후의 세계는 존재가 연장된 세계라는 점에서 종교적 의미와 연관성을 갖지만, 천상병 시인에게는 종교적 의미보다는 지상적 삶의 고통과 더 관련이 있다. 즉 천상병의 초기시에는 소외와 고독, 허무감, 슬픔과 괴로움, 방황과 좌절 등의 비관적 인식이 현저하게 나타나고 있어, 그러한 부정적 상황에서 벗어나고자 하는 시적자아의 염원이 곧 죽음과 연관된 하늘을 지향하는 것이라고 판단된다.

천상병 시인의 미망인인 목순옥 여사에 의하면, 천상병은 영세를 받은 천주교인이었지만 성당에도 잘 나가지 않았고, 목사의 설교가 마음에 든다 하여 잠깐 교회에 나가기도 했다. 그렇지만 그는 하느님은 하나인데 구교와 신교로 나눠지는 것에 대해 거부감을 나타내기도 했고, 또한 하느님이 항상 자기와 함께 있기 때문에 교회에 나갈 필요성을 느끼지 않는다고도 했다. 이러한 사례들은 천상병이 신의 절대적 권위와 교리에 얽매이거나 일원론적 사고에 구속받지 않았음을 알려 준다. 그는 오히려 자유분방한 사유의 틀 속에서 절대적이고 영원한 어떤 이념이나 초월적 실재를 믿고 있었다고 여겨진다.

이와 같은 영혼관과 내세관을 갖고 있던 천상병 시인이 지향하는 신화적 공간으로서의 하늘은 다음의 시 <귀천>에서 더욱 분명히 나타난다.

나 하늘로 돌아가리라.
새벽빛 와 닿으면 스러지는
이슬 더불어 손에 손을 잡고,

나 하늘로 돌아가리라.
노을빛 함께 단 둘이서

기슭에서 놀다가 구름 손짓하며는,

나 하늘로 돌아가리라.
아름다운 이 세상 소풍 끝내는 날,
가서, 아름다웠더라고 말하리라…….

이 시는 천상병이 알코올중독으로 실종되기 전 해인 1970년에 발표된 작품으로 독자들의 사랑을 받아 온 그의 대표작이다. 또한 여러 논자들에 의해 집중적으로 거론되면서 이 시의 의미는 대체적으로 규정지어졌다고 본다.

이 시에 담긴 메시지의 지시적 내용은 '이슬 더불어 손을 잡고 노을빛과 함께 기슭에서 놀다가, 구름이 부르면 하늘로 돌아가서 이 세상이 아름다웠다고 말하겠다'는 것이다. 이 시에 대해 박민수는 '현실이나 인간의 운명에 대한 긍정적 사유, 또는 유한한 인간으로서 현실 저쪽의 영원세계를 지향하는 꿈의 순수성 등과 같은 함축적 메시지에 의해 이미 그 자체로서 동양적 초월의 서정을 체험하게 하는 것'[88]이라고 말한다. 이러한 서정은 천상병 시 전체의 맥락 속에 스며들어 상승적 의미 작용의 깊이를 드러내게 된다.

원형적 상상력의 모티프들을 중심으로 시 <귀천>이 유발하는 정조의 원천을 규명해 보도록 한다. 먼저 <귀천>의 전체적인 의미구조를 살펴보자.

매 연마다 첫머리에서 '나 하늘로 돌아가리라'는 미래의지를 나타내는 진술을 반복하고 있는데, 화자가 '돌아가리라'는 그 지향의 세계는 영원한 생명의 세계, 곧 다름 아닌 죽음의 공간인 하늘이다. 그러나 작품의 분위기는 전혀 어둡거나 침울하지 않고 오히려 죽음을 아름답게 생각할 만큼 맑고 곱다. '죽음이란 단지 이승을 떠나 원초적 공간인 저승으로 돌아가는 회귀과정'[89]일 뿐이며, 삶이란 결국 아름다운 이 세상으로 소풍 나온 것과 같

88) 박민수, 『한국 현대시의 리얼리즘과 모더니즘』(국학자료원, 1996), p.458.

89) 이몽희, 앞의 책, p.27./ 이러한 사고는 코스모스적 육신의 존재로부터 카오스적 영원 존재로 회귀한다는 무속의 원형적 영혼관 · 사생관이라 할 수 있다.

기 때문에 하늘로 돌아가 아름다웠다고 말하겠다는 것이 시적자아의 의지이다. 이는 지상적 삶을 초월하고자 하는 자아의 강한 의지를 표출하고 있는 것이라 할 수 있다. 정한용이 그의 연구에서 "초월이 불완전한 '여기'에서 완전한 '거기'를 지향해 가는 것"이라고 논의한 것에 비추어 보면 비로소 이 시에서는 초월이 지상에서 천상으로의 지향성 혹은 방향성을 갖게 된다. 현실로부터 천상으로의 초월은 무속이나 종교의 전형적 사고이다. 자아 스스로가 초월적 존재가 되어 하늘로 오른다는 상상력은 바슐라르가 말한 바 있는 '원형적 상상력'에 기인한다고 하겠다.

정리해 보면, 이 시의 전체적인 구조는 '천상→지상→천상'으로 이어지는 상상력에 의해 전개되고 있다. 이것은 세속적 한계를 뛰어넘는 상상력의 새로운 깊이와 크기를 보여주는 것이라고 말할 수 있다.

한편, 원형적 상상력에 지배되고 있는 이 시는 원형적 심상들이 주조를 이루고 있다. '빛, 상하, 물'의 심상이 그것인데, 이들 원형심상들을 <그림 9>에서 보듯이, 우주의 순환원리인 원환의 구조를 통해 조직되고 배열된다.

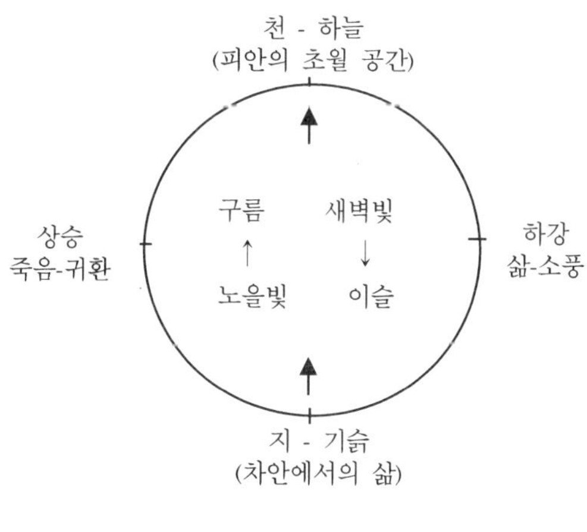

〈 그림9. 원형심상의 원환구조 〉

상의 이미지로는 '하늘, 새벽빛, 구름'이, 하의 이미지로 '이슬, 노을, 기슭'이 서로 대립되면서 전체 시 구조 속에 통합되고 있다. 즉 '하늘/세상・기슭', '새벽빛/노을빛', '구름/이슬' 등이 대립적인 이미지를 나타낸다. 이 시에서 빛의 심상인 '새벽'은 하루의 시작을, '노을'은 하루의 끝을 상징하므로, 이들은 삶의 시작과 끝, 곧 삶 전체를 대표하는 개념이 되고 있다. '구름'과 '이슬' 또한 상하의 대립관계, 그리고 물의 순환구조 속에서 생성과 소멸, 시간과 공간을 초월하고자 하는 화자의 의식을 반영한다. 물은 원초적으로 죽음과 재생을 모두 내포하고 있는 원형상징이다. 물과의 접촉은 항상 재생을 함축한다. 가장 정화된 물을 나타내는 이슬은 하강이미지이지만, 새벽빛을 받아 증발하는 상승이미지로서 동시에 작용한다. 따라서 새벽빛이 표상하는 새로움, 희망의 의미와 함께 맑고 투명한 마음으로 하늘이라는 천상의 근본세계로 돌아가고자 하는 화자의 적극적인 의지와 소망이 드러난다. 이와 같은 존재근원으로의 회귀의지는 존재 자체를 카오스(chaos)와 코스모스(cosmos)의 순환체계로 인식하는 한국인의 '원본사고(arche-pattern)' 즉 원형적 사고[90]에 의한 것이라고 하겠다. 결국 이 시는 '순환하는 시간으로서의 신비스러운 침잠, 끝없는 죽음과 재생, 자연과 인간의 영원한 순환'[91]의 원형적 정형(archetypal pattern)인 '천상계→지상계→천상계'의 우주적 순환원리를 함의하면서 '영원불멸'을 성취한다.

이제까지의 논의를 정리해 보면, <귀천>에서 하늘은 죽음을 초월하여 영원함과 자유로움, 진정한 안식의 공간으로 제시되고 있음을 확인할 수 있다. 또한 생사 초월의 우주적 생명관과 순수성, 동양적 상상력의 바탕 위에, 반복과 순환원리를 통해 근원회귀의 원형성을 획득하고 있는 것이다.

---

90) 김태곤, 앞의 책, p.305 참조.

91) Wilfred L. Guerin 외, 최재석 역, 앞의 책, p.184.

① 無限한 하늘에 / 태양과 구름 더러 뜨고 / 새가 밑하늘에 날으다. // 내 눈 한가히 위로 보며 / 하늘 끊임없음을 인식하고, / 바람 자취 눈여겨 보다. // 아련한 공간이여, / 내 마음 쑥스러울 만큼 어리석고 / 有限밖에 못 머무는 날 채찍질하네.

② 하늘에는 구름이 뜨고 / 새가 날으고 / 가이없이 무궁무진하다 / 태양이 오르면 / 달과 별은 내일을 예고한다. // 하늘이여 하늘이여 / 그 위에 계실 하느님에게 / 감사하며 내 삶의 보람을 찾는다.

③ 하늘은 가이없다. / 무한한 하늘은 끝이 없다. / 어디까지 하늘이냐 / 도무지 알 수 없다. // 구름은 떠가지만 / 그건 유한한 하늘이고 / 새는 날으지만 낮은 하늘이고 /우리는 그저 하늘을 받들면 그만이다.//——(하략)——

천상병 시에는 '하늘'에 관한 작품이 상당히 많다. 초기시에서 하늘은 지상에서의 삶을 마감하고 더 자유롭고 조화로우며 영원한 생명을 누리는 초월적인 공간으로 나타난다. 후기시에서의 하늘도 초기시에 나타나는 하늘과 비슷한 상징적 의미를 띠면서 현실적 삶의 유한성을 돌아보게 하는 자유지향의 공간으로 표상된다. 그러나 초기시에서처럼 비애의 정서가 표출된 그런 하늘이 아니라, 노년의 시인이 담담한 마음으로 바라보는 천진무구와 이상향으로서의 하늘이다. 시인은 하늘의 심상을 빌려서 무위무욕, 감사의 마음에서 우러나오는 일상의 의미와 행복을 노래한다.

인용시 ①②③은 모두 '하늘'을 그대로 제목으로 쓰고 있다. 셋을 한 편의 시로 묶어도 좋을 만큼 시적 정조는 동일하다. ①과 ③에서의 하늘은 '아련한 공간'으로, 자아로 하여금 삶의 유한성에서 벗어나게 하는 의미를 일깨우는 공간이다. 시적자아는 무한한 하늘의 심상을 통해 지상적 행복을 구가하면서도 삶의 유한성에 대한 인식과 영원한 자유에 대한 지향을 드러내고 있다. 그 무한한 하늘은 자아인식이 어느 한 점에 머물지 않게 이끄는 가르침의 공간으로 나타난다.

②는 후기시에 나타나는 하늘의 심상인데, 이 시기의 하늘은 '하느님'으로 종종 표상된다. 무궁무진한 공간 속에서 시적자아의 의식은 가시적 공간을 넘어서 달과 별까지도 노래할 수 있는 우주의 섭리에까지 가 닿는다. 마침내 화자는 절대자인 하느님에게 감사하며 삶의 보람을 찾고 있다. 시인의 기독교적 세계관이 드러난다고 하겠다. 하늘은 다양한 의미의 상징을 내포하고 있다. 우리 문화에서 하늘은 그 자체에 부여된 신격으로 인해 우주를 창조한 초월적 존재로 간주되며, 신들이 거처하는 신성한 공간으로 상정된다. 천상병의 시에서도 하늘은 시적자아의 초월공간으로, 자유의 지향공간으로 나타나고 있음을 볼 수 있다.

이제까지 본 항에서는 천상병 시에 나타나는 주요 이미지인 '하늘'을 중심으로, 시 작품이 유발하는 정서적 효과의 원천을 규명하고자 하였다. 무엇보다도 천상병 시에 내재한 원형성을 확인하는 데에 주력하였다. 그의 시에서 '하늘'은 초기시에서 후기시에 이르기까지 끊임없이 나타난다는 점에서 중요한 의미를 지닌다. 원래 반복을 통해 상징적 의미를 드러내는 것 그 자체가 원형의 속성이다. 하늘을 소재로 한 일련의 시들은 공통적으로 '현실-(비상)-천상', 혹은 '천상→지상→천상'으로 전개되는 상상력에 의해 이루어졌음이 파악되었다. 그의 시에서 하늘은 단순한 자연 혹은 배경의 공간으로 드러나는 하늘이 아니라, 지상적 삶의 구속성에서 벗어나 영원한 자유를 지향하는 신화적 공간이라는 상징성을 내포하고 있다. 곧 시인이 지향하는 이상세계, 평안과 영생의 공간, 천상의 세계, 영원한 자유의 공간, 절대자 등을 내포하는 심상으로, 현실적 고난을 극복하고 정신의 자유로움과 초월성을 획득하려는 인간의 소망과 염원의 원형공간으로 설정하였다고 판단된다.

2. 물, 눈, 나무, 새, 집 : 자연심상의 상징과 변용

문학은 자연에 대한 개인 체험과 인류의 보편적인 관점, 자연관을 상징적으로 형상화한다. 문학 작품은 작가의 관념과 체험의 구체적인 표현이며, 그 표현은 상징성을 띨 수밖에 없다. 그러므로 자연을 소재로 한 모든 문학 작품에는 자연에 대한 작가의 상징적인 해석이 들어 있는 것이다. 상징은 원래 하나의 사물을 나타내거나 암시하기 위하여 다른 사물을 사용하는 것을 말한다. 문학에서 그러한 상징을 사용하는 방법까지도 포함한다. 어쩌면 시에 나타난 상징으로서의 자연은 시간이 지배하는 이 세상의 질서를 벗어나 도달하고자 하는 시인의 이상향이라 할 수 있다. 진순애는 '이성적 주체의 근원의식으로서 무의식을 형성시킨 것은 자연이고, 자연은 무의식적으로 자연으로의 회귀를 권유하는 유인력을 행사하는데, 이와 같은 자연은 전통세계를 상징할 뿐만 아니라, 모더니티를 분별할 수 있게 하는 현대의 중심에 있는 세계'[92]라고 말한다. 자연을 중심축으로 하여 우리는 과거를 깨우치고, 현재를 진단하며, 미래를 전망할 수 있다는 것이다.

인간은 누구나 선험적 인식에 의해서든 경험적 인식에 의해서든 자연을 인식하고 경험한다. 그 경험에 의해 자연 현상을 해석하고 자연을 보는 일정한 사고 방법을 갖게 된다. 해석학적인 관점에서 본다면 자연관은 자연에 대한 일정한 해석 체계라고 할 수 있다. 시는 자연을 형상화하고 그 속에는 자연에 대한 시인의 해석이 들어 있다. 독자는 그러한 상징을 통해 자연의 실재를 새롭게 이해하게 된다. 자연에 대한 해석은 두 가지 방향이 있다. 인간과 자연을 분리해서 보는 이원적 관점과 인간과 자연을 하나로 보는 일원적 관점이다. 서양의 상징이론이 자연과 인간, 물질과 정신을 이원적으로 보는 데 비하여, 동양의 상징이론은 이러한 구분이 애초에 존재하지 않았다. 동양의 현인들은 자연에서 인간의 삶을 읽었고, 우주의 천리(天

92) 진순애, 『현대시의 자연과 모더니티』(새미, 2003), p.6 참조.

理)를 깨달았으며 이를 상징화하여 인간과 우주의 삶의 원리로 삼았다. 곧, 자연을 인간과 우주의 원리를 상징하는 장이며 신전으로 생각했던 것이다.

우선 상징의 한 끝이 닿은 곳은 현상의 세계가 아닌 불가시의 세계, 정신의 세계이다. 그것을 가시의 세계, 곧 감각물질의 세계로 바꾸어내게 하는 것이 상징이다. 바꾸어 말하면 상징의 한 면에는 관념 또는 사상이라고 부르는 정신세계가 그 뿌리를 뻗고 있다. 그리고 다른 한 면이 감각되는 차원에 닿아 있는 것이다. 예컨대, 박재삼 · 박용래 · 천상병 시에 나타나는 '집, 길, 꽃, 나무, 새, 물' 등의 심상은 모두 근원적인 사고를 지향하는 심상으로, 단어가 갖는 현상적인 의미로만 제한되지 않고 본질적인 우주 속 자연, 근원적인 원초의 세계를 선험적으로 제시하고 있는 것이다. 이렇듯 상징은 은유와는 달리 심상의 틀을 명쾌하게 드러내지 않는다는 특성을 갖고 있다. 한편으로는 시와 상징은 심상을 구체적으로 형상화하는, 즉 시가 상징을 그 표현의 가장 직접적인 질료로 삼고 있다는 근거를 제시하고 있는 것이다.

본 절에서는 세 시인의 작품에 나타나는 자연심상을 중심으로 상징양상을 규명해 보고 원형의 체계를 분석하여 보다 폭넓은 의미역을 구축하고자 한다.

1) 박재삼의 자연 친화와 허무의 극복

박재삼 시에 대한 기존 연구가들의 상당수가 그의 시에는 '한'의 정조가 뿌리 깊게 남아 있으며, 한국의 전통적 서정을 계승한 시인이라는 점에 논의의 초점을 맞추고 있다. 박재삼 시의 특질을 한의 정서와 연결시키는 데는 대체로 이견이 없다. 하지만, 한의 성격을 심층적으로 분석하거나 그의 시적 정조의 원천을 규명하는 데에는 다소 소홀히 해 왔다.

박재삼은 자연을 읽어내는 데 능숙한 시인 중의 한 사람이다. 그에게 자연은 주체와 분리 또는 대립되는 대상이 아니라, 혼연일체의 체험의 장이

된다. 박재삼이 자연을 통해 자아의 동질성을 회복하려는 노력은 초기시에서부터 그의 만년의 시에 이르기까지 지속적으로 나타난다. 초기와 후기에 있어 자연을 서정화 하는 태도에서 약간의 차이가 있을 뿐이다. 초기시에 드러나는 자연에서는 먼저 모성의 얼굴을 만날 수 있다. 자연에 대한 친화력은 바로 모성에 대한 사랑에서 비롯되는 것이다. 자연은 인간으로서는 근접할 수 없는 영원하고 완전한 세계로 인간의 현실적 한계를 인식하게도 하지만, 인간의 비극적 인식과 그로 인해 빚어진 한을 극복하게 하는 세계이기도 하다.

본 항에서는 작품에 나타나는 자연적 원형심상들을 중심으로 하여, 그의 시가 표출하는 정조의 원천을 파악해 보기로 한다. 박재삼 시에 집중적으로 나타나는 자연심상은 '햇빛, 강물, 바람, 바다, 새, 나무' 등이다. 이러한 '자연'은 그의 시에서 다양한 의미 기능을 담당한다. 예컨대 '햇빛'은 인간의 슬픔을 더욱 슬픈 것으로, 서러움을 더욱 서러운 것으로 느끼게 하는 감성의 상승작용을 하기도 하고, 자연의 아름다움의 표상이 되기도 한다. 뿐만 아니라 완전한 세계의 일부로서 그것을 보는 자아로 하여금 부끄러움을 느끼고, 인간의 삶을 반성토록 하는 역할을 하기도 한다. '햇빛'의 이미지에 대해서는 앞의 절에서도 논의가 됐지만, 거의 모든 작품에 나타난다고 해도 지나치지 않을 만큼 빈번하게 등장하는 원형 이미지이다.

다음의 시 <광명의 촌수>를 보도록 하자.

갈매기 날개가
눈부신 驚異를
폈다 오무렸다
하늘을 자로 재는
일만 부지런히 하고

햇빛 속

저 물결이 반짝이는 것도 그 사촌쯤 되는가,
또 하나
미루나무가 적당히
바람과 햇빛을 골고루 섞어 넣어
몸을 연방 기쁜 일변도로
뒤집고 있는 것은
적어도 육촌 안 촌수는
되는 것이 아닌가.

아, 여기에
내가 눈물 글썽이고 만다는 것은
이들과 가장 가까운 일밖에
딴 짓은 아니라는 결론이네.

바람과 햇빛, 그리고 그것에 의해 반짝이는 물결과 몸을 흔드는 미루나무 등 이들은 모두 아름다운 자연에 속한 세계이다. 화자는 지금 이들에게서 동경과 경이로움을 느끼고 있다. 단순한 서정시로 보이지만 여기에서 우리는 시의 분위기를 형성하고 있는 '상하의 원형이미지'에 주목하게 된다. 이 시의 핵심이 되는 심상구조는 하향이미지인 '물결'의 반짝임과 상승이미지인 '미루나무' 잎의 반짝임을 '광명'의 사촌과 육촌 안에 드는 가까운 친척으로 표현함으로써, 이들을 '햇빛'과 동일시하는 상상력에 의해 전개되고 있다. 상하의 이미지가 천지관계의 구체적 형식으로 나타날 때 이처럼 종종 의인화의 형태로 나타나곤 한다. 이러한 상상력은 시적자아가 자연과 조화를 이루려는 태도에서 나온다. 여기에서는 '바람'과 '햇빛'이 하향이미지인 '물결'과 상향이미지인 '미루나무'를 대등한 관계로 연결시키고 있다.

자연의 세계는 시인이 소망하는 완전한 세계이며, 인간은 그것에 쉽게 근접할 수 없다. 오히려 아름다움의 세계에 가까워질 수 없는 인간의 한계를 인식하게 될 뿐이다. 그러나 이 시에서는 인간에게도 단 한 가지 이들에게 가까워질 수 있는 길이 있음을 밝히고 있는데, '눈물'이 바로 그것이다. 화자에게 눈물은 소망하는 세계에 가까워질 수 있는 통로로 인식되고 있으며, 인간의 비극적 인식은 인간의 순수 감정의 산물인 눈물을 통해 극복되는 희망을 얻게 된다.

박재삼의 많은 작품에서 슬픔과 서러움은 '눈물'로 응결되어 있다. 그러나 그 눈물은 감정의 일차적 표출로서의 눈물이 아니라, 인간의 한계인식을 극복하게 하는 '해한'의 요소를 포함하고 있다. 눈물은 그 반짝임과 물기로 인해 인간의 삶에 생명력을 부여하며 동경하고 있는 아름다운 세계, 혹은 '햇빛'의 세계에 보다 근접할 수 있는 인간 내부의 것으로 가장 순수한 물의 속성을 갖는다. 원형상징으로서의 물은, 정화기능과 생명을 지속시키는 기능을 함께 갖는 그 복합적 속성에서 보편적 호소력을 자아낸다. 그래서 물은 순결과 새 생명을 상징하는 원형성을 갖게 되는 것이다. 이 시에서 '눈물'은 슬픔과 서러움의 응결체인 동시에 인간에 대한 애정을 드러내어 아름답고 완전한 세계에 닿을 수 있는 희망을 품고 있는 매개물로 작용한다. 눈물에 대해 말하고 있는 박재삼 자신의 말을 인용해 보도록 한다.

> 남들이 내 시에 '눈물'이 많다고 합니다. 제 시에 '눈물'이 많은 것은 제가 어린 시절에 너무 못살아서 그런 것 같아요. 지금 생각해봐도 저의 집안은 이루 말할 수 없이 가난했습니다. 그런데 중학교 때로 기억되는데, '가장 슬픈 것을 노래하는 것이 가장 아름답다'라는 말이 제 가슴에 깊이 와 닿았습니다. 그래서 그러한 생각이 저의 초기시를 지배하게 된 것 같습니다.[93)]

시인 스스로 밝히고 있는 '가장 슬픈 것을 노래하는 것이 가장 아름답다'라는 말의 이면에는 대상을 가장 슬프게 표현함으로써 가장 아름다운 긍정

---

93) 박재삼, 「시와 시인을 찾아서 · 15, 박재삼 시인 편, 고형진과의 대담」, 『시와 시학』(1995, 가을호.)

을 담아낸다는 의미가 포함되어 있다. 즉, 슬픔이 있는 부정적 세계에서 아름다움이 있는 긍정적 세계로의 변환을 추구하고자 하는 것이 자연을 대하는 이 시인의 진정한 생각이었으며, 이러한 사고는 무의식에서 표출된 원형적 상상력에 의한 것으로 판단된다.

> 감나무쯤 되랴.
> 서러운 노을빛으로 익어가는
> 내 마음 사랑의 열매가 달린 나무는!
>
> 이것이 제대로 벋을 데는 저승밖에 없는 것 같고
> 그것도 내 생각하던 사람의 등뒤로 벋어가서
> 그 사람의 머리 위에서나 마지막으로 휘드려질까본데.
>
> 그러나 그 사람이
> 그 사람의 안마당에 심고 싶던
> 느껴운 열매가 될는지 몰라!
> 새로 말하면 그 열매 빛깔이
> 前生의 내 全설움이요 全소망인것을
> 알아내기는 알아낼는지 몰라!
> 아니, 그 사람도 이 세상을
> 설움으로 살았던지 어쨌던지
> 그것을 몰라, 그것을 몰라!

이 시는 <한(恨)>이라는 제목이 나타내듯이 시적화자의 풀지 못한 한의 세계를 그리고 있다. 박재삼에게 한의 정서는 어린시절 가난으로 인해 생성된 이후 그의 시적 모티프가 된 감정이다. 시적화자는 '감나무'라는 식물 이미지를 동원해 서러운 사랑 이야기를 드러내고 있다. 한을 유발시킨 원인은 1연의 '노을빛으로 익어가는' 사랑의 감정이다. 그런데 그 사랑은 좌절된 사랑이다. 즉, '사랑의 열매'가 사랑하는 이의 가슴에서 익어가는 것이 아니라 '감나무'에 매달려 있다. 감나무는 이루어지지 않은 슬픔의 표상이면서 그리움의 표상이기도 하다. 그런데 이 사랑의 열매가 달린 나무는 이승에서 뻗어나가지 못하고 저승으로 뻗어갈 수밖에 없다. 2연에서 화자는 펴지 못한 사랑의 감정을 '제대로 벋을 데는 저승밖에 없는 것' 같다고 말하고 있다. 시적자아가 그리워하던 그 사람의 등 뒤나 머리위로 뻗어간다. 이승을 넘어서라도 '그 사람'에게 가까이 가고자 하는 화자의 '준소망'이며 '준설움'인 까닭이다. 곧 감나무는 화자와 그 사람의 대립적 이미지를 이어주고 이승과 저승을 연결시키는 매체이며 슬픔의 상징이다.[94] 그런데 여기에서 소홀히 보아 넘길 수 없는 것은 '준설움'이 '준소망'이기도 하다는 사실이다. 즉, 사랑으로 연유된 화자의 한은 설움이기도 하면서 동시에 영원히 지울 수 없는 간절한 소망이기도 하다. 자신의 사랑이 이승의 차원에서는 도저히 상대방에게 전달될 수 없다는 자각에서 오는 설움이며, 동시에 저승에 가서라도 기어이 상대방에게 전달되기를 바라는 간절한 소망으로 작용하는 것이다. 따라서 저승을 향한 화자의 이러한 소망이야말로 이승의 삶을 지탱케 하는 힘이 되고 있는 것이다. 천이두는 '이 텍스트에서 나타나는 한은 지극히 퇴영적이면서 또한 진취적이다. 요컨대 그만큼 상호모순적'[95]이라고 해석한 바 있다. 그러나 사랑의 실패로 인한 설움의 감정은 마지막 연에서 '아니, 그 사람도 이 세상을/ 설움으로 살았던지 어쨌던지/ 그것을 몰라, 그것을 몰라!' 라며 슬그머니 유보되며 해소되고 있다. 화자의 한은 사랑하는 사람을 만나서 해소되는 것이 아니라, 그 사람도 자신과 같은 한으로 평생을 살았을 것이라는 추측을 통해서 풀리는 것이다. 어

---

94) Wilfred L. Guerin 외, 앞의 책, pp.183～184 참조. 나무는 보편적 원형 심상이다. "가장 일반적인 의미에서, 나무의 상징은 우주의 생명, 즉 우주의 일관성, 성장, 번식, 생산과 재생산의 과정올 의미한다. 그깃은 소멸되지 않은 생명을 나타내고, 따라서 불멸의 상징과 같다."

95) 천이두, 『한의 구조 연구』(문학과지성사, 1993), p.32.

쩌면 이러한 한의 처리 방식이 박재삼 시의 가치를 높여주는 독특한 요소가 된다고 하겠다.

이 시의 심상구조는 '이승(감나무)→저승(열매)'으로 전개되는 원형적 상상력에 의해 형성되어 있다. 박재삼 시에서의 자연물, 특히 원형심상으로서의 나무이미지는 이승의 슬픔을 극복하는 매개물로 사용되었음을 알 수 있다. 나무는 우주의 생명력과 영원성을 부여하는 데 기여하며, 그 수직적 특성으로 인해 상승이미지로 작용한다. 박재삼은 이처럼 나무에 인간의 삶을 투영하여 나무의 생태를 통해 인간의 세상살이의 모습을 드러낸다. 그에게 자연은 변화 생성하는 우주의 상징으로 존재한다.

뉘라 알리,
어느 가지에서는 연신 피고
어느 가지에서는 또한 지고들 하는
움직일 줄을 아는 내 마음 꽃나무는
내 얼굴에 가지 벋은 채
참말로 참말로
바람 때문에
햇살 때문에
못 이겨 그냥 그
웃어진다 울어진다 하겠네.

위의 시 <자연>은『춘향이 마음』연작시 중의 하나로, 작품 전체가 춘향의 어조를 취하고 있다. 시적화자인 춘향은 현실세계에 고뇌하고 절망하는 것이 아니라, 마음속에서 솟아오르는 사랑의 기쁨과 슬픔을 꽃나무에 견주어, 그것을 순수한 생명의 흐름으로 노래하고 있다. 시인은 이 작품에서 자연과 인간의 마음을 동직적인 존재로 보고 있다. 인간사의 기쁨이나 슬픔, 고통 같은 것을 자연은 이미 초월한 것으로 여기기 때문에, 자연의 힘이 사람의 마음속에 있는 아름다운 사랑의 꽃을 피워 올린다고 보는 것이다. 그러한 마음의 움직임 또한 어떤 인위적인 조작이 아니라 말 그대로 바람, 햇살과 같은 자연에 감응하여 자연스럽게 일어나는 것임을 말하고 있다. 시적화자는 그런 자연을 닮기 위해 '꽃나무'가 된다. 그리하여 '바람 때문에/햇살 때문에/못이겨 그냥 그/웃어진다 울어진다 하겠'다며 자연의 순리에 동화되고자 한다.

꽃은 나무의 생명력과 아름다움을 나타내 주는 이미지이다. 신화나 전설 등 설화 속에서의 꽃은 사랑이나 생명력의 상징으로 쓰여 왔다. 또한 그 형태에 의해 중심을 나타내는 이미지이며, 따라서 인간 영혼의 원형을 상징하기도 한다.[96] 꽃나무에 꽃이 피고 지는 것이 자연의 아름다운 이치인 것처럼, 춘향의 마음에 피어나는 사랑도 자연스러운 생명의 표현인 것이다. 이렇게 보면 박재삼은 사랑이라는 인간사조차도 자연의 이법에 대응시키고 있다. 이것은 자연을 인간 본성이 지향하는 궁극적 원형으로 파악하고 있는 원형적 사고에서 비롯된 것이라고 해석된다. 다음의 시에서도 자연에 귀의하고자 하는 의지를 엿볼 수 있다. 다음의 시 <들풀 옆에서>를 보자.

이름 없는 들풀들이
여기저기 흩어져
별 경치도 볼 것 없는
그 곳으로 나가
나는 풀빛 울음을 혼자 울 거야

환한 저승 같은 꽃빛깔 앞에
차라리 눈이 부시어
어질어질 눈을 뜨지 못하면
하는 수 없지.

---

96) 이승훈 편, 『문학상징사전』(고려원, 1996), p.92 참조.

나를 안심하고
눕게 하는 것
포근한 그 들풀 옆에서나
나는 멍청한
내 눈물 속 하늘을 가질 거야
그리고 꽃이여
진실로 아름다운 꽃이여
나는 너를 미워하지도 못할 거야.

박재삼의 시에는 부정적인 의미를 띠고 있는 자연의 모습이 거의 등장하지 않는다. 자연을 그만큼 동경하고 자신의 감정을 이입시키는 대상으로 인식하고 있다. 박재삼이 궁극적으로 의도하는 것은 인간을 자연의 일부로 파악하고, 자연과 인간의 조화로운 합일을 꾀하고자 하는 것이다. 그는 자연에 대한 한결같은 동경과 애정으로 자연 현상을 적극적으로 수용하여 인간의 허욕과 부자유 상태에서 벗어나기를 요구한다.

위의 시 <들풀 옆에서>에서 '이름 없는 들풀'은 자연과의 동일시를 갈망하는 화자에게 원초적 순수를 상징하는 이미지이다. '이름 없는 들풀들'과 '풀빛 울음을' 우는 '나'가 동일시되면서 순수로의 정체성을 향한 시적 자아의 욕구가 확립된다. 자연에 합일되기를 추구하는 화자는 '환한 저승 같은 꽃빛깔 앞에'서 눈이 부시다. 꽃이 아름답게 피어 있는 풀밭을 '환한 저승'으로 인식하는 것은 죽음마저도 초월한 태도가 아닐 수 없다. 화자가 '포근한 그 들풀 옆에' 누워 눈물 속에서 하늘을 쳐다보는 자세 또한 하늘, 곧 자연과 합일을 동경하는 구체적 행위이다. 따라서 이 시의 심상구조는 '이승(풀)→저승(꽃)'으로의 상상력에 의해 전개된다. 화자는 그 들풀 속에 피어있는 꽃을 호명한다. 생성과 소멸이라는 자연의 순환원리 속에서 꽃의 속성이 언젠가는 지고 마는 유한한 존재이지만, 이미 죽음을 초월한, 자연과의 합일을 이룬 시적자아에게 꽃은 미워할 수 없는 존재, 곧 그리움의 대상인 것이다.

일반적으로 꽃은 현실적 삶에서 허무의 감정을 초월하는 한 방법으로 등장한다. 꽃이라는 식물적 상상력의 수직적인 상승을 통해 강렬한 생명의식을 갖기 때문이다. 이 시에서 꽃은 저승에도 똑같이 피어나는 존재이다. 그러므로 시적자아에게 삶과 죽음은 반복되고 윤회로 이어지는 속성을 지닌 꽃과 같은 것으로 인식되고 있다. 즉, 꽃은 자연의 섭리 아래에서 삶과 죽음을 초월하는 원형상징이라 하겠다. 꽃이 근원의 세계를 보다 구체적으로 현재화하는 기능을 하고 있는 것이다. 그러나 '이승-저승'의 신화적 시간 속에서 시적자아의 초월의지는 천상적 세계에 대한 막연한 동경이 아니라 인간 존재의 근원적 원형공간으로의 회귀를 지향하고 있는 것으로 해석된다. <한 경치>라는 시를 살펴보자.

풀밭에 바람이 날리듯이
남쪽 바다에 햇살이 날리네.

바야흐로
갈매기 두어 마리
無心 끝에 날으고
돛단배 가물가물
먼 나라로 갈 듯이 떴네.

오, 안스러운 것,
하얀 하얀 저것들,
어디까지 가서야 지치는 것이랴,
지쳐서는 돌아오는 것이랴.

꽃지는 꽃그늘엔
바람이 잠시 피하고

저것들의 깃죽지와 돛폭 아래선
햇살이 잠시 피하는가.
사람들이여
이승과 저승은 어디서 갈린다더냐.

풀밭에 바람이 흐르듯이
남쪽 바다에 햇살이 흐르네.

박재삼의 시에서 바다는 자주 죽음과 재생, 혹은 이승과 저승이 공존하는 초월의 공간으로 상정된다. 이 시에서도 바다는 이승과 저승의 갈림길로 인식되고 있다. '갈매기, 돛단배, 하얀' 등의 시어가 함유하고 있는 색채 이미지[97]를 통해 시적자아의 현실초극의지를 읽을 수 있다. 화자는 돛단배의 흰빛과 갈매기의 모습에서 저승으로 가는 영혼을 연상하고 그 영혼의 부활 장소로 바다를 바라보고 있는 것이다. 이때 현실초극의 지향의지로 제시되는 것이 '갈매기'이다. 갈매기는 바다와 육지를 오가는 새이다. 새는 고전문학에서부터 현대문학에 이르기까지 즐겨 선택되고 다루어져 온 원형심상이다. 고대인들에게 새는 인간세계에 길흉화복을 전달하는 영물로 간주되거나 그 비상의 속성으로 인해 인간과 신 사이를 오가며 신의 뜻을 전하는 영매, 혹은 '천상으로 가는 인간 영혼'의 표상으로 간주되어 신성시되기까지 하였다. 즉, 새는 하나의 구원 모티프, 신과 인간을 연결하는 사다리, 혹은 일탈된 인간 영혼의 자유로 해석되어 왔던 것이다. 이 시에서도 화자는 새를 통해 순수를 지향하고 현실을 초극하려는 의지를 나타낸다.

---

97) 흰색은 아주 많은 의미를 지닌 색으로 적극적인 면에서는 빛, 신성성, 순수함, 고결함, 절개, 결백, 서쪽, 밝음, 영원을 의미한다. 부정적인 면에서는 죽음, 공포, 초자연적인 것, 불가사의한 우주적 신비의 눈부신 진리 등과 관련된 원형 이미지이다./ Wilfred L. Guerin 외, 최재석 역, 앞의 책, p.181./ 『한국문화상징사전1』, p.649 참조.

이것은 마지막 연에서 '바다'의 물이미지와 '햇살'의 빛이미지가 환기시키는 상승의식과 결합함으로써, 바다가 거느리는 양가적 정서를 뒷받침해 준다. 이처럼 박재삼의 시에서 천상과 지상을 자유자재로 넘나드는 새의 존재는 외연적 의미를 넘어 순수 실제로서의 의미를 지닌다.

부활의 자연을 나타내고 있는 <무제>라는 작품을 보자.

> 한 십년 만에 남쪽 섬에도 눈이 내린 이튿날이다. 西方이 나를 지켜보는 듯싶은 황홀한 푼수로는 꼭 십년 전의 그때의 그지없이 설레이던 것과 상당히 비슷하다. 하나 엄살도 없는 至嚴한 기운은 바다마저 잠잠히 눈부셔 오는데……
>
> 그렇다면, 한 십년 전의 이런 날에 흐르던 바람의 한 자락이, 또는 햇살의 묵은 것이, 또는 저 갈매기가, 이 근처 소리없이 죽고 있다가, 눈물 글썽여 되살아나는지는 어느 누가 알 것인가.
>
> 萬一에도 그렇다면, 우리의 어리고 풋풋한 마음도 세월따라 온전히 구김살져오는 것만은 아니다. 헤아릴 수 없는 바람의, 또한 햇살의, 또한 갈매기의 그 중에도 어떤 것은 고스란히 십년 후에 살아 남았을 것처럼, 흔히는 그 구김살져오게 마련인 마음의 외진 한 구석에 어리고 풋풋한 마음이 곁자리하여 숨었다가 기껏해야 七十年의 그 속에서도 그야말로 이런 때는 喜喜樂樂해지는 그것인지도 모른다.

'고전시가에서의 자연은 강호가도로서 자연이었고, 소월에 와서 자연은 인식적으로 일상적으로 인간 삶에 관여하는 혹은 지배하는 자연'[98]이었다면, 박재삼의 시에서는 자연과 공존하면서도 자연에 수동적으로 몰입하지 않는 그런 모습을 보여준다. 자연에의 과도한 몰입은 또 하나의 의존이기 때문이다. 여기서 중요한 것은, 박재삼 자신의 삶이 자연에 대한 몰입이나 의존이 아니라 자신이 자연의 일부라는 점을 인정한, 공존이며 동화라는

98) 진순애, 앞의 책, p.101.

사실이다. 그러므로 화자가 '단순 공간인 자연에로 회귀'하는 것이 아니라 '존재인 자연으로서 귀의'한다는 점을 중시해야 할 것이다.

근대의 문명인에게 우주적 질서로서 자연은 현실로서 실재하는 자연은 아니지만, 상징으로 현현되어 태초의 시간으로 회귀를 가능하게 한다.[99] 자연의 질서는 우주 창조를 해마다 반복함으로써 시간이 재생되고 다시 근원의 시간으로 인간을 향하게 한다. 순환하는 주기적 시간에 의해 영원한 현재로 회귀하는 시간인 것이다.

위의 시 <무제> 1연에서 화자는 10년 만에 남쪽 섬에 내리는 눈을 지켜보고 있다. 그러면서 10년 전에 느꼈던 감정이 되살아난다. 눈은 시인의 감정이입을 위한, 즉 인간적 정서가 투사된 자연물이다. 화자는 과거를 흡수하여 현재를 바라보고 있는 것이다. 흡수한 과거는 화자에 의해 현재 시점에서 부활한다. 현실과 과거의 융합으로 바다는 눈이 부셔 오면서 2연의 '바람 한 자락', '묵은 햇살', 그리고 '갈매기'까지 되살아난다. 화자의 이러한 인식은 십 년 전의 과거라 해도 결코 현재의 시점을 떠나지 않았고 단지 '이 근처 소리없이' 있었다는 관점에서 나온다. 그리하여 3연의 '칠십년'이 지난 후에도 그 '바람'과 '햇살'과 '갈매기'가 살아서 희희낙락의 동기를 제공해줄 것이라는 믿음을 펴 보인다. 박재삼이 시에서 강조하는 것은 십 년 전의 '바람' '햇살' '갈매기'가 현재에 그 모습 그대로 살아나는 것이 아니라 그 영혼이 살아나는 것을 의미하며 그 영혼은 또 다른 모습으로 칠십 년 후에 나타날 것임을 표현한 것이다.

우리의 문학에서 눈[雪]은 '순수, 순결, 신성함, 재생'의 원형상징이다. 여기에 '바람, 햇살'이 드러내는 자연의 영원성과, '서방'의 저승이미지, '갈매기'의 현실초극이미지가 어울려, 동양적 윤회사상의 바탕위에서 근원회귀의 원형성을 획득하고 있는 것이다.

<눈물 속의 눈물>이라는 제목의 시를 보자.

---

99) 위의 책, p.146.

내 눈물 마른 요즈음은
눈에도 아니 비치는 갈매기야,

어느 小小한 잘못으로 쫓겨난
하늘이 없던, 어린날 흘렸던,
내 눈물의 복판을,
저승서나 하던 짓인가,
무지개 빛을 긋던 눈부신 갈매기야,

꽃잎 속에 새 꽃잎
겹쳐 피듯이

눈물 속에 새로 또
눈물나던 것이네.

박재삼의 자연은 시적자아와 동일한 성격을 가지고 있는 자아 표현의 도구이며, 또한 인간 본성이 지향하는 원초적 근원으로서의 자연이다. 위의 시에 보이듯이, 박재삼에게 눈물의 의미는 슬픔만 의미하는 것은 아니다. '꽃잎 속에 새 꽃잎'이 겹쳐서 피어나는 것처럼, 슬픔의 눈물이 자연을 매개로 하여 생성의 기쁨을 주는 눈물로 화합하기도 한다. 자연과 시적자아와의 화합에 매개물로 등장하는 것이 '갈매기'이다. 그 갈매기는 어린시절 눈물을 흘리며 보았던 희망의 대상이자 무지개로 빛을 발하던 아름다움의 대상이다. 그런데 화자의 현실에는 갈매기가 보이지 않는다. 시적자아는 그 때 그 시절 갈매기를 매개로 하여 과거의 눈물 속에서 현실의 눈물을 흘리는 것이다. 이것은 절망과 어둠에서 흘린 눈물이 갈매기를 매개로 하여 아름다움의 눈물로 승화되는 과정을 보인 것이라고 유추할 수 있다. 여기서 화합의 도구 역할을 하는 장치인 갈매기는 아름다움의 대표적 자연인 무지갯빛을 가지고 있어서 눈부심을 상징하는 자연심상이다.

이제까지의 작품을 통해 볼 때, 박재삼은 이승보다는 저승을 한과 허무의 극복 장소로 생각하고 있는 것으로 판단된다. 앞서 논의했던 작품들에서 갈매기는 이승과 저승을 오가는 영매 혹은 인간 영혼으로 표상되었다. 이 시에서 저승은 갈매기가 무지갯빛을 긋는 장소이고 눈물 흘리는 일을 잊게 하는 신화적인 원형공간이라고 해석할 수 있다.

다음의 시 <차창에서>를 보도록 한다.

겨울을 이겨 낸 나무들은
일제히 하늘로만 향하여
가늘게 가늘게
가지들을 뻗으며
벌 받듯이 섰는데
거기에 봄비가
안개와 함께 어려
연방 쓰다듬고 매만지고 달래고 있는,
그러면서 드디어 울면서 속삭이고 있는,
이 기척을 너는 보았는가.

실상은 우리도
그런 과정을 통하여
하나하나 벅찬 인생의 층계를
남몰래 쌓아왔던 것에
지나지 않느니라.

위의 시에서는 신화적 모티프인 나무가 중심 이미지이다. 일반적인 의미에서 나무는 우주의 생명을 상징하는 심상으로, 조화, 성장, 증식, 생성과 재생의 과정을 상징한다. 또한 나무는 끊임없이 지속되는 생명의 원형으로, 불멸을 상징하는 이미지들과 등가의 관계에 놓인다. 이 시에서 '겨울을 이겨 낸 나무들'이 하늘로 '가지들을 뻗으며' 서 있는데 그 나무에 '봄비'와 '안개'가 함께 어우러져 내리고 있다. 자연의 이치에 따라 봄비와 안개는 겨울을 이겨낸 나무의 새싹을 움트게 하는 생명의 물기로서 관계를 맺는다. 나무와 물이 하나가 되어 '울면서 속삭이고' 있다는 것은 인간의 삶 역시 자연과 똑같이 공존의 관계 속에서 인생의 기쁨을 노래해야 한다는, 삶의 진지한 의미를 되새겨보게 한다. 실제로 나무는 인간의 모습을 상징하기도 한다. 지상에 뿌리를 두고 있으면서 줄기와 잎들이 하늘을 향하고 있는 모습은 마치 인간이 인간의 한계로서 어찌할 수 없는 현실에 발을 디디고 서 있으면서도 머리, 정신, 영혼은 끊임없이 이상을 꿈꾸고 미래를 갈망하는 것과 같다고 할 것이다. 시베리아 여러 민족에게서 나타나는 '세계수' 관념에 따르면, 세계를 떠받들고 있는 지주 몫을 다하는 나무는 하늘·지상·지하 3계를 이어 주고 있을 뿐만 아니라, 대지의 중심부, 즉 대지의 배꼽에서 솟아나 하늘의 배꼽인 북극성에 닿아 있다고 여긴다.[100] 인간과 우주를 일체화시키는 모든 종교현상이 원형과 반복이라는 구조로 이루어지고 있다는 관점을 가진 엘리아데는 그러한 나무가 종교적 대상이 되는 것은 나무의 힘 때문이라고 말한다. 그것은 나무가 수직으로 서 있고 끊임없이 재생하는 그 속성이 세계의 리듬을 요약하여 상징하기 때문이라는 것이다.[101]

위의 시에서 보이듯이, 박재삼이 자연의 미세한 현상조차도 인간사의 기미로 받아들이는 시적 인식은 자연과 인간과의 조화, 또는 자아와 세계의 동일성을 추구하게 만든다. 이러한 시정신은 삶과 죽음을 초월하는 정서로 자리 잡게 되며, 자연의 순환구조 속에서 화합의 정신으로 이어진다. 인간과 자연을 유기적 통합체로 파악하는 순환론적 인식은 존재의 무화로 보이는 죽음의 공포를 극복하게 한다. 왜냐하면 인간은 유한한 존재로서 자연

100) 김열규, 앞의 책, p.43 참조.

101) Mircea Eliade, 이은봉 역, 『종교형태론』, pp.356~358 참조.

의 일부이므로 언제인가 자연으로 돌아가 또 다른 모습의 자연으로 새롭게 탄생된다는 인식을 수반하기 때문이다. 박재삼 시에서 원형심상인 나무이미지는 원초적 이상향인 하늘 공간을 지향하고자 하는 시인의 의지를 담은 표상으로 나타난다.

> 미루나무에
> 강물처럼 감기는
> 햇빛과 바람
> 돌면서 빛나면서
> 이슬방울 튕기면서
> 은방울 굴리면서.
>
> 사랑이여 어쩔래,
> 그대 대하는 내 눈이
> 눈물 괴면서 혼이 나가면서
> 아, 머리 풀면서 저승 가면서.

위의 시 <미루나무>에서도 나무의 심상에 시적 정서가 투영되어 있다. '미루나무'는 '햇빛과 바람'의 자연과 결합하여 생명력의 면모를 구사한다. 곧, 햇빛과 바람과 만나 빛나면서 상승적 속성을 지닌다. '이슬방울, 은방울' 등의 이미지는 사랑의 의미를 동반한다. 자연의 심상 속에 시적화자가 '눈물 괴면서 혼이 나가면서/ 아, 머리 풀면서 저승 가면서' 라고 이야기하는 것은 죽음의 인식을 초월하는 상승적 의미이다. 즉 미루나무의 상승성에 삶의 형태와 가치를 부여하는 것이다. 엘리아데에 의하면 나무는 절대적 현실, 곧 세계의 중심을 상징한다. 나무가 길고 수직적인 형태로 되어있기 때문에 세계의 중심은 이른바 '세계-축'이라는 개념으로 표현된다. 뿌리가 지하에 있으며, 가지가 하늘을 향한다는 점에서 나무는 상부 지향성을 상징한다. 즉, 나무는 자연 섭리에 순응하면서 수직적 특성으로 인해 상징적 영역을 만들고, 자연 속에 나타나는 인간 한계를 극복하는 원초적 세계로의 상승효과를 지니고 있음을 알 수 있다. 박재삼의 시에 등장하는 나무 이미지는 자연으로, 우주로 확대된 자아의 순수지향이 개인적 슬픔을 극복하게 하는 힘으로 작용하고 있다.

융에 의하면 '나무는 인간의 생명원리'[102]이다. 융은 나무의 이미지가 지닌 모성성 또는 여성성뿐만 아니라, 인간 심성의 '정신적 에너지', 생명력, 지향성을 상징한다고 말한다. 인간의 마음속에 존재하는, 분열된 마음을 하나로 통일할 수 있는 정신 현상의 핵이며 원동력, 또는 그렇게 해서 이루어진 전일의 경지를 자기 자신(Selbst)이라고 했다. 나무는 곧 자기 자신 또는 본연의 자기상징이다. 그것은 모든 것을 포괄한다. 출생, 갈등, 고통, 시련, 그리고 이의 극복과 성장, 새로운 재생을 향한 전환, 이러한 것은 곧 자기 실현의 과정을 상징적으로 표현한다고 할 것이다.

융의 견해에 비추어보면, 박재삼의 자연 상징으로서의 나무는 원형적 세계에 대한 갈망을 반영한다고 하겠다. 박재삼의 시에 자연 동화를 나타낸 작품이 많은 것은, 감당하기 어려운 삶의 곤궁을 헤쳐 나가느라고 지친 화자가 그 많은 슬픔을 극복하려는 소극적 방법으로 자연에 관심을 돌리고 있기 때문이라고 여겨진다. 그 눈길은 인간의 자리에서 자연을 바라보는 우월적 태도가 아니라 자신을 자연으로 간주하고 겸양한 자세를 보이는 자연회귀의 동화적인 것이라고 하겠다.

> 나무 그늘에서 쉬었다 와서
> 사랑하는 이여,
> 내 몸에서 비치는 아련한 나무 그늘은
> 그대 잠결 가까이

102) C.G.Jung 편, 이부영 외 역, 『인간과 무의식의 상징』(집문당, 1995), p.95.

비치게 할 수는 없는 것일까.
아니, 돌에는 그늘이 빨려 들고,
또한 이 무늬 짓는
나무 냄새의 싱싱한 공기를
그대 꿈결 속에
젖게 할 수는 없는 것일까.

일부 인용한 <아가(雅歌)>에는 사랑하는 이에게 자기의 극진한 정성을 전하려는 마음이 드러나 있다. 그런데 그 마음은 인간이 자연과의 동화 과정에서 만들어 낸 것이라는 사실에 유의해야 한다. '아련한 나무 그늘'이 얼마나 소중한 것이기에 사랑하는 이에게 비치게 하며 또 무엇이 돌에 빨려 든 그늘과 싱싱한 나무 냄새의 공기를 그대 꿈결에 젖어들게 하는가를 생각하면 이 시에서 자연 동화로서의 성격을 읽을 수 있다. 박재삼의 시에서 자연에 대한 관심과 애호가 실은 이성에 대한 연정의 다른 표현임을 생각하면 이와 같은 자연에 대한 동화가 이성에의 사랑의 표현이라고 볼 수 있기 때문이다.

기존의 논의에서 종종 박재삼의 시세계를 한의 세계로 규정지어 왔다. 그러나 한은 그에게 시 창작 동기를 부여했다는 의미를 지니기는 하지만 결코 한에 매몰되지는 않았다. 그의 시에 나타난 자연성이 그것을 증명한다. 자연이 인간과 대비를 이루면서, 인간의 삶이 우주와 공존하듯 그에게 자연은 우주의 생성원리를 제공한다. 자연은 영원한 절대불변의 존재 개념을 생성케 하는 근원적인 생명의 원리이다. 인간의 모습과도 같은 끈질긴 생명력을 가지고 있는 것이다.

이제까지 살펴 본 바와 같이 박재삼은 그의 시에서 나무나 새, 꽃과 같은 자연의 심상을 이용하여 한과 허무의 극복과 부활, 그리고 화합의 의지를 나타내고 있다. 즉, 시적자아는 나무의 상승의지, 꽃의 생명력과 아름다움, 새의 초월의지 등의 원형적 이미지를 이용하여 슬픔과 허무의 감정을 극복하면서 원초적 세계로의 회귀의지를 표출하고 있는 것으로 해석된다.

2) 박용래의 향토적 자연과 낙원복귀

인간의 모든 체험은 시간의 경과에 따라 의식에서 소멸된다. 그러나 결코 그것이 문자 그대로의 소멸이 아니라, 무의식 속으로 침전하는 것이다. 그것도 조금의 손상 없이 '순수기억'[103]의 상태로 무의식의 바다로 잠기는 것이다. 회상이란 것은 바로 그렇게 침전되어 있는 체험이 하나의 이미지로 떠오르는 상태이다. 그 원인은 대체로 감각과의 관계이거나 혹은 성적 충동에 의해 일어나게 된다.

박용래의 경우는 후자보다는 전자에 의해 과거를 회상하고 있다. 그의 시에는 어떠한 갈등도 존재하지 않는 안식처로서의 회귀를 갈망하는 시들이 많이 보이는데, 그러한 안식처는 미래보다는 과거의 시간에서 발견된다. 따라서 시에 나타나는 시인의 심리적인 상태는 기다림이 아닌 그리움에 치우쳐서 회상적 측면을 강하게 드러낸다. 박용래가 시단에 등장하여 활동하던 때인 1950~60년대는 이 땅에 본격적인 근대화의 물결이 폭풍처럼 휘몰아치던 시대였다. 1950년대 한국전쟁은 전통적인 질서와 가치를 붕괴시켰고, 그 위에 불어 닥친 1960년대 산업혁명의 바람은 기본적인 인간관계의 파괴와 사물화 내지 소외화를 초래했다. 인간과 인간간의 관계뿐만 아니라 인간과 자연의 관계도 자본의 논리로 파악되고 추종되는 삶이 본격화되기 시작했다. 박용래의 시는 바로 이러한 산업화의 물결에 떠밀려가지 않으려는 거부의 의지로 가득 차 있다. 그것은 바로 근원적인 삶에 대한 향수와 열망으로 이루어져 있다. 그에게 근원은 바로 자연으로 나타난다. 선동적으로 자연은 우주의 근본이면서 신적인 존재이다. 모든 것이 자연에서 출발하고 자연으로 수렴된다. 또한 자연은 인간이 돌아가 물아일체로 융화되는

103) Gaston Bachelard, 곽광수 역, 『공간의 시학』, p.215 참조./ C.G. Jung 편, 이부영 외 역, 위의 책, p.43 참조.

공간이며, 현상과 본질이 행복하게 합치되는 초시간적 공간이다. 그런 점에서 우리가 박용래의 시를 이해할 때 간과해서는 안 될 가장 주요한 특질이 바로 근원에 대한 향수의식이라 하겠다. 고향에 대한 집착이 남달랐음은 그의 시나 산문을 통해 잘 나타나는데, 그에게 타향 생활은 고통의 연속이었다. 그는 '도회 생활이란 사철 정장을 하고 섰는 동상의 거북살스러움과 줄을 타는 곡예사의 서글픔'이라고 표현할 정도로 도시생활에는 전혀 적응하지 못했다. 그에게 유년의 고향 체험은 화해롭고 평화로운 세계 체험과 다를 바가 없다. 그가 유년의 고향에 애착을 갖는 것은 여러 갈등으로 뒤얽힌 현실세계로부터 탈출구를 찾기 위한 모색이라고 할 수 있다.

물론 고향에 대한 그리움은 전통적인 시의 주제 중 하나일 뿐, 박용래만의 특징이라고는 말할 수 없다. 그러나 그의 시집과 산문을 살펴보면, 그는 단순한 정경묘사를 극복하고 시적자아의 심리묘사를 병행시켜 놓고 있음을 볼 수 있다. 이것은 감정의 직접적 표출을 피하고 이를 이미지화 하는 점과도 상통한다. 그의 에세이집인 『우리 물빛 사랑이 풀꽃으로 피어나면』에는 주요 작품 제시와 함께 그것에 대한 창작 동기나 배경을 제시하고 있어, 그의 시를 이해하는 데 도움을 받을 수 있다.

그러면 박용래의 작품에서 실제적인 고향상징의 양상을 살펴보도록 한다. 먼저 그는 구체적인 고향의 주거 공간에 관심을 갖는다. 인간은 영구히 성스런 공간, 세계의 중심에 있고자 하는 소망에서 '집의 기둥과 세계축'을 동일하게 생각해 왔다. 즉, 주거는 모두 '세계의 중심'[104]이라는 관념이다. 주거 공간 가운데서 집이 중심이 되는 것은 인간이 그 집에서 출생하고, 살고, 죽기 때문일 것이다. 이런 점에서 집은 중요한 인간의식의 대상이 되는 원형공간인데, 특히 그것이 고향의 생가일 때 그 의미는 크다. 바슐라르는 『대지와 휴식의 몽상』에서 '추억의 집'과 '몽환의 집'을 환기시키는 가운데, 고향의 집은 고향을 떠나 여기저기를 방황하는 인간 속에서 근원적인

---

104) Mircea Eliade, 이은봉 역, 『종교형태론』, p.562 참조.

주제가 되며, 고향의 집에 대한 추억은 현실시간을 초월하여 추억의 섬으로 존재한다고 말한다. 그리고 휴식의 이미지, 내면성의 이미지들 근저에는 동일한 몽환적 뿌리가 있는데, 그 뿌리가 곧 모성이며, 이들 이미지들은 어머니에게로의 회귀를 지향하고 있다고 한다.

잠 이루지 못하는 밤 고향집 마늘밭에 눈은 쌓이리.
잠 이루지 못하는 밤 고향집 추녀밑 달빛은 쌓이리.
발목을 벗고 물을 건너는 먼 마을.
고향집 마당귀 바람은 잠을 자리.

위의 시 <겨울밤>은 박용래의 초기시 중 대표작으로, 겨울밤에 떠오르는 고향의 모습을 간결한 소묘법으로 보여주고 있다. 시의 표면에 드러난 심상—고향집, 마늘밭, 추녀, 먼 마을, 마당귀—만을 놓고 보더라도 전형적인 농촌 마을의 정경이다. 그 곳은 '발목을 벗고 물을 건너'야 하는 초시간적인 공간으로, '눈, 달빛'이 쌓이고 '바람'도 잠을 자는 '고향'의 원형을 제시한다.

시적화자가 추운 겨울밤 잠자리에 들어서도 잠을 이루지 못하고 있다는 것은 떠나온 고향에 대한 그리움이 매우 강렬하다는 것을 말해준다. 반복적인 표현에서 나타나듯이 시인의 고향에 대한 상렬한 그리움이 시적 공간을 형성하고 있는 것이다. 감정의 크기나 깊이가 겉으로 드러나 있지는 않지만, 쓸쓸함과 애틋함이 배경처럼 작품에 깔려 있다. 그러면서도 감상적 차원에만 머물지 않는 것은, 4행의 절제된 시형식과 압축된 표현이 적절히 제어하고 있기 때문이다.

우선 1행과 2행을 살펴보면, 앞뒤 부분의 주체가 서로 구별된다. 앞부분의 주체는 '시적 자아'라 할 수 있고, 뒷부분의 주체는 '눈'(1행)과 '달빛'(2행)이다. 이는 앞뒤 부분이 서로 다른 의미를 띄고 있음을 말해 준다. 앞부분의 주체인 화자가 잠을 이루지 못하는 상태에 있는 것은, 그가 처한 현실이 고향처럼 안온한 평화의 공간이 되지 못하는 것을 의미한다. 박용래는 그의 산문 <겨울밤, 모일, 서산>에서 이 작품에 대해 "이 시를 떠올리게 된 것은 젊은 날에 대한 자신의 애착인지도 모른다. 겨울밤은 길다. 더구나 빈자의 겨울밤은 길다. 이 기인 겨울밤, 빈자는 무엇을 생각는가."라고 말하고 있다. 결국 이 시는 생생한 유년의 기억과 그로부터 촉발된 추억을 바탕으로 하고 있다는 것을 알 수 있다. 시인은 고향 마을에 대한 이러한 그리움과 따뜻한 사랑을 유년시절의 추억이 젖어있는 대상들—마늘밭을 중심으로 눈, 달빛, 개울, 마당귀, 바람—을 통해 표출하고 있는 것이다. 이 시는 박용래 시인이 그의 수필에서 밝히고 있듯이, '싸리울 밖 햇짚으로 덮인 마늘밭에서 어둠 속에 움트는 마늘쪽의 정을 떠올리던' 추억에 근거한 것인데, 시적 대상들은 모두 고향집이라는 일정한 공간을 향해 집중되어 있다. 그곳은 달빛이 쌓이고 바람도 잠을 자는 고요하고 평안한 공간으로 묘사된다. 이것은 시인이 시심을 키웠던 원형적 공간을 동경하는 아니마의 작용에 의한 것이라 여겨진다. 우리가 고향에서 아니마 원형을 연상할 수 있는 것은 고향집이 우리들의 무의식 속에 있는 모태의 안온함과 그 속성이 일치하기 때문이다. 이것을 바슐라르는 '요나 콤플렉스'[105]라고 부른 바 있는데 그것도 역시 아니마 원형의 속성을 비유적으로 표현한 것과 다르지 않다고 생각된다. 고향을 소재로 해서 이러한 안락함의 세계를 소묘해 내는 박용래 시에는 곳곳에 여성적 요소가 깊게 배어 있음을 볼 수 있다.

이 시에서 고향상징은 '집'이라는 구체적 거주공간을 중심으로 표상된다. '세계의 중심축'으로서의 집, 특히 생가나 고향집은 인간의 출생과 죽음의 원초적 공간일 뿐만 아니라 시인을 몽상으로 이끄는 유년의 체험이 깃들어 있는 곳이다. 바슐라르는 '집은 인간에게 안정의 근거와 그 환상을 주는 이미지들의 집적체'라고 했다. 이 말은, 집은 인간의 사상과 추억과

105) Gaston Bachelard, 곽광수 역, 앞의 책, p.15./ 우리들이 어머니의 태반 속에 있을 때에 우리들의 무의식 속에 형성된 이미지로서, 우리들이 어떤 공간에 감싸이듯이 들어 있을 때에 안온함과 평화로움을 느끼는 것은 이 요나콤플렉스 때문이다.

꿈을 한데 통합하는 가장 큰 힘의 하나라는 것이다. 집은 원초적 공간으로서 우리들의 모성원형이다. 그런데 그 원초적 공간은 지금, 여기가 아닌 과거공간에 대한 회상과 기억 차원에 머물러 있다는 점에서 폐쇄성을 면할 수 없다. 즉, 이 시는 표면적으로는 고향에 대한 그리움이 강조되어 나타나고 있지만, 그 바탕에는 현실적으로는 자아의 모든 번민을 포용해 줄 곳이 없다는 본질적인 실향의식이 깔려있는 것으로 해석할 수 있다.

미래에 대한 전망이 불투명한 상황에서 과거로 회귀하고자 하는 시인의 의지는 어쩌면 당연한 것인지도 모른다. 그것은 이미 없어져 버렸을지도 모를 고향의 정경을 기억 속에서나마 재구성함으로써 이상향의 모습을 놓치지 않으려고 하는 시인의 안타까움의 정조로 여겨지기 때문이다. 시인이 현재 머물고 있는 곳이 도시의 어느 추운 방일지라도, 도시의 춥고 누추한 풍경을 초월하여 따뜻하고 평화로운 원초의 공간으로 회귀하고자 하는 것은 원형적 상상력에 근원을 두고 있다.

이미 살폈듯이 <겨울밤>에는 보편적인 원형심상들로 가득 차 있다. 고향집, 마늘밭, 마늘밭에 쌓인 눈, 추녀밑 달빛, 발목을 벗고 건너는 개울, 먼 고향 마을, 고향집마당, 마당귀를 빠져나간 바람, 그리고 겨울밤 정경 등등, 이들은 우리 모두에게 향수를 불러일으키는 원형이미지들이다. 타향에서 잠 못 이루는 겨울밤의 시적자아가 고향회상을 통해 근원성이라는 상실된 정조를 표출시키며, 나아가 우리 모두의 근원적인 그리움을 촉발하고 있는 것이다.

박용래의 시는 자연의 상징적 이미지를 근간으로 하고 있다는 데에 큰 특징이 있다. 융에 의하면 상징은 언제나 무의식적 원형에 기반을 둔다. 곧 무의식은 상징을 산출하는 하나의 자연현상이라는 것이다. 바꾸어 말하면, 집단적 혹은 개인적 무의식의 내용을 형성하는 것은 바로 자연이라고 할 수 있다. 박용래의 시에 등장하는 '고향' 심상 역시 집단적 무의식의 통로인 동시에 시인의 개인적 무의식의 통로가 된다. 고향에 대한 기억들의 대부분은 시인의 무의식의 영역에 있고 그것은 두말할 것도 없이 시인의 주관적인 체험에서 비롯된다. 따라서 우리는 시인의 내면세계에서 일어나고 있는 감정 변화를 그의 시에 나타나는 구체적이면서도 또한 암시적인 묘사들을 통해서 감지해 낼 수 있는 것이다.

다음의 <울타리 밖>이라는 시를 보도록 하자.

머리가 마늘쪽같이 생긴 고향의 少女와
한여름을 알몸으로 사는 고향의 少年과
같이 낯이 설어도 사랑스러운 들길이 있다

그 길에 아지랑이가 피듯 태양이 타듯
제비가 날 듯 길을 따라 물이 흐르듯 그렇게
그렇게

天然히

울타리 밖에도 花草를 심는 마을이 있다
오래오래 殘光이 부신 마을이 있다
밤이면 더 많이 별이 뜨는 마을이 있다.

송재영은 박용래의 두 번째 시집인 『강아지풀』의 해설에서 '그의 주 관심은 모든 자연현상을 원초적 상태로 환원시키는 것이며, 거기서 발붙여 살아온 토착인들의 세계를 순수하게 표백하는 데 있는 듯하다. 그는 한국적 향토미를 시적 발상의 원형으로 삼고, 거기에 자기 시 세계를 철저히 제한시키며, 마침내 스스로 동화되고자 갈구하고 있다.'고 평가하고 있다. 물론 이러한 해석은 향토적 자연을 시적 소재나 대상으로 삼고 있는 모든 향토시인들에게 공통으로 해당되는 이야기일 수 있지만, 박용래에게 향토 혹은 고향의 심상은 시·공간적 거리를 뛰어넘어 무의식중에 그의 시 전체를 이끌어 나가는 원리가 되고 있다. 그곳은 시인의 무의식 속에 잠재해 있는 근원적인 감동을 불러일으키는 원형이기 때문이다.

인용한 시 <울타리 밖>은 재생의 세계로서 '전원'을 형상화한 작품이다. 시적자아에게 평화로운 공간으로 기억되는 고향은, '울타리 밖에도 화초를 심는 마을'이고 '오래오래 잔광이 부신 마을'이며, '밤이면 더 많은 별이 뜨는 마을'이다. 이러한 반복적인 표현에서도 알 수 있지만 그곳은 긍정적인 지표로 가득 찬 곳이다. 심리적으로 인간에게 가장 편안하고 충족된 시간은 유년시절로 기억되며, 그 유년시절을 보낸 고향의 공간이 또한 가장 안온하고 순수한 모습으로 인식된다고 한다. 심층심리학에서는 유년시절이 행복의 원형으로 나타난다.106) 그래서 시적자아에게는 '낯이 설어도 사랑스러운 들길'로 떠오른다. 고향에 대한 그리움은 곧 유년에 대한 그리움이며 순수한 삶에 대한 동경이며 평화로운 삶에 대한 갈망인 것이다.

첫째 연의 '머리가 마늘쪽 같이 생긴 고향의 소녀', '한 여름을 알몸으로 사는 고향의 소년' 이라는 표현에서 보듯 고향의 소녀와 소년을 비유하는 대상도 바로 고향의 공간에 존재하는 사물이며 모습들이다. 시인에게 고향은 바로 소년 소녀가 있는 울타리 바깥쪽의 세계, 즉 원형의 모습으로 나타난다. 이것은 유년으로의 동일시를 지향하는 시인의 무의식의 반영이라고 할 수 있는 것이다.

'울타리 밖에도 화초를 심는 마을'은 시인의 고향마을에 대한 심미적 내용을 내포한다. 즉, 화자의 기억 속에 존재하는, 시인의 무의식을 형성하고 있는 세계임을 상징한다. 이 시에서 '울타리 밖'은 시인의 내면세계를 엿볼 수 있는 단서를 제공하고 있는데, 울타리 밖에도 천연히 화초를 심었던 고향을 그리워하는 심상은 원형적 삶에 대한 동경에서 비롯된다. 일반적으로 울타리는 안과 밖, 남과 나, 자연과 인공을 구분 짓는 매개물이다. 사람들은 자신만의 울타리 속에서 원치 않는 외부세계와의 소통을 거부한다. 그러나 고향의 울타리는 그러한 이분법적인 구분 자체를 의미 없는 것으로

---

106) Gaston Bachelard, 김현 역, 『몽상의 시학』(홍성사, 1978), p.141.

만들고 있다. 울타리 밖에 천연히 화초를 심는다는 사실은 나와 남, 혹은 인간과 자연이라는 경계가 무시되어 그들이 하나가 되는 경지이기 때문이다. 그 울타리 밖 원형의 세계인 고향은 시에 나타난 이미지들처럼 생명의 근원적인 힘과 천연의 상태를 간직한 곳이다. 이곳은 마치 아니마의 변형인 모태의 공간을 연상시킨다. 박용래는 산문을 통해 이러한 이미지들에 대해 비교적 상세한 부연 설명을 하고 있는데, 특히 외갓집에 갈 때마다 조석으로 베헝겊에 익모초를 짜주던 외할머니의 모습은 그의 향수가 아니마적 감수성에 의해 지배받고 있다는 사실을 말해 준다. 적어도 시인의 상상력으로 재건된 현재적 고향은 행복의 원형이 존재한다. 전원으로의 회귀는 인간에게 행복한 원형세계에 대한 갈망이며 현실의 고통을 무화시키는 곳에 대한 복귀의지의 표현이라 하겠다. 다음의 <버드나무길>을 보자.

맘 천근 시름겨울 때
천근 맘 시름겨울 때
마른 논에 고인 물
보러 가자.
고인 물에 얼비치는
쑥부쟁이
염소 한 마리
몇 점의 구름
紅顔의 少年같이
보러 가자.

함지박 아낙네 지나가고
어지러이 메까치 우짖는 버드나무
길.

마른 논에 고인 물.

박용래의 시에서 '물'은 자주 사용되는 소재이다. '물'은 박재삼이나 천상병의 시에서도 중요한 이미지로 나타난다. 예컨대, 박재삼의 시에서 줄기차게 흐르는 '물'의 원형은 모성적, 회귀적, 근원적인 것으로의 지향을 의미한다. 죽음과 재생과 초월을 상징하는 바다와, 강물의 본질적 속성인 '흐름'을 통해 인간의 삶이 물의 흐름과 같은 것이라는 일반적인 원리를 제공한다. 그에 비해 박용래 시에서 물은 아픔, 고통, 비천함, 울음, 방황, 회한 등에 관계되는 한편, 자연 이미지로서의 하늘의 물과 정서적 상관물인 인간의 눈물이 연결되어 흐름의 속성을 띤다.

인용한 시 <버드나무길>에서의 물은 고요한 상태, 그리고 잔잔한 물위에 비치는 사물에 대한 인식, 화해와 평화의 이미지로 형상화되고 있다. 바슐라르의 표현을 빌리면, 현실을 정화하고 황폐한 세계에 생명을 부여하는 순수한 물이다. 시적자아가 처한 현실은 말할 수 없이 마음이 무거운 시름겨운 공간이다. 1연에서 화자는 마음이 무겁고 '시름겨울 때' '마른 논에 고인 물'을 보러 가자고 한다. '마른 논'은 생명력이 소진한 장소로서, 현재의 삶을 고통스럽게 인식하는 시적자아의 내면심리를 표출하고 있는 것으로 해석된다. 그런 곳에 '고인 물'을 관찰함으로써 시름을 잊고자 하는 것이 화자의 의도이다. 화자에게 위로의 대상은 인간이 아니라 자연세계이며 그 중에서도 특히 고향산천의 논밭과 그 속에 사는 순박한 사람들인 것이다. '고인 물에 얼비치는 쑥부쟁이', '염소 한 마리', '몇 점의 구름', 함지박을 인 '아낙네', '버드나무 길' 등은 모두 우리에게 친근한 고향의 자연심상들이다. '마른 논에 고인 물'과 함께 고향의 자연물들은 화자의 메마르고 시름겨운 마음에 한 줄기 위로의 빛을 던져 준다.

수지하다시피 물은 무의식의 가장 보편적인 상징 중의 하나이다. 물의 원형인 재생과 정화의 거울에 비친 고향의 구성물들은 화자의 메마르고 시름겨운 마음을 치유하는 동시에 평화의 세계를 표상한다. 결국 시인의 아니마적 감수성이 고향의 자연물들이 얼비친 '마른 논에 고인 물'에 투영됨으로써 이 시의 정조를 유발하고 있다.

이처럼 박용래 시의 자연은 전통서정시의 세계를 대변하는 상징적 공간으로만 머물지 않는다. 진순애의 '상실의 자아 및 결여된 자아에 힘을 공급하는 치유력으로서의 자연이며, 뿐만 아니라 무의식의 세계인 자연성의 상징적 표출로서 자연'이기도 하다는 논의에 비추어 볼 때, 박용래에게 향토는 원초적 세계인 모태와 동일한 의미를 갖는다. 그곳은 개인적 혹은 집단적인 무의식의 원천으로, 끝내는 돌아가 안주해야 모태의 상징적 공간인 것이다. 다음의 시는 <두멧집> 전문이다.

자욱이 버들꽃 날아드는 집이 있었다

한낮에 개구리 울어 쌓는 집이 있었다

뉘우침도 설레임도 없이

송송 구멍 뚫린 들窓

안개비 오다 마다 두멧집이 있었다.

박용래의 시에는 한 행을 독립된 연으로 처리함에 따라 휴지가 길어져 텍스트가 환기하는 정서가 독자의 심리공간에 시적 긴장을 부여하는 작품이 상당히 많다. 위의 시 <두멧집> 역시 독립 시행을 연으로 처리하면서 스러져 가는 시적 대상의 정황을 효과적으로 환기한다. <두멧집>은 화자가 그리워하는 고향의 이미지를 꾸밈없이 제시하고 있다. 그곳은 '자욱이 버들꽃 날아드는', '한낮에 개구리 울어 쌓는' 초시간적인 공간으로, 두멧집의 허름한 모습을 시·청각적으로 환기하면서 존재의 소멸을 암시하고, 화자 자신과 대상과의 거리감을 멀게 느끼도록 한다. 또한 '～집이 있었다'의 반복은 두멧집의 쇠락이 점진적으로 이루어지고 있음을 내포하여 의미상의 강화를 수반한다. 더구나 '없이', '구멍 뚫린 들창', '오다 마다' 등의 심상은 텅 빈 두멧집의 적막감을 극대화시킨다.

인간은 본질적으로 집 속의 존재이다. 집이란 인간의 최초의 세계이다. 보다 원초적인 어머니의 자궁과 개체로서의 생을 사는 이 세상의 집, 그리고 사후에 돌아가 머무는 무덤, 이 모든 것이 전이된 집의 공간이다. 이러한 집은 본질적으로 행복의 공간이며, 비호의 공간이다. 특히 그 가운데 인간의 삶을 영위하는 집은 인간에게 육체적 휴식과 정신적 안락을 주는 현실적 가치 공간이다. 때문에 집은 시에 흔히 구체적이고 의의 있게 설정된다. 바슐라르가 '집은 인간에게 안정의 근거와 그 환상을 주는 이미지들의 집적체'라고 했듯이 비록 그것이 소박하고 보잘것없는 초가삼간이라 하더라도 그 의의는 자못 큰 것이다.

사람들이 모두 떠나간, 그래서 적막감마저 감도는 이 빈집은 되돌아갈 수 없는 공간이지만, 그러나 시인의 기억 속에는 자연과 인간이 함께 어울려 살던 가장 완벽한 평화의 공간으로, 또는 행복의 공간으로 각인되어 있다. 그곳은 시적자아가 꿈꾸는 원초적 공간으로서의 이상향일 수도 있다. 이러한 상상의 세계가 한편으로는 궁핍한 현실을 견디는 원리로 작용하게 된다. 그것은 자연이 가진 순수한 소박성과 초월적 기능으로 인해 가능한 것이다.

이 시에서 '두멧집'은 '뉘우침도 설레임도 없는' 공간으로 그려지고 있다. '뉘우침'은 과거를, '설레임'은 미래를 전제하는 이미지이다. 따라서 그 두멧집은 과거와 미래를 초월한 초시간적인 공간이다. 또한 '버들꽃'이 날아들어도, '개구리'가 울어도 개의치 않는 곳이다. 시적자아는 자연으로 둘러싸인 공간을 뉘우침도 설레임도 없는 초연한 공간으로 표현하고 있다. '송송 구멍 뚫린 들창'이 환기하는 바와 같이 꾸밈없고 욕심 없는 순수의 공간이다. 이러한 원형적 세계를 지향하는 시적 정서는 인간의 근원적인 상실의식에서 비롯된 것이라고 볼 수 있다. 과거형의 반복을 통하여 점층적으로 표출되는 의미는 인간이 원초적 공간에서 일탈하면서 갖게 되는 소외감, 그로 인하여 끊임없이 갈구하게 되는 자연과의 합일을 꿈꾸는 것과 다르지 않다. 이 지상에서 거주할 고향과 세계를 잃었다는 상실감과 외로움을 인식하게 되면 시인의 내면은 더욱 집요하게, 지금 이곳에는 없는 이상향을 그리워하게 된다. 한편, 이상적 세계를 추구한다는 것은 공간적으로는 현실을 부정하는 것이고, 시간적으로는 현재를 부정하는 것과 같은 의미이다. 그러한 이상적 세계는 현실에서는 없고 환상 속에서만 존재하는 것이며, 현존하지 않고 과거의 어느 때에 존재하였거나 미래에 존재하기를 바라는 곳이다. 결국 <두멧집>은 박용래 시인이 꿈꾸는 원초적 낙원의 다른 이름인 것이다. 나아가 <두멧집>의 원형적 심상들이 환기하는 정서는 고향을 잃고 사는 현대인들의 근원적인 그리움을 촉발시키는 효과를 준다고 하겠다. 비록 짧은 시이지만 박용래의 시 전반에 주는 의미를 고려해 볼 때 그렇게 소홀히 취급될 수 없는 작품이라 여겨진다. 이 작품은 근대 이전의 사회에서 볼 수 있는 시간과 공간이 분리되지 않은, 곧 초시간적인 세계를 담고 있다. 시간의 가속화에 따른 공간의 지배는 기술 문명의 소산이라 할 수 있는데, 이 작품에서는 그러한 시간성에 의해 공간이 지배되는 사회와는 거리가 먼 세계를 다루고 있다. 그것은 바로 자연과 인간의 일체감에 근원을 두고 있기 때문이다. 시 <雪夜>를 보도록 하자.

> 눈보라 휘돌아간 밤
> 얼룩진 壁에
> 한참이나
> 맷돌 가는 소리
> 高山植物처럼
> 늙으신 어머니가 돌리시던
> 오리 오리
> 맷돌 가는 소리.

박용래 시에서는 고향이미지와 더불어 모성이미지가 큰 비중을 차지한다. 어머니가 아들에게 아니마의 원천이 된다는 사실은 이미 상식화된 이야기다. 따라서 모성과 관련된 부분은 유아적 혹은 유년의 감수성과 함께 나타날 수밖에 없다. 또한 박용래 시에 나타나는 시인의 심리적 상태는 기다림이 아닌 그리움에 치우쳐서 회상적 측면을 강하게 드러낸다. 그가 꿈꾸는 안식처는 '고향'이나 '어머니' 같은 선명한 이미지로 자주 부각된다.

<설야>라는 제목에서도 알 수 있듯이, 이 시에서는 눈보라가 '휘돌아간' 밤풍경을 통해 유년에 대한 화자의 기억을 환기시킨다. 화자는 눈보라가 '휘도는' 밤과 '맷돌 가는 소리'를 병치시킴으로써 서정성의 공간을 형성한다. 즉, 눈이 차분히 내려 쌓이는 그런 고요한 풍경이 아니라 눈보라가 '휘돌아' 가는 모습은 어머니의 '맷돌 가는 소리'를 객관화시키기 위한 의도적인 장치로 보인다. 눈보라 몰아치는 밤이면 밤 깊도록 맷돌을 돌리시던 어머니를 떠올리면서 아득한 회상의 세계를 만들어 내고 있는 것이다. 특히 어머니에 대한 화자의 그리움은 '고산식물'에 어머니를 비유함으로써, 힘든 삶을 살았던 어머니의 고초를 형상화하고 있다. 그런 관점에서, 고산식물처럼 '늙으신' 어머니와 동일시되는 이미지는 포근하게 '눈 내리는 밤'이 아니라, '눈보라 휘돌아간 밤'풍경이 적절한 것이다. 시 후반부의 '오리오리' 맷돌 돌아가는 소리도 눈보라 휘도는 소리와 어울려 공감의 폭이 더욱 확대된다.

현대인에게 유년기의 고향 동경은 그가 처한 세계에서 갖는 소외의식이 강하면 강할수록 더욱 간절한 그리움으로 다가오게 된다. 이러한 그리움의 대상이 시인에게는 바로 시적 모티프가 되는 것이다. 볼프강 카이저는 '서정적 모티프는 인간 심혼의 내적 체험이 되어 그 심혼의 진동 속에서 진행되며 하나의 상징적 성격을 띠게 된다'고 말한다. 이 시의 모티프는 곧 '어머니'로 표상되는 모성회귀 본능과 연결된다. 박용래 시에 그리움의 대상으로 나타나는 어머니는 곧 '고향'과 동일한 심상인 것이다. 여기에서 우리는 박용래의 원형적 상상력이 지향하는 바가 원초적 세계인 모성으로 복귀

하고자 하는 것임을 다시 한 번 확인할 수 있는 것이다.

늦은 저녁때 오는 눈발은 말집 호롱불 밑에 붐비다

늦은 저녁때 오는 눈발은 조랑말 발굽 밑에 붐비다

늦은 저녁때 오는 눈발은 여물 써는 소리에 붐비다

늦은 저녁때 오는 눈발은 변두리 빈터만 다니며 붐비다.

이제까지 박용래가 모성(고향) 혹은 원초적 자연으로의 회귀의지를 나타낸 작품들을 중심으로 살펴보았다. 위에 인용한 <저녁눈>의 구체적 장면들도 지난날 농촌에서 볼 수 있었던 평화스러운 풍경이나. 눈발이 날리는 겨울 풍경이지만, 춥고 음산하기보다는 고향에 대한 그리움의 정조를 이끌어낸다. 그것은 시인이 '늦은 저녁때 오는 눈발'을 통해 사라져 가는 것들에 대한 아쉬움의 정서를 펼쳐 보이고 있기 때문일 것이다. 이 시의 표면에서 화자는 보이지 않는다. 사물과 사실만 담담하게 제시되어 있을 뿐이다. 그러나 선명한 이미지들은 긴장감과 함께 대상에 대한 존재인식을 뚜렷하게 한다. 시가 나타내 보이고 있는 존재는 그 존재 자체를 나타내는 것이라기보다 그 존재에 대한 시인의 반응에 가깝다. 그래서 한 시인의 작품 속에서 자주 반복되는 기본적 이미지가 있을 때, 그 이미지는 시인의 지향성을 반영하는 것이다. 이 시에서는 이미지들의 변화에 주목하게 되는데, '저녁눈'의 의미가 점층적으로 확장하고 있음을 볼 수 있다.

이 시의 상상력의 구조는 '늦은 저녁때'라는 각 행의 첫 구절에서 드러나는 바와 같이 어둠을 전제로 이루어진다. 이 어둠에 의해 전개되는 심상의 추이를 살펴보면, 먼저 제1연의 '말집 호롱불 밑'과 제2연의 '조랑말 발굽 밑'이라는 제한된 장소의 시각적 이미지로 나타난다. 다시 제3연에서는

'여물 써는 소리'의 청각적 이미지로 확장되는데, '눈발'이 붐비는 곳은 내부의 주거공간이다. 그러나 이 공간은 제4연에서 '변두리 빈터'라는 좀더 확장된 장소를 제시하면서 단순성을 탈피하고, 새로운 긴장감을 유발시키고 있다. 이러한 공간에 대한 시인의 인식은 '인간도 눈발과 마찬가지로 언젠가는 없어져야 하는 숙명성을 띤 가변의 존재'라는 자각에 의한 것으로 해석할 수 있는 것이다. 시간 심상으로 제시된 '늦은 저녁 때'는 빛과 어둠, 또는 낮과 밤이 교차하는 시간이다. 그 시간은 평화스런 휴식시간일 수도 있고 아쉬움과 서러움의 시간일 수도 있다. 그리고 이 시에 나오는 장소도 대체로 무시되고 소외되는, 보잘것없는 장소이다. 이러한 장소와 사물들이 어둠 속에서 호롱불빛에 의해 드러나며, 그것들 위로 '붐비듯이' 늦은 저녁 눈이 쏟아져 내리고 있다. '늦은 저녁'의 어둠 속에서 내리는 '눈'은 '호롱불'에 의해 그 모습을 드러낸다.

이상에서, 이 시에 나타나는 심상 분석과 함께 한 연에서 다음 연으로 이어지는 이미지의 변이 양상을 살펴보았다. 총 4연에 걸친 병렬과 반복 그리고 순환의 구조는 오히려 단조로움을 극복하고 하나의 의미를 강화하여 지배적 이미지를 창출하는 데 기여한 것으로 보인다. 즉, '오는 눈발'을 반복 강조함으로써 리듬의 효과와 함께 유전하는 삶의 모습을 보여 주고 있는 것이다. 박용래 시에서 자주 등장하는 '눈'의 심상은 잊혀져 가는 향토적 정서를 환기하는 데에 매개물로 사용되고 있다. 박용래 시에서 '눈'은 개인적·시대적 어둠과 대응되는 원형적 상징으로 나타나며, 그것이 소유한 정적인 세계는 아름다움, 순수함, 그리고 언젠가는 사라질 존재에 대한 연민의식을 드러낸다. 사라져 가는 것들에 대한 연민을 시인은 '저녁눈'을 통해 드러내 보이고 있는 것이다. 그러나 한편 사라져 간다는 것은 순환하는 자연의 리듬에 비추어 보면 지극히 당연한 원리이다. 시에 나타나는 심상들은 자연의 순환성 가운데 존재하면서 근원회귀의 원형성을 획득하게 되는 것이다.

이상에서 살펴본 바, 박용래가 꿈꾸는 세계는 과거에 존재하였던 이상적인 공간으로서의 향토이다. 그곳은 현재로부터 돌아가고 싶은 환상적인 공간, 곧 낙원인 것이다. 결국 박용래의 원형적 상상력이 지향하는 것은 자연과의 친밀감, 자연과의 일체감을 통해 고향의 안락함을 느끼게 하며, 원초적 세계인 모성으로 복귀하고자 하는 것임을 다시 한 번 확인할 수 있다.

3) 천상병의 현실극복과 자유의 지향

시는 상상력과 개인 체험의 소산이다. 상상력은 개인의 체험에 의존함과 동시에, 한 집단의 무의식적 원형에 영향을 받는다. 개인적인 성향과 집단적인 무의식이 종합되어 나타나는 것이 문학적 상상력이라고 할 수 있다. 인간의 내면에는 가시적인 자연의 질서에 비추어 본다면 무질서처럼 보이는 또 하나의 질서와 복잡하며 변화무쌍한 세계가 항상 존재한다. 시인은 자유로운 상상력으로 스스로의 작품 속에 이러한 개인적 존재의 경험을 표현하게 된다.

한 시인의 작품 속에서 어떤 특정한 사물이나 대상이 되풀이되어 나타날 때, 그것은 그 시인의 심층 의식이 반영된 것으로 볼 수 있다. 융은 '원형은 재현된 심층적 경험, 즉 무의식의 상징적 형상이다. 구체적으로 말하면 의식적 사고의 영역에서 선택되어 이미지의 형태로 재현된 그 이미지와 그것에 반영된 심층 경험을 한 데 아우른 것'이라고 말한다. 이는 전형적 또는 반복적인 이미지를 원형으로 보고 있는 프라이나, 인류 전체 아니면 그 대부분 사람들에 있어 동일하거나 매우 유사한 의미 내용을 갖는 상징들을 원형 또는 원형상징으로 부르고 있는 휠라이트의 견해와 크게 다르지 않다. 이렇듯 원형은 역사나 문학, 종교, 풍습 등에서 수없이 되풀이된 이미지나 모티프, 혹은 테마로서 보편적인 상징인 동시에 반복성과 동일성이라는 본질적 속성을 갖는다. 원형적 이미지의 형성 그 자체가 원시시대부터 생성된 집단무의식의 산물이라는 점을 생각할 때, 원형은 인간성 자체에 뿌리박은 무의식적 산물이라고 보아야 할 것이다.

천상병의 첫 시집 명칭이 『새』인 것에서도 알 수 있듯이, 그의 초기시에는 '새'의 심상이 빈번히 나타나며 중요한 상징적 의미를 띤다. 시 제목이 <새>인 작품도 여러 편이다. 이러한 사실은 시인의 시정신을 엿볼 수 있는 좋은 지표가 된다. 융에 의하면 새는 '초월의 상징'으로 가장 적합한 동물이다. 우리가 이른바 '초월의 상징'이라고 부르는 것은 목표를 성취하기 위한 인간의 노력을 나타내는 것들이다. 그 상징들은 무의식적인 내용이 의식 속에 들어갈 수 있게 하는 수단을 마련해주는 것이며, 또한 상징 그 자체가 이러한 내용의 적극적인 표현인 것이다. 새는 하나의 '영매'의 작용을 통해 일어나는 직관의 특성을 나타낸다. 새를 인간의 분신 혹은 영혼의 상징으로 해석하는 전통은 전 세계에 걸쳐있는 여러 신화, 민속, 문학에 두루 나타난다. 심리학에서는 아니마・아니무스, 즉 심혼의 상징이다. 무의식에 있는 원형으로서 의식으로 하여금 무의식의 깊은 세계로, 궁극적으로는 전체 정신의 중심인 '자기'로 이끄는 역할을 한다. 또한 새는 인간이 신성에 근접할 수 있는 상징적 매개체가 되는 것으로, 유한존재인 인간이 하늘에 오르고 싶어 하는 비상의지를 표상한다. 우리나라의 무속이나 설화에서도 천공과 지상세계 사이의 매개자 혹은 지상적인 것을 초월하여 천공으로의 비상을 상징하거나, 사람과 자연의 순환 변신으로 죽은 사람의 영혼이 새가 된다고 믿고 있다.

이렇듯 새는 현실의 고난, 죽음, 탐색 등과 밀접하게 관계가 있으며, 그와 함께 순수와 자유를 향한 비상이라는 속성을 지닌 객관적 상관물로서 시인의 아니마가 투사되어 나타난 것으로 해석되기도 한다. 융에 의하면, 아니마 원형은 반드시 어떤 인물에만 투사되는 것은 아니다. 예술가, 시인은 자기의 아니마, 아니무스를 화폭이나 작품 속에 형상화하는데, 이름 모를 새, 비둘기, 학, 혹은 태양과 달 속에 아니마, 아니무스의 원형을 그려내어 그것이 그들 작품의 독특한 특질을 이루게 된다.

천상병 시에서 '새'의 심상이 유발하는 정조와 작품의 상징체계에 대해 고찰해 보도록 한다.

외롭게 살다 외롭게 죽을,
내 靈魂의 빈터에
새날이 와, 새가 울고 꽃잎 필 때는,
내가 죽는 날
그 다음 날.

산다는 것과
아름다운 것과
사랑한다는 것과의 노래가
한창인 때에
나는 도랑과 나무가지에 앉은
한 마리 새.

情感에 그득 찬 季節,
슬픔과 기쁨의 週日,
알고 모르고 잊고 하는 사이에
새여 너는
낡은 목청을 뽑아라.

살아서
좋은 일도 있었다고
나쁜 일도 있었다고
그렇게 우는 한 마리 새.

제목이 <새>(1959. 5. 사상계)인 위의 시에서 '새'는 내면적이고도 상징적인 형상으로서 분열된 자아를 표상한다. 시적자아는 죽음과 아름다움(삶)이라는 두 개의 간극 사이에서 갈등하고 있다. 1연에서 외로운 '영혼의 빈터'에 살고 있는 자아는 '새 날'을 꿈꾸지만, 자신이 꿈꾸는 '새 날'은 '내가 죽는 날/그 다음 날'에나 올 것을 예감하며 그 때를 상상하고 있다. 그 때 '낡은 목청을 뽑아'서 '살아서/좋은 일도 있었다고/나쁜 일도 있었다고/그렇게 우는 한 마리 새'가 되기를 희망한다. 죽음과 아름다움의 사이에서 갈등하고 있는 화자는 현실세계와 죽음의 세계를 이어주는 매개체로서 새를 등장시키고 있는데, 새는 유한한 존재인 인간이 하늘에 오르고 싶어 하는 비상의 의지를 나타내고 있다. 그런데 이 비상은 죽음을 통해서만 가능하다. 흔히 죽음은 부재, 혹은 소멸을 의미하지만, 여기서는 오히려 현실의 삶을 정화된 눈으로 바라보게 하는 구실을 한다.

지금 새가 앉아 있는 곳은 '도랑'과 '나뭇가지'이다.(2연) '도랑'은 '의식/무의식, 혹은 각성/수면 같은 두 개의 현실 혹은 두 개의 상태를 가르는 이른바 문지방 상징의 한 양상으로 수용되고 있는 개울'[107]과 등가를 이루는 심상이다. 이 시에서는 현실세계와 초월의 세계를 경계 짓고 있는 공간으로 해석할 수 있다. '나뭇가지'가 환기하는 상징 역시 현실세계와 죽음의 세계를 이어주는 '세계-축'의 원형이다.

이렇듯 새는 두 영역, 즉 현실세계와 초월의 세계인 '새 날'을 이어준다. 아름다운 삶은 이 새의 추억의 노래이며, 새가 이야기하고 있는 것은 죽음을 통하여, 또는 죽음의 관점에서 삶을 돌아다봄으로써 비로소 삶의 모든 것을 아름답게 바라볼 수 있다는 것이다. '새'는 날고 노래함으로써 현실에 소속된 시인이 뛰어 넘을 수 없는 세계를 드러내는 상징적 존재로 인식된다. '영혼의 빈터'에서 '새 날'에 다시 태어난 새는 삶과 죽음을 연결하면서 그가 살았던 삶 전체를 노래하고 있는 것이다. 이것은 무의식으로부터 구체적인 물체의 형상을 갖춘 것으로 의식화 과정에서 생긴 하나의 상징이다. 말하자면, 의식기능의 분화, 즉 동적 과정에서 나타나는 집단무의식의 상징적 존재이다. 이 존재는 이미 의식의 영역에 들어와 있는, 현실화된 원형적 상징인 것이다. 다음의 시 제목도 <새>(1966. 2. 시문학)이다.

---

107) 이승훈 편, 『문학상징사전』, p.18.

> 가지에서 가지로 / 나무에서 나무로 / 저 하늘로 / 이 하늘로, // 아니 저승에서 이승으로 // 새들은 즐거히 날아 오른다. // 맑은 날이나 궂은 날이나 / 대자대비(大慈大悲)처럼 / 가지 끝에서 / 하늘 끝에서…… // 저것 보아라, / 오늘 따라 / 이승에서 저승으로 / 한 마리 새가 날아간다.

위의 시에서 새는 이승과 저승을 넘나드는 존재로 표상되고 있다. 이러한 새는 현실세계에서의 허영과 욕망을 떨쳐버리고 무한세계, 곧 신의 세계로 초월하고자 하는 시적자아의 아니마 원형이 그대로 투영된 매개물로 작용한다. 이 시에서 파악되는 상상력의 구조는 '현실(이승)-새(비상)-천상(저승)'으로 전개되고 있다. 앞 절에서 천상병의 작품을 분석하면서 밝혀졌지만, '천상(하늘)'의 이미지는 시인이 고통스런 현실로부터 벗어나 도달하고자 하는 지향점을 의미하였다. 즉 시적자아가 현실을 초월하여 나아간다고 할 때 닿을 수 있는 극점이 천상병 시인에게는 저승으로 표상되는 '천상(하늘)'이라고 할 수 있다. 여기서 우리가 알 수 있는 것은, 시적자아가 도달하고자 하는 그 천상의 세계는 현실에서의 삶이 불완전할 때 그 불완전에서 벗어나기 위한 가상의 세계에 불과하다는 점이다. 하이데거는 '결코 현존재는 현존의 틀을 벗어날 수 없다.'고 했다. 천상병 시의 비극성은 바로 이러한 존재의 한계에 대한 인식에서 발생한다. '새' 연작에서 우리가 느끼게 되는 슬픔과 괴로움의 정체도 바로 이것이다. 이러한 시에서 유한한 인간으로서 현실 저쪽 영원의 세계를 꿈꾸는 동양적 초월의 근거가 마련되는 셈이다.

결국 이 시에서 새는 단순히 이승에서 저승이라는 공간으로의 이동뿐만 아니라, 현실세계에 존재하던 인간이 신의 세계로 비상하는 영혼으로 그 의미를 확대시킴으로써 '근원회귀의 원형성'을 갖는다. 시적화자는 '이승에서 저승으로/한 마리 새가 날아간다.'라는 초월의 의지마저 보이고 있는 것이다. 현실을 바탕으로 하여 신의 세계 혹은 이상의 세계로 나아감이 진정한 초월이라 할 때, 천상병 시에서의 초월은 하나의 지향성 내지 방향성을 지니게 되는 것이다.

다음의 시 <갈매기>는 천상병 시인의 등단 작품이다.

그대로의 그리움이
갈매기로 하여금
구름이 되게 하였다.

기꺼운 듯
푸른 바다의 이름으로
흰 날개를 하늘에 묻어 보내어
이제 波濤도
빛나는 가슴도
구름을 따라 먼 나라로 흘렀다.

그리하여 몇번이고
몇번이고
날아오르는 자랑이었다.

아름다운 마음이었다.

이 시에서 '갈매기'로 하여금 무한하고 자유스러운 하늘 공간을 비상하도록 하는 것은 먼 나라를 향한 '그리움'이다. 현실에서의 고된 삶을 초탈하여 순수를 향해 날아가고 싶은 시인의 의식을 반영한 것이라 하겠다. 이 시의 심상구조 역시 앞에서 살폈던 <새>(1966. 2.)와 마찬가지로 '현실(바다)-비상(갈매기)-천상(먼 나라)'으로 전개되는 상상력에 의해 이루어졌다. 새가 다른 생물과 구별되는 가장 독특한 특성은 날개를 가지고 하늘을 난다는 점이다. 새가 지니고 있는 이 비상의 특성은 생명체가 안고 있는 어떤 속박을 벗어나 초탈하는 힘의 상징이 된다. 갈매기는 새가 갖는 상징성을 드러낸 고시가 중에서 가장 높은 빈도를 차지하는 조류이다.[108] 고시가에서는 갈매기가 '은둔, 인간, 초월, 결백, 영혼' 등을 상징하고 있음을 볼 수 있다.

'그리움-갈매기', '흰 날개-하늘', '구름-먼 나라', '날아오르는 자랑-아름다운 마음'으로 이어지는 이미지의 연결은, '추상어와 구상어를 결합시키는 은유'에 의하여 그 의미 지향을 뚜렷하게 드러내고 있다. 2연의 푸른색, 흰색의 색채이미지에 의하여 그리움의 정서는 더욱 밝게 제시되며, 이러한 그리움은 '자랑, 아름다운 마음'이라는 시어에 의하여 뒷받침된다. 이와 같은 은유로 형상화한 새—갈매기는 '그리움, 자랑, 마음' 등의 시어에 의해 시인의 아니마가 투사된 '투사적 등가물'임을 알 수 있다. 특히 이 시에 나타난 아니마는 '흰 빛'이 가지는 순수성과 영원성, '푸른 색'이 가지는 동경, 이상, 그리움 등 원형이미지로서의 세계와 접맥되고, 이는 또한 '몇 번이고 날아오르는 자랑'의 시적 변용으로서의 '아름다운 마음'이 가지는 영혼심상과 겹쳐짐으로써 그 원형적 상상력은 절정을 이룬다고 하겠다.

이 작품은 적어도 다른 작품에 비해 난해하지 않으며, 삶의 즐거움을 적절히 나타내고 있다. 또한 '푸른 바다-하늘-먼 나라'로 이어지는 공간의 변화는, 현실을 넘어서는 초월적인 세계에 대한 그리움을 형상화하고 있다고 해석된다. 새의 자유로운 하늘 공간으로의 힘찬 비상은 결국 시인의 순수하고 자유롭고 따뜻한 희망의 노래를 부름과 동일한 맥락에서 이해될 수 있다.

저것 앞에서는
눈이란 다만 무력할 따름.
가을 하늘가에 길게 뻗친 가지 끝에,
점찍힌 저 絶對靜止를 보겠다면……

108) 조동민, 「한국시가에 나타난 새의 상징성 연구」, 건국대학교 대학원, 박사학위논문, 1988, p.2 참조.

본다는 것은 무엇인가
있는 것과 없는 것의
미묘하기 그지없는 間隔을,
이어주는 다리(橋)는 무슨 象形인가.

저것은
무너진 視界 위에 슬며시 깃을 펴고
피빛깔의 햇살을 쪼으며
불현듯이 왔다 사라지지 않는다.

바람은 소리없이 이는데
이 하늘, 저 하늘의
純粹均衡을
그토록 간신히 지탱하는 새 한 마리.

위의 시 <새>(1967. 5. 현대문학)에서 새는 차안과 피안의 경계지대에서 '순수균형'을 간신히 지탱하여 주는 추상적 의미의 새로 표상되고 있다. 시인은 '현상을 인식하는 매개체'[109]로서 새를 바라보고 있는데, 1연에서는 가을하늘을 배경으로 길게 뻗은 가지 끝에 앉은 새의 모습을 '절대정지'로 표현하고 있다. 정한용이 그의 연구에서 '새의 모습에 절대성을 부여한다는 것은 구체적 사물을 순수라는 관념의 세계로 밀어 올리는 것과 같다'고 지적했듯이, 결국 새는 순수의 실체로 표상되며, 2연에서 있는 것과 없는 것의 간격을 이어주는 추상적 의미의 새로 자리 잡는다. 3연에서는 '무너진 시계위에' 깃을 펴고, 왔다가 사라지지 않음으로써 시적자아가 어느 것에도 머무르지 않는 긴장을 유지하고 있으며, 마지막 연에서 이 하늘과 저 하

109) 최동호, 「천상병의 무욕의 새」, 『아름다운 이 세상 소풍 끝내는 날』(미래사, 1991), p.141.

늘의 균형을 간신히 지탱해 나간다. 그렇다면 새가 지탱하고 있는 순수균형의 한계점은 어디인가. 새가 '순수함과 투명함, 경계를 부숴 버림'110)으로써 현실의 고난, 죽음을 초월하는 상징체로 존재한다고 볼 때, 그 순수균형의 경계는 '삶과 죽음'이라는 두 세계의 교차점임을 알 수 있다. 그것은 '미묘한 간격을 이어주는 다리', '이 하늘 저 하늘' 등의 표현에서 유추할 수 있다. 여기에서 시적자아는 '있는 것과 없는 것', '이 하늘, 저 하늘' 등의 대비에서 보이듯이, 그 어디에도 안주하지 못하고 긴장과 불안, 고된 삶의 공간에 머무르고 있음을 말해준다. 순수균형을 간신히 지탱하는 새가 상징하는 것은, 인간 존재 전반에 대한 회의와 함께 삶의 문제에 대한 근본적 성찰이라고 할 수 있다.

'지상적인 삶에 짓눌린 자가 그 삶의 지양을 꾀할 때 육신이란 영혼의 영어(囹圄)일 수밖에 없다. 보다 높은 차원, 저 피안의 삶을 가로막고 있는 장벽 그것이 육신으로 의식되기 때문'111)이라는 말에 비추어 보면, 이 시에서 시인의 아니마 원형은 지상적인 것의 초월상징인 새에 투사되고 있는 것이다. 천상과 지상을 자유자재로 넘나드는 존재로서의 새는 외연적 의미를 넘어 순수 실재로서의 의미를 지니게 된다.

다음의 시는 <미소-새> 전문이다.

입가 흐뭇스레 진 엷은 웃음은
삶과 죽음가에 살짝 걸린
실오라기 외나무다리.

새는 그 다리 위를 날아간다.
우정과 결심, 그리고 용기

---

110) 아지자·올리비에리·스크트릭 공저, 장영수 역, 『문학의 상징·주제 사전』(청하,1989), p.269.

111) 김열규, 『한국의 신화』, p.109 참조.

그런 양 나래 저으며…
풀잎 슬몃 건드리며는 바람이라기보다
그 뿌리에 와 닿아주는 바람,
이 가슴팍에서 빛나는 햇발.

오늘도 가고 내일도 갈
풀밭 길에서
입가 언덕에 맑은 웃음 몇 번인가는…

햇빛 반짝이는 언덕으로 오라
나의 친구여.

언덕에서 언덕으로 오라
나의 친구여,

언덕에서 언덕으로 가기에는
수많은 바다를 건너야 한다지만,
햇빛 반짝이는 언덕으로 오라
나의 친구여…

새는 천상병의 시에서 현실세계와 초월의 세계를 이어주는 주요 모티프로서 자주 등장하고 있는데, 이 시에서도 새는 아니마 원형의 투사 대상으로서 무의식적 원형에 기반을 두고 있다. 원형이 공간과 시간의 현즉성 가운데 스스로를 현현시킬 때, 그것은 의식적 마음에 의해, 일정한 형태를 지닌 것으로서 인식되어질 수 있다. 이 시에서 새가 처한 실존적 상황은 삶과 죽음의 경계에 걸린 '외나무다리'로 제시된다.

여러 문화 속에서 다리는 원래 분리된 두 세계를 연결하거나 분리하는 매개물로서 신과 인간의 경계를 의미한다. 또한 지각할 수 있는 것과 지각을 초월하는 세계의 연결을 상징하거나, 이런 신비한 의미가 없는 경우에도 다리는 한 상태에서 다른 상태로의 전환, 혹은 변화나 그런 변화에의 욕망을 상징한다. 그러한 다리 중에서 특히 외나무다리는 외로움과 쓸쓸함을 상징한다. 위의 시에서 시적자아는 고독하고 쓸쓸한 현실상황에서 필요한 것이 우정과 결심, 그리고 용기라고 말한다. 그래서 화자는 삶과 죽음의 숙명성을 인식한 바탕 위에서도 흐뭇한 미소로 세계를 바라보는 것이다. 새는 풀잎 뿌리에 닿는 바람을 가슴팍에 느끼며 삶과 죽음의 경계인 '외나무다리' 위를 날아간다. 더더욱 그 '외나무다리'는 '실오라기'로 표현됨으로써 현실상황의 비극성이 극대화된다. 그러나 죽음을 의식하면서도 삶에 대한 적극적 노력을 포기하지 않는 실존자의 모습이 새로 형상화되어 있다. 곧 '이 하늘 저 하늘의 순수균형을 간신히 지탱하는' 존재였던 새가, 여기에서는 우정과 결심, 용기를 품고 삶과 죽음의 경계인 외나무다리 위를 날아가는 새로 변모되었다. 이 시는 '현실(외나무다리)-비상-언덕'으로 전개되는 상상력의 구조를 갖는다. 여기서 '햇빛 반짝이는 언덕'은 시적자아가 돌아갈 원초적 공간임을 유추할 수 있다. 생사 문제의 현실적 구속감을 벗어나는 정신적 자유의 꿈은 현실적 장애인 바다를 건너 햇빛 반짝이는 언덕을 지향한다. 삶과 죽음에 대한 성찰에만 머무르지 않고 자신의 염원에 대한 확신을 갖고 비장한 날갯짓을 하고 있는 또 다른 자아의 모습을 보여주고 있는 것이다.

저 새는 날지 않고 울지 않고
내내 움직일 줄 모른다.
상처가 매우 깊은 모양이다.
아시지의 聖프란시스코는
새들에게
은총 설교를 했다지만
저 새는 그저 아프기만 한 모양이다.

수백 년 전 그날 그 벌판의 일몰과 백야는
오늘 이 땅 위에
눈을 내리게 하는데
눈이 내리는데……

위의 시 <새>(1965. 3. 女像)에서의 새는 비상이 좌절된, 상처를 지닌 존재이다. '눈[雪]'이 의미하는 시련의 상황은 '오늘 이 땅 위'라는 시·공간에서 구체성을 갖는다. 비상이 정지된 새의 이미지는 현실에서의 격리, 죽음의 시련을 상징한다. 자유로운 비상을 속성으로 하는 새의 추락은 현실의 비극성을 더욱 깊게 한다. 시적자아는 삶의 비극성을 '상처가 깊은 새'의 이미지를 통하여 나타내고 있다. 죽음까지도 예감하게 하는 이 비극성은 '수백 년 전'이라는 과거의 시 · 공간에서 그 근원적 이유를 찾고 있다. 이처럼 날지 못하여 연민을 불러일으키는 아픈 새의 이미지는 시인의 불안의식, 소외감 등 고된 삶을 반영한 '아니마 원형'의 표상인 동시에, 삶과 죽음의 경계에 있는 본원적인 인간의 좌절을 의미하고, 또한 인류의 삶이 내재적으로 갖는 비극성의 원형상징이라고 하겠다. 남성에게서의 아니마는 '기분(mood)', '감정(emotion)' 등으로 나타나기도 한다.

일반적으로 시인은 자신의 관념이나 사상을 형상화하기 위하여 이미지와 비유, 상징을 사용한다. 그것들은 삼각과 밀섭한 관계를 가지고 있으며, 시 감상은 감각에 주어지는 미감을 자극하는 일이라 할 수 있다.

우리가 천상병의 시에서 새의 이미지를 원형상징이라고 부를 수 있는 것은 앞에서도 언급했지만, 원형은 공간과 시간의 현즉성 가운데 스스로를 현현시킬 때, 그것은 의식적 마음에 의해 일정한 형대를 지닌 것으로 인식될 수 있다. 그때야 비로소 우리는 상징에 관해 말할 수 있다. 이 말은 모든 상징이 그것임과 동시에 아울러 원형이라는 말이며, 그것은 인식될 수 없는 '원형 그 자체'에 의해 결정된다는 것을 의미한다. 무의식에 의해 제공되는 원형이 의식적 마음과 관계를 맺기 시작하면 원형은 '몸', '물질', '확고한 형태' 등을 취하게 된다. 그래서 그것은 표상이 가능하게 되고 그렇게 되어야만 그것은 확실한 이미지—원형적인 이미지, 상징—가 되는 것이다. 기능적 관점에서 정의하면, 원형 그 자체는 정신적 에너지로 농축되어 있으나, 상징은 그 원형이 분별 가능한 것이 됨에 따라 현현의 유형을 제공하는 것이라고 말할 수 있을 것이다. 이런 의미에서 융은 상징을 '정신적 에너지의 요체와 이미지'라고 정의한다. 결과적으로 누구도 '원형 그 자체'와는 직접적으로 대면할 수 없으며, 단지 간접적으로, 상징으로서 그것이 원형적 이미지로 현현될 때, 또는 콤플렉스나 징후 가운데 현현될 때만 원형과 대면할 수 있는 것이다.

위의 시에서 시인은 자아와 단절된 현실의 부정적 세계 인식을 새의 상징을 통해서 표현하고 있다고 해석된다. 이처럼 추락하여 연민을 불러일으키는 새는 시인이 지나온 삶의 고난과 역경을 반영하는 것으로 여겨지기도 한다. 다음의 시는 <서대문에서-새> 전문이다.

> 지난날, 너 다녀간 바 있는 무수한 나무가지 사이로 빛은 가고 어둠이 보인다. 차가웁다. 죽어가는 자의 입에서 불어오는 바람은 소슬하고, 한번도 정각을 말한적 없는 시계탑침이 자정 가까이에서 졸고 있다. 계절은 가장 오래 기다린 자를 위해 오고 있는 것은 아니다.
> 너 새여……

이 시에서의 새는 이미 다녀가 버린 새, 즉 부재하는 새이다. 현실에 구속된 자아가 외부와의 단절에 대한 탈출의 도구로 새를 상징적으로 나타냈다고 할 수 있다. 여기서 새는 최동호의 표현대로 '삶이 소멸해 가는 흔적을 확인하는 구체적 상징물'[112]이 된다. 화자가 선택한 다른 소재들도 화자의 내면세계를 표출하기 위한 시적 도구에 지나지 않는다. '어둠, 차가움,

---

112) 최동호, 「천상병의 무욕의 새」, 『아름다운 이 세상 소풍 끝내는 날』, p.139.

죽어가는 자의 입에서 불어오는 소슬한 바람, 자정에서 조는 시계' 등으로 제시되는 현실의 이미지는 시인이 처한 시련을 드러내며, 그에게 다가오는 어떤 절박한 죽음이나 위기를 시사한다. 이 시의 제목 '서대문에서'는 시인이 어두운 감옥 속에 갇혀서 죽음이라는 극한 상황을 견디고 있음을 암시한다. 이러한 상황에서 시적자아가 추구하는 것은 '빛이 머무는 나무가지' 즉 자유가 있는 공간이다. 그러나 이 시에서는 자유를 갈구할 뿐 자유를 얻기 위한 적극적인 노력은 보이지 않는다. 후반부의 '계절은 가장 오래 기다린 자를 위해 오는 것은 아니다'라는 표현 역시 시적자아가 현실에서의 엄청난 억압에 놓여있음을 나타낸다. 그러한 위기의식은 마지막 행에서 '너 새여…'라고 호칭함으로써 다시 한 번 새의 순수와 자유를 소망하고 있는 것이다.

천상병의 시에 새를 소재로 했거나 제목으로 쓴 시가 많은 것은, 그가 정신적·육체적으로 자유를 갈구하고 있었다는 것을 짐작하게 한다. 천상병의 초기시에서는 '새=시인'이라는 등식이 가능할 정도로 새는 현실적 자아와 밀접하게 관련된다. 새의 이미지는 현실의 고난과 연결되어 있으며, '자유로운 비상과 초월' 혹은 '밝음의 세계 지향' 등의 의미를 지니고 있는 원형상징으로 파악된다.

이처럼 새를 통하여 집중적으로 실존적 삶에 대한 탐구를 드러내던 천상병의 시들은 그가 수락산으로 거처를 옮긴 다음 첨예한 시적 긴장을 상실한다. 그것은 삶에서 죽음의 한끝으로 아슬아슬하게 나아갔던 한 시인이 실제로 죽음의 고비를 넘긴 다음 삶에로의 안전한 귀환을 시도하려 하였기 때문이라 할 수 있다. 새의 의미 또한 시의 문면에 그대로 해석된 채 제시됨으로써 긴장이 풀어지는 특징이 두드러진다. 천상병의 시가 도피적 성격으로 빠진 점에 대해 김우창은 시집『주막에서』의 해설문에서 천상병의 시가 천진성으로부터 현실로 돌아왔다고 진단한 반면, 정한용은 그의 논문에서 '천상병의 시가『주막에서』이후 다시 천진성으로 돌아간 것이 아닐까 하는 의심이 든다'고 피력하고 있다. 그러나 어떠한 원인과 결과이든, 후기시에서 새는 현실과의 단절을 뛰어넘지 못하고 있는 것이 사실이다. 천상병의 후기시들은 보다 일상과 현실을 나타내는데 몰입한다. 다음 작품을 초기의 '새' 연작과 비교해 볼 때, 이 점이 분명히 드러나고 있다.

① 참새 두 마리가 / 사이좋게 날아와서 / 내 방문 앞에서 뜰에서 / 기분 좋게 쫑쫑거리며 놀고 있다. // 저것들은 / 친구인가 부부인가? / 하여튼 아주 즐거운 모양이다. / 저들같이 나도 좀 안될지 모르겠다.
…(후략)… -<참새> 부분-

② 어느날 일요일이었는데 / 창에서 참새 한 마리 / 날아들었다. // 이런 부질없는 새가 어디 있을까? / …(중략)… /꼭 나와 같은 어리석은 새다. / 사람이 사는 좁은 공간을 날다니. // 날개를 가지고 싶다. / 어디론지 날 수 있는/날개를 가지고 싶다. // …(후략)… -<창에서 새> 부분-

③ 나는 새 세 마리와 함께 살고 있다. / 텔레비 옆에 있는 세 마리 새는 / 꼼짝도 하지 않는다 / 왜냐하면 / 진짜 새가 아니라 / 모조품이기 때문이다. // 한 마리는 은행에서 만든 저금통 위에 / 서 있는 까치고 /…(중략)…/ 그래서 每日같이 이들과 산다. // 나는 새를 매우 즐긴다. / 평화롭고 태평이고 자유롭고 / 하늘이 그들의 것이기 때문이다.
…(후략)…-<새 세 마리> 부분-

인용시 ①에서는 참새처럼 기쁘게 살기를 바라는 시인의 순진무구함을 엿볼 수 있다. 많은 연구자들이 지적했듯이 천상병의 시에서 가장 특징적인 것은 바로 이러한 무욕과 순진무구함이라고 할 수 있다. 초기시의 새들에 비해 후기시의 새들은 좀더 구체적이며 밝은 이미지로 제시된다. ②에서는 순결하지 못한 공간으로 날아오는 새를 시인은 자신처럼 어리석다고 표현하고 있다. 또한 무한하고 자유스러운 하늘 공간을 날 수 있는 날개를 갖고 싶어 하는 시인에게서, 현실을 초극하고 순수를 지향하는 의지를 엿볼 수 있다. ③에서의 새는 초기작에서 보이던 '절대정지'나 '순수균형'으로서의 새가 아니다. '꼼짝도 하지 않는' '모조품'으로, 구체적 사물로, 은행에서 얻어온 판촉물 저금통 위에 장식물이 되어 앉아 있는 물건일 뿐이다. 그러나 시인은 이 새와 함께 '매일같이 산다'고 말하며, 이 새를 통하여 '하늘의 평화'를 느낀다고 한다. 초기시와 표현은 다르지만, 이 평화의식은 결국 삶에 대한 긍정을 의미하는데, 이렇게 구체적 사물로 의식의 지향이 선회했다는 것은 주목할 만한 사실이다. 정한용은 그의 논문에서, 천상병의 후기시들이 소박한 삶의 긍정에 기초하고 있기 때문에, 그 소박함을 인정하지 않는다면 도저히 시빗거리로 삼을만한 작품이 없다고 말한다. 문학의 근본 성격이 자아와 세계와의 갈등에 있다고 할 때, 그의 작품은 문학 밖으로 밀려날 수밖에 없다는 지적이다.

이제까지 본 항에서는 천상병 시에 나타나는 '새'의 의미를 시인의 아니마 원형의 표출로 보고 논의를 진행하였다. 우리는 원형적 존재를 신화나 민담의 세계에서, 혹은 민속에서 흔히 발견할 수 있다. 전세계에 퍼져 있는 이야기 속에서 언제나 어디서나 발견되는 이야기의 핵, 이른바 신화소는 바로 원형의 내용—원형상이다. 여기서 논의의 대상이었던 '새'의 경우, 천상병 시인 개인의 무의식을 구성하고 있는 아니마 원형인 동시에, 집단적 무의식을 구성하고 있는 원형으로 파악된다. 새는 우리의 신화나 그 이후의 고시가 속에 무수히 나타나는 원형 이미지이다.

한편, 천상병 시에서 새를 소재로 한 일련의 시들은 '현실(이승)-새(비상)-천상(저승)'으로 전개되는 상상력의 구조를 갖고 있다. 새는 작품에 따라 다양한 양상을 보인다. 곧, 새는 절대적인 세계, 순수균형을 지탱하는 존재, 삶과 죽음을 노래하는 존재, 분열된 자아의 표상, 현실 생활의 억압을 뚫고 비상하는 존재, 인간의 어리석음을 일깨우는 존재 등을 상징하는 것으로 분석된다. 전체적인 흐름으로 볼 때, 새는 시인의 자화상의 성격을 띠면서 현실적 자아와 시인이 꿈꾸는 자유의 초월공간을 연결하는 상징적 의미로 판단된다.

3. 유년시절, 어머니, 고향 : 원형적 여성심상과 모성원리

시에서 화자를 여성으로 설정하여 특별한 효과를 거두고자 하거나, 혹은 분위기, 느낌, 정조 특성이 여성화하여 나타날 때, 이를 '여성 편향성'이라 일컫는다. 한국문학의 저변에 흐르고 있는 정서의 세계는 이별・슬픔・그리움・체념・숙명 등으로 표상된다. 이러한 정서의 특성은 여성적 편향의 속성과 결부되어 표출된다. 신라의 향가를 비롯하여 고려속요, 시조, 가사 등 고전시가에서부터 일제 강점기의 문학에 이르기까지 그 내용과 형태면에서 각각 드러나고 있는 여성 편향성은 한국 시문학의 한 전통적 특성이라고 할 수 있다. 이정자는『한국 시가의 아니마 연구』에서 여성적 화법을 구현한 문형적인 측면과 여성적인 시적자아의 설정, 그 위상에 관한 위치 선정, 시적자아의 대상 인식 방식과 그 관계 설정 등 시적 상상력을 동원한 여성적인 내면공간 일체를 아니마에 포함시키고 있어, 본고의 논의에 참고가 된다.

융에 의하면, 모든 남성은 자기 속에 영원한 여성상을 가지고 있다. 그것은 특정한 어떤 모습을 가진 여성의 이미지가 아니라 일정한 여성상이다. 이 이미지는 기본적으로 무의식적인 동시에 남성의 살아 있는 유기조직에 새겨져 있는 원시적 기원의 유전적 요인이며, 모든 조상의 여성 경험의 흔적 또는 원형으로, 말하자면 일찍이 여성에 의해 만들어진 모든 인상의 침전물이다. 이와 같은 융의 이론을 요약하면, 남성 속의 여성적 요소가 바로 아니마이며, 이때 여성적이란 사회적인 통념을 넘어선 보편적, 원초적 특성을 말한다. 융이 여기서 말하는 바는, 남성은 여성상을 유전적으로 소유하고 있으며, 무의식적으로 일정한 규정을 만들어 그 영향을 받아 특정한 여성을 받아들이거나 거부한다는 것이다. 또한, 남자의 논리적인 마음이 그의 무의식 속에 숨어 있는 사실들을 분별할 수 없을 때는 언제나 아니마가 그것들을 파헤쳐 찾아내도록 그를 도와준다고 한다. 더욱 더 중요한 것은 아니마가 남자의 마음을 올바른 내적 가치와 합치토록 하여 보다 깊은 마음의 심부에 이르는 길을 열어주는 역할을 한다는 것이 그의 심층심리학에서의 설명이다.[113]

바슐라르도 『몽상의 시학』에서 아니마를 설명하는 가운데 융의 이론을 빌려 아니마의 존재를 확연히 하고 있다. 그는 이미지로 가득 찬 순수한 몽상은 아니마의 가장 특징적인 표현이며, 몽상의 시학은 아니마의 시학이라고 말한다.

본 절에서는 박재삼, 박용래, 천상병의 작품에 나타나는 여성적 정조가 무의식의 원형 중 하나인 아니마의 표상일 것이라는 전제 하에 논의를 진행하고자 한다. 이들의 시에서 반복적으로 출현하는 여성적 이미지들이 아니마의 요소를 내포하고 있는 것으로 보면서, 그의 아니마가 표명해내고 있는 상징적 의미를 규명할 것이다.

1) 박재삼의 유년회상과 모성애착

박재삼의 시에는 과거를 회상하는 이야기 구조가 상당히 많다. 서정시에서 이 회상은 시간적으로는 과거 특히 유년기 체험으로 나타나며, 공간적으로는 고향에 대한 의식으로 표출된다. 고향은 우리가 태어난 공간이며, 나아가 그 공간에서 체험한 것들은 정신적 인식의 바탕이 된다. 고향에 대한 회상은 또한 유년시절에의 동경과 맞물려 있다. 물론 인간의 모든 체험은 시간의 경과에 따라 어느 정도 퇴색되고 소멸되기 마련이지만 그것은 문자 그대로 완전히 소멸되는 것이 아니라 무의식의 공간으로 침전되는 것이다. '예술은 무의식 속에 잠자고 있는 인류의 영원한 상징들을 활성화해서, 하나의 완전한 예술 작품을 낳기 위하여 이들을 형상화하고 다듬는 일'[114]이라는 말에 비추어 보면, 고향과 유년시절에 대한 회상은 그 시절의

113) C.G. Jung 편, 이부영 외 역, 앞의 책, p.186 참조.

114) Jolande Jaccobi, 이태동 역, 『칼 융의 심리학』(성문각, 1978), p.40.

체험에 대한 감각을 통해 더욱 구체화된다. 박재삼의 시에는 어린시절에 겪었던 가난에 대한 회상이 많이 포함되어 있다. 그 가운데서 유난히 돋보이는 것은 모성적 심상이 나타나는 것인데, 박재삼의 시에 나오는 어머니는 초인적 상징으로서의 대모적인 이미지가 아니라 평범한 어머니의 이미지이다. 흔히 무의식의 연구 차원에서는 모성원형들이 그의 삶 전반에 어느 정도의 영향을 미쳤는지, 또 시에서는 얼마나 끈질긴 인식 속에서 다루어지고 있는지에 관심을 둔다. 곧 모성의 부재와 모성에 대한 그리움을 시에서 어떻게 형상화하고 있는지를 고찰하려는 데 역점을 두게 된다. 구체적인 작품 분석을 통해 시적 정조의 원천을 규명해 보도록 한다.

새벽 서릿길을 밟으며
어머니는 장사를 나가셨다가
촉촉한 밤이슬에 젖으며
우리들 머리맡으로 돌아오셨다.

선반에 꿀단지가 채워져 있기는커녕
먼지만 부옇게 쌓여 있는데,
빚으로도 못 갚는 땟국물 같은 어린것들이
방안에 제멋대로 뒹굴어져 자는데,

보는 이 없는 것,
알아주는 이 없는 것,
이마 위에 이고 온
별빛을 풀어놓는다.
소매에 묻히고 온
달빛을 털어놓는다.

위의 시 <어떤 歸路> 1연에서는 자식들을 위하여 고생스럽게 사는 어머니를 나타내고 있다. '새벽 서릿길'을 밟으며 장사를 나갔다가 '밤이슬'에 젖어 귀가하는 어머니의 모습은, 가난한 시절 이 땅에 살던 어머니들의 전형적인 삶을 표상한다. 그런 어머니를 바라보는 화자의 시선은 따뜻하다. 밤이슬에 젖어서 돌아오는 어머니는 집으로 돌아오는 것이 아니라 어린것들의 '머리맡'으로 돌아온다. 이러한 어머니의 모습이야말로 전형적인 모성의 이미지이다. 2연은 가난한 삶의 구체적인 모습이다. 아이들의 꿈일 수도 있는 '꿀단지'는커녕 '먼지만 부옇게 쌓인' 선반, 그 밑에 '땟국물'조차 씻지 못하고 '제멋대로 뒹굴어져 자는' 어린것들의 모습은 궁상스러운 삶을 적나라하게 보여준다. 그러나 이 시에서 궁핍했던 현실에 대한 화자의 대응방법은 모성에서 우러나는 친화력으로 인해 순수하고 자연스럽다. 3연에서, 어머니가 가지고 온 것은 아이들을 위한 것이 아니라 '별빛'과 '달빛'이다. 그러나 별빛이 상징하는 '소중한 꿈', 그리고 달빛이 환기하는 '풍요로움'을 생각할 때, 어머니가 풀어놓은 이러한 '별빛'이며 '달빛'이 시적화자에게는 '꿀단지'보다도 더 소중한 것으로 다가오는 것이다. 이는 어머니에 대한 화자의 따뜻한 마음이 표출된 것이라 하겠다. 보는 이와 알아주는 이가 없어도 소박한 것들의 아름다움은 한층 빛난다.

모성의 원형인 어머니에 대한 추억은 아니마의 정서와 관련이 깊다. 융의 지적대로 남성의 여성에 대한 경험의 총화가 바로 아니마이며, 아니마의 최초의 투사는 어머니에게 대해 행해진다고 볼 때, 모성과 관련된 부분은 당연히 유아적 감수성과 함께 나타날 수밖에 없다. 박재삼 시의 특성인 여성성의 뿌리는 모성의 이미지와 그것에 반응하는 시인의 유아적 감수성, 또는 그의 소년적인 감수성이 발전된 것이라고 판단된다.

다음의 시는 <추억에서 67> 전문이다.

> 晋州 장터 생魚物전에는
> 바다 밑이 깔리는 해 다 진 어스름을,

울엄매의 장사 끝에 남은 고기 몇 마리의
빛 發하는 눈깔들이 속절없이
銀錢만큼 손 안 닿는 恨이던가.
울엄매야 울엄매,

별밭은 또 그리 멀리
우리 오누이의 머리 맞댄 골방 안 되어
손시리게 떨던가 손시리게 떨던가,

晋州南江 맑다 해도
오명 가명
신새벽이나 밤빛에 보는 것을,
울엄매의 마음은 어떠했을꼬,
달빛 받은 옹기전의 옹기들같이
말없이 글썽이고 반짝이던 것인가.

이 시에서도 앞서 인용했던 <어떤 귀로>의 시적 구조와 정서적 효과를 그대로 보여준다. 화자는 어머니의 모습을 중심으로 하여 가난했던 유년의 세계를 그리고 있다. 신새벽에 나가 '진주 장터 생어물전'에서 장사하는 어머니, 별빛으로 길을 잡아 밤늦게 귀가하는 그 어머니를 기다리는 '오누이의 머리 맞댄 골방의 추위'가 있는 가난한 유년에 대한 추억이다. 그렇지만, 가난한 생계를 꾸려나가는 어머니의 한을 화자는 반짝이는 것으로 인식한다. '눈깔', '은전', '별밭' 등의 심상들은 빛을 발하는 속성을 공통으로 가지고 있으며 또한 한과 그리움의 결정들이다. 시어에서도 '울엄매', '우리 오누이', '골방', '오명 가명', '옹기전의 옹기' 등에서 나타나는 유성음의 반복을 통해 이 시 전체의 분위기를 '울음'의 이미지로 채색하면서 여성적인 정조를 나타낸다. 또한 '울엄매'라는 시어는 단순히 '우리 어머니'의 축약이 아니라, '울음'과 '어머니'를 결합시킨 것 같은 느낌마저 갖게 하며, 울고 싶은 화자의 어린 마음을 반영하고 있다. 진주 남강 맑은 물과 그 위에 비치는 햇살을 밝은 대낮에 마음 편하게 제대로 구경 한 번 못하던 어머니의 일상이 화자에게는 오래 기억되는 아픔이다. 마지막 연에서 화자는 장사를 끝내고 돌아오는 어머니의 마음을 '달빛 받은 옹기전의 옹기'로 표현하고 있다. 달빛에 반사되는 항아리의 반짝임에서 어머니의 눈물을 발견함으로써 생활고에 찌든 어머니의 모습을 압축적으로 그려내고 있다. 그러나 어머니의 슬픔은 눈물을 글썽이면서도 반짝인다. '저녁 무렵의 장터 어물전→어머니의 한→오누이의 추운 골방 안→귀로의 어머니 마음→반짝이는 눈물'로의 이미지 전개는 마지막 연에 이르러 어머니와 화자 간에 일체감을 이루면서 가난과 한을 미적인 차원으로까지 승화시킨다.

오탁번은 '옹기나 항아리가 자궁의 한 상징일 수도 있고 또 그 안에 무엇을 담아서 숙성시키는 속성으로 볼 때, 자식을 키우는 모성애의 가시적 이미지일 수도 있다'고 했다. 이 논의에 비추어 보면, 어머니의 마음은 영원한 안식의 공간이 된다. 융에 의하면, 아니마의 최초의 투사는 항상 어머니에게 대해 행해지며, 아니무스의 최초의 투사는 아버지에게 대해 행해진다. 박재삼의 시에서 고향의 주체가 아버지가 아닌 어머니였다는 것은 바로 원형으로서의 아니마가 투사되어 나타난 것으로 볼 수 있다. 아니마는 어떤 인물에만 투사되지 않는다. 어떤 이념에 투사되기도 하고 물질에 투사되기도 한다. 박재삼이 어머니 심상을 통해 회귀한 유년의 회상공간은 근대적 주체가 회귀할 수 있는 가장 순수한 원형공간의 의미를 지닌다. 반면에 어머니로부터 분리된 비극적 주체가 꿈꾸는 세계로서의 어머니 심상은 시적자아의 상상적인 모든 효과를 만족시키는 대신, 오히려 부재중인 어머니를 향한 그리움의 정서만을 강화시키기도 한다. 박재삼에게 유년은 가난의 체험이 대부분이지만, 어머니에 관한 시적 몽상의 발현은 그가 의식하든 그렇지 않든 간에 정신적 휴식처로서의 근원회귀의 상징성을 갖는다.

한편, 박재삼의 시에는 '물'의 심상이 다른 이미지를 압도할 만큼 빈번하게 사용되는데, 주로 '눈물, 강물, 바다'의 형태로 등장한다. 물은 그에게 시간성과 유동성을 상징하는 것으로서, 인간의 삶과 죽음에 근원적 연관을 맺는 것으로 인식된다. 박재삼 시에서 물의 이미지가 두드러지게 나타나는 것은, 그의 유년시절을 지배했던 강, 바다 등과 연관된 원초적 무의식이 상상력을 통해 투영된 것이라고 유추할 수 있다. 박재삼은 고향인 경남 삼천포에서 유년시절을 보냈기 때문에 그의 무의식은 물의 영감을 받았다고 판단된다. 바슐라르는 한 시인의 내면세계에 가장 뚜렷한 영상을 남기는 유년시절은 그의 전 작품을 통해서 은밀하게 반영된다고 한다. 그것은 최초의 상상력의 이미지가 우리의 삶 전체를 지배하기 때문이다. 바슐라르에 의하면, 인간의 몽상은 본질적으로 물질이다. 예컨대, 강이 흐르는 곳에서 태어난 사람은 물에 의해 그의 무의식이 지배되며, 그의 어린시절의 꿈도 물이라는 원초적 사물에 의해 물질화 된다고 본다. 고향이란 하나의 영역이 아니라 하나의 물질이며, 이러한 물질로서의 고향에 연결되어 있는 인간은 결국 편애하는 하나의 이미지, 하나의 원시적인 감정, 근원적으로 몽상적인 하나의 기질에 지배당하게 된다는 것이다.

물은 신화시대에서 현대에 이르기까지 창조력의 원천, 또는 생산력과 생명력의 신화적 상징성을 가진다. 융에 의하면, 물은 가장 일반적인 무의식의 원형 가운데 하나이다. 전통적으로 많은 문학 작품에서 물의 신화적 원형이 일관되게 나타나듯이, 박재삼의 시에 나타나는 물 역시 박재삼 특유의 서정을 표현하기 위해 상정한 원형적 심상의 의미를 지닌다. 그런데 박재삼 시에서 물의 심상은 단독으로 나타나기도 하지만, 빛의 심상과 동시에 나타나는 경우가 많다. 곧, 박재삼 시에 나타나는 심상 중에서 천상의 것을 의미하는 것은 '빛'의 심상이 대표적이고 지상의 것을 의미하는 것은 '물'의 심상이 대표적이라고 할 수 있다. 박재삼 시에 표출된 물의 원형은 모성적, 회귀적, 근원적인 것으로의 지향을 의미한다. 바다가 죽음과 재생과 초월을 상징하는 공간이라면, 강물은 본질적 속성인 '흐름'을 통해 인간의 삶이 물의 흐름과 같은 것이라는 일반적인 원리를 제공한다. 강은 전통적으로 생명과 창조의 신비에 대한 원형적 상징이다. 즉 탄생과 시간의 영속적인 흐름과 재생의 상징인 것이다. <울음이 타는 가을江>을 보자.

마음도 한자리 못 앉아 있는 마음일 때,
친구의 서러운 사랑 이야기를
가을 햇볕으로나 동무삼아 따라가면,
어느새 등성이에 이르러 눈물나고나.

제삿날 큰집에 모이는 불빛도 불빛이지만,
해질녘 울음이 타는 가을江을 보것네.

저것 봐, 저것 봐,
네보담도 내보담도
그 기쁜 첫사랑 산골 물소리가 사라지고
그 다음 사랑 끝에 생긴 울음까지 녹아나고
이제는 미칠 일 하나로 바다에 다 와 가는
소리죽은 가을江을 처음 보것네.

박재삼의 대표작으로 꼽히는 <울음이 타는 가을江>은 인간의 삶과 그 속에 내재해 있는 허무의식, 비애의 정서를 환기시킨다. 김현은 '이 시의 핵심은 대상을 처음 본다는 시인의 정직한 고백에 있다. 관습적이고 일상적인 대상이 그때 전혀 다르게 나타난다.'며 이 시에서 '울음'이 자신을 사로잡고 있다는 감상을 밝힌 바 있다.[115] 화자는 서러운 사랑 이야기를 하는 친구와 함께, 혹은 그것을 생각하며 혼자 산등성이로 오른다. 거기에서 화자는 바다로 가는 강을 바라보며 눈물을 흘린다. 강물은 석양의 잔광을 받아 반짝거린다. 그것은 마치 울음 그 자체가 타는 것 같다. 그의 울음은 자

115) 김현, 『상상력과 인간/시인을 찾아서』(문학과지성사, 1991), p.430.

연과 합일된다. 이것이 이 시의 대체적인 흐름이다. '설움→눈물→울음'으로 이어지는 심상체계에 따라 시의 정조를 좀더 자세히 살펴보자.

이 시는 친구의 사랑과 화자의 설움이 '산골 물'과 '가을江'으로 흘러 바다에 도달하는 과정과 함께, 과거회상으로 인한 그리움이 '눈물'로 집약되면서 슬픔의 정서를 형성한다. 또한 '불빛', '해질 녘' 등 '빛'의 심상이 '울음', '가을江'의 물이미지와 연결되면서 '울음이 타는 가을江'으로 통합되고 있는데, 이것은 '제삿날'과 '서러운 사랑 이야기'와 상통하며 슬픔을 상징한다. 동시에 시적자아가 바다를 향해 가는 강물을 바라보는 것은 슬픔을 극복하고자 하는 의지의 표현이다. 즉, 마지막 연에서 '사라지고', '녹아나고', '소리죽은' 등의 이미지를 통해 극복해 간다. 결국 이 시는 '산골→강→바다'라는 공간 이동을 통해 원초적 모태의 세계를 지향하는 원형적 상상력에 그 근원을 두고 있는 것이다. 이 시는 이루지 못한 사랑의 '서러움'이 '눈물', '울음', '강'으로 흘러 마침내 '바다'에 이르러 소리 죽이며 멈추는 '흐름'의 구조를 갖는다. 그러나 이 시의 초점은 '바다'에 있지 않고 '가을江'에 맞추어져 있다. 우주론과 관련된 신화의 층위에서 가을은 두 가지의 서로 모순되면서도 등가인 상징을 갖추고 있다. 그 하나는, 결실과 수확에 대응되는 풍요와 생명력에 관한 상징이고, 다른 하나는, 시듦과 조락에 대응되는 힘의 쇠퇴와 예비된 죽음에 관한 상징이다.

이처럼 가을이 인생이나 자연에 대비하여 볼 때 종말이나 결실로 가는 과정이라면, 강물은 물의 귀착점인 바다로 가는 과정이다. 따라서 '가을江'은 삶과 죽음의 경계 또는 삶과 또 다른 삶의 경계에 선 강이라고 유추해 볼 수 있다. 그러나 한편, 강이 바다로 접어들면서 소멸되는 것이 아니라 순환현상을 통해 생성의 국면으로 접어들듯이, '가을江'은 소멸과 생명의 창조라는 이중의미를 함유한다. 이러한 '소멸-창조' 혹은 '죽음-재생'의 원형구조는 박재삼의 '물'을 주제로 한 일련의 작품에서 쉽게 파악된다. 이 시에서 시적자아는 울음까지 녹이며 '고요'와 '빛'으로 설움을 승화시키고 있는데, 모든 갈등과 고통에서 벗어나 초연의 경지, 곧 원초적인 모태의 근원을 지향하는 시의식을 보여주고 있는 것이다.

> 첫사랑 그 사람은
> 입맞춘 다음엔
> 고개를 못 들었네.
> 나도 딴 곳으로 보고 있었네.
> …(중략)…
>
> 오, 부끄러움이여, 몸부림이여,
> 골짜기에서 흘려 보내는
> 실개천을 보아라.
> 물비늘 쓴 채 물살은 울고 있고,
> 우는 물살 따라
> 달빛도 포개어진 채 울고 있었네.

위의 시 <첫사랑 그 사람은>에서 화자는 첫사랑을 회상하며 추억에 잠겨 서러워한다. 흘러가는 물(실개천)은 화자에게 삶이 허무하다는 것을 인식시킨다. 물이 산골짜기에서 그 첫 흐름을 시작하듯 첫사랑도 함께 흐름을 시작하였는데, 화자는 그 첫사랑을 떠나보낸 부끄러움에 몸부림치고 있다. 그러나 '달빛'에 반짝이는 '물살(물비늘)'은 울음(슬픔)마저도 분해시키려는 화자의 의지를 내포하고 있는 심상이라고 하겠다. 이 시의 핵심어인 '실개천'은 물의 원형이미지로써 '시간의 영원한 흐름'을 상징한다. 최동호는 '흐름의 지향성은 물의 본질적 속성의 하나로 그 역동성을 통해서 물의 현상적 특질을 드러내며 시간적 존재로서 인간의 삶의 방향과 깊은 관계를 갖는다.'[116]고 말한다. 널리 알려진 바와 같이 일반적으로 강물은 죽음과

116) 최동호, 『한국현대시의 의식현상학적 연구』(고대민족문화연구소, 1989), p.150 참조.

재생, 시간의 영원한 흐름, 생의 순환의 변화상 등의 원형심상과 결부되며, 물에의 지향성은 곧 모태에의 회귀성과 상통한다. 이 시에 나타나는 물의 흐름은 서정적 아름다움을 형상화함과 동시에, 삶의 설움을 나타내고 있는 것으로 해석된다. 휠라이트는 '원형상징으로서의 물의 기능은 정화 기능과 생명을 지속시키는 기능을 함께 갖는 복합적 속성에서 보편적인 호소력을 자아내며, 그래서 물은 순결과 새생명을 상징한다'[117]고 했다.

한편, 박재삼의 시세계는 '바다'(물)의 원초적인 영상에서 출발하고 있다고 말해도 지나치지 않을 만큼 그의 시에서 삶과 죽음, 즉 이승과 저승의 문제는 늘 바다를 배경으로 전개되고 있다. 바다가 내포하고 있는 죽음인식으로 인해, 바다는 슬픔의 공간, 죽음의 공간으로 상정되는가 하면, 인간을 가장 포근하게 감싸는 희망적인 공간이거나 그리움의 공간, 재생의 공간으로 제시되기도 한다. 바다에서 생성되는 슬픔의 정서는 여성—구체적으로 바다에 빠져 죽은 여성의 모습에 투사되고 있다. 즉, 시적자아의 사랑과 그리움의 대상인 '남평 문씨 부인'과 '누이', 또는 '심청'의 죽음을 상기시키기도 한다. 바다를 여인의 죽음과 관련시키고 있는 시 <봄바다에서>를 보도록 한다.

1

화안한 꽃밭 같네 참.

눈이 부시어, 저것은 꽃핀 것가 꽃진 것가 여겼더니, 피는 것 지는 것을 같이한 그러한 꽃밭의 저것은 저승살이가 아닌것가 참. 실로 언짢달것가. 기쁘달것가.

거기 정신없이 앉았는 섬을 보고 있으면,

우리가 살았닥해도 그 많은 때는 죽은 사람과 산 사람이 숨소리를 나누고 있는 반짝이는 봄바다와도 같은 저승 어디쯤에 호젓이 밀린 섬이 되어 있는 것이 아닌것가

---

117) Philip Wheelwright, 앞의 책, p.125.

2

우리가 少時적에, 우리까지를 사랑한 南平文氏 夫人은, 그러나 사랑하는 아무도 없어 한낮의 꽃밭 속에 치마를 쓰고 찬란한 목숨을 풀어헤쳤더란다.

確實히 그때로부터였던가. 그 둘러썼던 비단치마를 새로 풀며 우리에게까지도 설레는 물결이라면

우리는 치마 안자락으로 코 훔쳐주던 때의 머언 향내속으로 살달아 마음달아 젖는단것가.

3

돛단배 두엇, 해동갑하여 그 참 흰나비 같네.

이미 앞에서 잠시 논의되었던『춘향이 마음』연작에서, 시적화자인 '춘향'은 시인의 아니마가 투사된 원형심상이었다. 그 춘향이 한국인의 집단무의식 속에 존재하는 민족적 원형이라면, 이 시에서의 '남평 문씨 부인'은 시적주체의 개인무의식과 관련된 개인적 원형세계를 은유하는 심상이다. 개인은 문화적 전통 이전에 개인적 시간의 지배를 받는다. 그렇기 때문에 추억이라는 과거의 시간대는 주체적 존재에게 회귀불가능의 원형적 시간이지만, 동시에 의식적 회귀가능의 시간이기도 하다. 그것은 고향이라는 구체적 공간을 통해 가능해진다. 바닷가 고향에서 유년을 보낸 박재삼에게 '바다'는 그의 무의식을 구성하는 중요한 원형심상이라는 것을 쉽게 유추할 수 있다. 그러한 무의식의 작용이 그로 하여금 '봄바다'를 위시하여 '고향 바다'에 몰입하게 하는 근원이 된다고 하겠다. 바다는 그 자체의 상징성으로 인해 인간을 죽음이라고 하는 영원의 세계로 유인하는 환상적 공간일 수 있는 것이다.

이 시에서는 '봄바다'가 '꽃밭'으로 비유되고 있는데, 화자에게는 햇살에 반짝이는 환한 봄바다가 꽃밭으로 인식되는 것이다. 이러한 비유에 대해 김양희는 '햇살로 표현되는 빛의 세계와 바다로 표현되는 물의 세계를 조

화롭게 융합시키는 가운데 발생한 것'[118]이라고 논의하고 있다. 여기서 빛은 자아의 상상력을 불러일으키는 시발점이 되고 있는 것이다. 곧 자아의 상상력으로 바다는 이전에 보던 일상의 바다가 아니라 빛과 어우러진 공간이 된다. 그런데 햇빛을 받아 눈이 부시게 반짝이고 있는 '봄바다—꽃밭'은 꽃이 피고 있는 상태도 아니며 지는 상태도 아니다. 그 곳은 '피는 것'과 '지는 것'이 공존하는 '저승살이'의 공간으로 인식되고 있다. 꽃이 인간 영혼의 원형상징[119]이라는 점에 주목해 보면, 이 시에서 봄바다는 '죽은 사람과 산 사람이 호흡을 나누며 의사소통을 할 수 있는 삶과 죽음이 합일되는 공간'으로 변용되고 있음을 알 수 있다.

이렇게 봄바다라는 공간을 통하여 삶과 죽음을 동시에 상상하게 하는 시적 정서의 원천은, 어릴 적 화자에게 사랑을 주던 '남평 문씨 부인'에 대한 그리움이다. 2연에서 화자는 소시적에 바다에 빠져 죽은 '남평 문씨 부인'을 기억하는 과거의 시간으로 거슬러 올라가며, 바다와 꽃밭, 비단치마와 물결의 심상을 통해 과거의 '향내 속으로' 젖어 들어간다. '찬란한 목숨'으로 형상화된 '남평 문씨 부인'의 죽음 이후부터 봄바다는 그 부인이 '비단치마를 새로 풀며' 설레는 물결로 우리에게 다가오는, 그야말로 초시간적인 공간이 되고 있는 것이다.

한 행으로 이루어진 3연에서, '돛단배'는 이승과 저승을 넘나드는 행위의 상징이다.[120] 해가 떠 있는 시간 동안 먼 바다로 나갔다가 해질 무렵 돌아와야 하는 배는, 삶과 죽음의 시간에서 끊임없이 변주되는 인간의 운명을 상징한다고 할 수 있다. 여기에 다시 '돛단배—흰나비'라는 은유가 더해짐으로써 1연에서의 '봄바다—꽃밭'의 은유의 고리를 더욱 튼튼히 하고 있다. 그것은, 우리나라의 설화 <아랑의 전설>에 나오는 흰나비가 '한을 품

118) 김앙희, 「박재삼 시 연구」, 한양대학교 대학원 석사학위논문, p.44.

119) 이승훈 편, 『문학상징사전』, pp.80～81 참조.

120) 위의 책, p.203 참조.

고 죽은 영혼의 부활물'로 상정되었듯이 이 시에서도 흰나비는 바로 '남평 문씨 부인'의 부활을 상징한다고 여겨지기 때문이다. 곧, '봄바다-꽃밭', '돛단배-흰나비'의 이미지의 변이를 통해 이승과 저승을 서로 넘나드는 초시간적 공간을 형성하고 있다고 해석된다.

이처럼 박재삼의 시에서 반짝이는 '바다'는 단순히 소멸의 공간으로서가 아니라 삶과 죽음을 함께 포용하는, 즉 죽음과 재생(부활)이 동시에 일어나는 원형공간이라는 것을 확인할 수 있다. 다음의 시 <光明>을 보자.

> 시방도 안 죽은 것 같은
> 南平文氏 夫人의 마음가에 사랑일로서
> 햇무리로 손잡고 놀던 날 생각하면
> 왜 안 기뻐, 세상은 왜 안 기뻐야.
>
> 하늘 가운데 해 있고
> 그 밑에 바다는 자고 있는데,
> 자다가도 우리 생각 해설까, 웃으시던 그 부인의
> 보면 알거, 보면 알거,
>
> 바다는 때로 때로 반짝이누나.
> ……(하략)……

박재삼의 시에는 추억의 시간을 지배하는 사건으로 '남평 문씨 부인'에 대한 이야기 구조가 상당히 많다. 근대의 육체적이며 직접적인 사랑과는 달리 원형의 시간대를 지배했던 사랑은 탈속적이며 신화의 세계에 가깝다. '남평 문씨 부인'이 유년의 화자의 삶을 지배하여 현재까지도 지배하고 있는 구조란 관습적 원형은 아닐지라도 그에 못지않은 지배력으로 개인의 신화세계에 속한다.[121] 융은 개인적 생활에서 빚어지는 '잊혀지고 억눌려져 잠재의식으로만 지각되는 생각과 모든 종류의 느낌들'을 개인무의식이라고 구분한 바 있다. 이러한 무의식의 내용물은 우리들에게 불유쾌하기 때문에 억압된 것이며, 어느 때든 의식의 수준으로 끌어올릴 수 있는 것이다.

'남평 문씨 부인'의 이미지는 화자를 무척 사랑한 인물로서 바다에 빠져 죽은 여인으로 등장하는데, 시적화자에게는 강한 그리움의 대상이다. '시방도 안 죽은 것 같은'이라는 첫 구절에서 드러나듯, 죽음을 인정하고 싶지 않을 정도로 부인에 대한 그리움과 사랑이 깊다. 그리고 부인과 함께 즐겁게 지내던 날들은 '햇무리'라는 빛의 이미지로 함축되는데, '왜 안 기뻐, 세상은 왜 안 기뻐야'라는 강한 긍정을 통하여 모성적 근원에 대한 그리움을 토로한다. 이러한 그리움의 정서는 '남평 문씨 부인'의 죽음을 '자고 있는 바다'로 비유하면서 전환적 국면을 맞는다. 곧, 시적화자는 '남평 문씨 부인'의 죽음을 '잠'으로 표현함으로써 부활의 토대를 마련하고 있는 것이다. '때로 때로 반짝이는'의 구절은 생명력을 확대시키는 역할을 한다.

박재삼의 시에는 두 가지 주된 심상이 있다. 하나는 지상의 것을 대표하는 물의 심상이고, 나머지 하나는 천상의 것을 의미하는 빛의 심상이다. 이상숙은 그의 논문에서 박재삼 시의 많은 이미지가 '빛'에 경도되거나 합일하는 양상을 보인다고 분석한 바 있다. 이 시에서도 햇살에 반짝이는 바다를 보며 화자는 그 반짝임을 '남평 문씨 부인'의 부활의 증거로 바라보고자 한다. '해'의 이미지가 불러일으키는 상승의지를 통해서 우리는 슬픔의 정서, 혹은 한의 정서가 활기차고 밝은 정서로 승화되는 것을 알 수 있다. 비록 '남평 문씨 부인'이 죽은 바다이지만 시적자아에게는 아름다운 추억의 장소, 곧 모성원형으로서의 의미를 갖는다. 여기에서 '빛'은 현실의 슬픔과 기쁨을 승화시켜 긍정적 의미의 장소로 변화시키는 원동력이 되고 있다.

① 비로소 가슴 울렁이고 / 눈에 눈물 어리어 / 차라리 저 달빛 받아 반짝

---

121) 진순애, 앞의 책, p.203.

이는 밤바다의 質定할 수 없는 / 괴로운 꽃비늘을 닮아야 하리. / 天下에 많은 할 말이, 天上의 많은 별들의 반짝임처럼 / 바다의 밤물결되어 찬란해야 하리. -<밤바다에서> 부분-

② 풀밭에 바람이 날리듯이 / 남쪽 바다에 햇살이 날리네. …(중략) … 사람들이여 / 이승과 저승은 어디서 잘린다더냐. // 풀밭에 바람이 흐르듯이 / 남쪽 바다에 햇살이 흐르네. -<한 景致> 부분-

위의 인용시편 ①②에서도 바다는 모두 빛의 이미지와 관련을 맺고 있다. 달빛이나 별빛은 햇빛과 더불어 그의 시에 등장하는 모든 빛의 원천으로 인간의 고통을 초월한 천상의 세계 혹은 화자의 슬픔이 해소되는 욕망의 도달처이다. 그곳은 근원적으로 도달할 수 없는 거리에 있지만 화자는 빛의 대리물인 '반짝이는 바다'를 통해 슬픔의 해소를 시도한다. 이처럼 박재삼의 시에서 바다는 죽음을 상징함과 동시에 재생의미가 부과된 공간인 것이다.

① 겨우 예닐곱 살 난 우리를 그리 사랑하신 南平文氏 夫人은 / 서늘한 모시옷 위에 그 눈부신 동전을 하냥 달고 계셨던 그와도 같이 / …(중략)… / 어이할까나, / 갈앉아지기로는, / 몸을 풀어 사랑을 나누기로는, / 바다밖에 죽을 데가 없었느니라. -<어지러운 魂> 부분-

② 죽은 남평문씨 부인의 / 밀물결 치마의 사랑에 / 속절없이 묻어버리게 마련인 / 모래밭에 우리의 소꿉질인 것이다. -<밀물결 치마> 부분-

③ 확실히 그때로부터였던가, 그 둘러썼던 비단치마를 / 새로 풀며 우리에게까지도 설레는 물결이라면 -<봄바다에서> 부분-

④ 혼도 어여쁜 혼은, 우리의 바다에 살아 바다로 구경나선 눈썹 위에서,

> 다시 살아 어지러울줄이야....../ 맑은 날, 바다 밑이 이 세상 아니게 기웃거려지는 閑麗水道를 크고 너른 꽃 하나로 느껴보아라.
> -<어지러운 魂> 부분-

위에 인용한 시편들에서도 볼 수 있듯이, 박재삼의 시에서 바다는 일차적으로 죽음이 이루어지는 공간이다. 그렇다면 왜 그에게 죽음의 장소가 바다여야만 했을까. 주지하다시피 '바다'(물)는 모성적 원형 공간으로서, 인간이 태어나기 이전—자궁으로도 비유되는—의 장소를 상징한다. 종교적으로도 물은 죄 씻음을 상징한다. 이러한 물의 이미지는 보편적인 원형상징으로 사용되면서 삶과 죽음, 만남과 이별, 동시에 이별의 극복과 부활(재생)이라는 정서를 함유한다.

①에 나타난 죽음의 기억은 '남평 문씨 부인'을 중심으로 하여 나타나지만, 그 바다는 '겨우 예닐곱 살 난 우리를 그리 사랑한 남평 문씨 부인'의 영혼이 살아있는 영원의 바다이다. '남평 문씨 부인'에 대한 화자의 추억은, '안자락으로 코 훔쳐주던' 부인의 치마가 물결로 비유된 그 바다에 스며들어 바다와 융합된다. 바다에 대한 모성적 상상력은 비극적 죽음의 공간을 사랑의 공간으로 전이시킨다. 따라서 바다는 생명의 소멸과 생명의 탄생이 동시에 일어나는 시적 공간이다. 또한, ②③에서 보이듯 비단치마를 둘러쓰고 바다에 빠져 죽은 부인은 치마를 푼 것처럼 설레는 물결로 우리에게 다가온다. 치마에 대한 그리움은 부인에 대한 그리움이기도 하다. 여기서 바다는 부드러운 흐름으로써 사랑과 그리움을 상징한다. 이처럼 바다에 빠져 죽은 '남평 문씨 부인'은 '사랑'과 긴밀히 연결되어 있음을 알 수 있는데, 이는 박재삼 시의 많은 부분을 차지하고 있는 사랑에 관한 다른 시들과도 연관된다. 곧, 시인이 큰 관심을 보이는 사랑은 존재를 있게 하는 근원적인 힘으로 파악될 수 있으며 모성원형과 관련된다. 그의 시에서 이와 같은 사랑의 근원적 모태로서의 바다는 유한한 인간세계를 초월하여 사랑으로 이루어진 초시간적인 공간이다. 그래서 그에게 바다는 무엇보다 삶과 죽음,

그 모든 것을 초월하여 나타나는 모성적 사랑의 공간이 되고 있는 것이다. ④에서 화자는 바다에서 부활하는 영혼을 발견한다. 부활의 장소인 바다는 꽃의 이미지로 비유된다. 이렇듯 박재삼 시에서 바다는 죽음의 표상인 동시에 죽음을 초월하여 재생으로 이입되는 통과점, 즉 비극성이 극복되는 영원의 공간이라는 것을 유추할 수 있다. 질베르 뒤랑은 그의 대표적 저서인 『상상력의 인류학적 구조』에서 바다를 '위대한 모성을 지닌 모체'로 보고 있다.[122] 인간에게 언제나 규칙적으로 반복되어 나타나는 현상이 있는 곳에서는 어디서나 본능과 원형이 문제된다. 융은 '본능이 인간으로 하여금 인간 특유의 생활을 영위하게 하는 것이라면, 원형은 인간 특유의 여러 성품을 형성하는 것'[123]이라고 말하고 있다. 박재삼의 '남평 문씨 부인'에 대한 유년의 추억으로 출발한 개인적 원형의식은 '남평 문씨 부인'의 영혼이 바다와 함께 하고 있다는 원형적 상상력에 바탕을 두고, 바다라는 영혼의 원형에 몰입하게 한다. 진순애는 '영혼의 원형으로서 바다이며, 근원공간이기도 한 바다는 나아가 생과 사를 묶는 구체적 공간이고, 영혼의 사슬이 되어 초월적 공간으로 살아있는 것'[124]이라고 설명한다. 한편, 모성적 인물의 죽음은 시적자아에게 있어 모태의 상실을 의미하지만, 이러한 정서는 여인의 부활을 통해 회복된다.

> ① 거기 정신없이 앉았는 섬을 보고 있으면, / 우리가 살았닥해도 그 많은 때는 죽은 사람과 산 사람이 숨소리를 나누고 있는 반짝이는 봄바다와도 같은 저승 어디쯤에 호젓이 밀린 섬이 되어 있는 것이 아닌것가.
> -<봄바다에서> 부분-

---

122) Gilbert Durand, Les Structures anthropologiques de l'imaginaire (Gallimart, 1960), pp.238～250 참조.

123) 이부영, 앞의 책, p.105 참조.

124) 진순애, 앞의 책, p.202.

② 또 어느 날은 그렇다! / 잠결에도 깬 정신이 남아 있더니, / 섬들이 갈 데 없이 그렇다! / 잊고 있었다 하자. 봄바다에 빠져죽은 / 꽃다운 사람을 잊고 있었다 하자. / 우리의 아쉬운 돌팔매가 안 닿던 / 짐작 안 간 바다의 출렁이는 죽음자리에서랴 // 얼마는 저승 쪽에 기울고 / 남은 얼마는 이승 쪽에 기운 / 눈부시어라 / 섬은 사랑의 모습이네.
-<섬> 부분-

③ 이윽고 누님은 섬이 떠 있듯이 그렇게 잠들리. / 그때 나는 섬가에 부딪치는 물결처럼 / 누님의 치맛살에 얼굴을 묻고 / 가늘고 먼 울음을 울음을 / 울음 울리라. -<밤바다에서> 부분-

엘리아데에 의하면, 물은 가능성의 우주적인 총체를 상징한다. 그것은 일체의 존재 가능성의 '원천'이자 저장고이다. 즉, 물은 모든 형태에 선행하며 모든 창조를 떠받치고 있다. 창조의 원형 중 하나는 큰 물결 가운데 갑자기 나타나는 '섬'의 이미지이다. 다른 한편, 물 속에 가라앉는 것은 무형태로의 회귀, 존재 미분화된 상태로 되돌아감을 상징한다. 부상은 우주창조의 형성행위를 재현하고, 수몰은 형태의 해체를 의미한다. 그렇기 때문에 물의 상징은 죽음과 재생을 모두 포함한다. 물에 닿는 것은 항상 부활을 의미한다.[125]

위에 인용한 작품들에서 바다의 이미지와 함께 등장하는 것이 '섬'이다. 섬은 문학적 언술 속에서 언제나 '가까운 것/먼 것', '일상적인 것/초현실적인 것', '현실/공상(이상)', '기지의 반복/미지의 모험' 등 '내/외'의 가장 첨예한 대립공간으로 이용되어 왔다.[126] 일반적으로 섬은 고립, 단절의 의미를 지니며, 바다의 풍랑으로 말미암아 언제나 시련을 당하는 곳이기도 하

125) Mircea Eliade, 이재실 역, 『이미지와 상징』(까치, 1998), pp.165～166 참조.
———. 이은봉 역, 『성과 속』, p.131.
126) 이어령, 『공간의 기호학』(민음사, 2000), p.364.

고, 유배지, 이상향, 작은 왕국을 상징하기도 한다. ①의 시에서 섬은 '죽은 사람과 산 사람이 숨소리를 나누고 있는' 삶과 죽음이 만나는 장소이다. ②의 시에서도 섬은 이승과 저승을 점유하는 공간이며, 영혼의 부활의지가 새겨진 곳이기도 하다. 바다를 향해 던지는 '돌팔매'는 봄바다에 빠져죽은 '꽃다운 사람'에 대한 그리움의 인식이자 그 대리적 행위이다. '잠결에도 깬 정신이 남아 있듯이' '죽은 자리에서'도 '꽃다운 사람'은 부활한다. 그것은 섬의 모습으로 재생되어 사랑의 눈부심을 전해주고 있다. 섬은 '꽃다운 사람'의 영혼이 부활한 상징공간이다.

박재삼의 시에서 '남평 문씨 부인'과 함께 모성적인 여성상으로 나타나는 것이 '누이'의 이미지이다. ③의 시에서는 죽은 누이에 대한 그리움과 슬픔을 노래하고 있다. 섬은 이미 자연의 일부가 아니라 화자가 그리워하는 누이와 일체가 되어 있다. 또한 화자의 마음은 그 기슭을 씻는 물결이 되어 있는 것이다. 박재삼의 시에서 수없이 등장하는 '남평 문씨 부인'은 때로는 어머니처럼 때로는 누나처럼 묘사되고 있다. 그리고 마침내는 바다 그 자체와 합일되고 있음을 파악할 수 있다.

이제까지 박재삼의 시에서 시적자아가 잃어버린 시간과 잃어버린 원형을 찾아가는 과정을 탐색해 보았다. 박재삼 시에서 유년심상은 개인무의식이 의식화된 원형이미지가 지배적 공간을 형성하고 있음을 볼 수 있었다. 향수의 근원으로서 어머니에 대한 회상공간은 시적주체가 꿈꾸는 이상세계로 표상된다. 박재삼은 또한 '물'과 '빛'의 심상을 통해 초시간적인 과거의 원형공간을 지향한다. 예컨대, 강의 심상을 통해 갈등과 고통에서 벗어나 초연의 경지로 나아가고자 하는 시의식을 보여준다. 특히 바다는 그에게 지배적인 원형공간으로 자리 잡고 있음을 확인할 수 있다. 바다이미지는 인간에게 있어 근원적 모태를 의미한다. 그에게 바다는 죽음과 부활의 의미공간이며 나아가 근원회귀로의 원형공간이다. 결국 박재삼에게 '물'은 단순히 물질이 아니라 순환을 통해 생명의 근원을 창조해 내는 원천과 모성으로서의 의미를 함축하고 있는 것으로 해석할 수 있다.

2) 박용래의 정신적 외상과 아니마의 표출

박재삼 시와 마찬가지로 박용래 시의 전편을 흐르며 시의 형상화에 밀접한 관련을 맺고 있는 것이 여성적 요소들이다. 그가 남긴 거의 모든 시편에서는 여성적 정조가 두드러지게 나타나는데, 이것은 단순히 시적화자가 여성이라는 의미가 아니라, 시에 나타나는 제재나 이미지들이 남성적이기보다는 여성적인 감수성에 의해 지배되고 있다는 뜻이다.

몇몇 연구자들도 지적한 바 있는 여성적 요소들(혹은 여성성)의 분석은 박용래 시의 특성을 밝히는 데 소홀히 할 수 없는 부분이다. 그의 시에는 눈물과 슬픔의 애상적 정서와 섬세하고 치밀한 감각적 언어 구사 등 여성적 특성이 두드러진다. 이러한 성향은 그가 외부현실을 아니마적 감수성을 통해 인식한 후 제재를 형상화한 것이라고 추측할 수 있다. 그에게는 타고난 여린 성품, 아름다운 고향의 산과 들판, 어머니와 누이의 헌신적 사랑, 그리고 이것들과 분리되어 객지에서 느껴야 했던 고독 등 아니마적 감수성의 발현을 가능케 하는 충분한 요인들이 있었다. 박용래가 그려낸 여성적 존재는 삶의 뿌리를 향한 그리움의 대상이며 생명의 근원에 있는 할머니, 어머니, 누이를 대상으로 설정되고 있다.

주지하다시피 본 절에서 시인의 내면의식을 살펴보기 위해 차용한 아니마는 융의 심층심리학의 개념인 원형의 한 부분이다. 융은 원형의 개념을 다양하게 설명하고 있지만 간단히 요약하면 그것은 우리에게 상상력을 불러일으키는 '원인 그 자체' 혹은 '주체'라고 할 수 있다. 즉, 구현의 가능성이자 인간 정신의 가장 깊은 심층을 지배하는 근본적 이미지인 것이다. 융은 이러한 원형을 궁극적으로는 진정한 '자기실현'을 위한 것으로 보았다. 자기실현은 다른 말로 '개성화(Individuation)'라고도 하는데, 이는 진정한 개성을 실현하는, 곧 그 사람 자신의 전부가 된다는 뜻이다.[127] 이것은 시인

127) 이부영, 앞의 책, p.119.

이 시를 쓰는 이유를 설명하는 데에도 적용될 수 있다. 박용래는 그의 산문 <오류동 散稿>에서 '한 편의 시는 나에게 무한한 위로를 줄 뿐더러 삶에 대한 무한한 용기마저 북돋아 준다. 현실과 꿈의 얼버무림, 한낱 틈도 없이 팽팽히 짜여진 이 현실과 꿈의 얼버무림이야말로 감동이다.'라고 언급하며 시작의 자기실현 기능을 긍정하고 있다. 실제로 박용래의 일련의 작품들은 융의 개념을 빌려 말하면 시인의 자기실현 과정 중에서 산출된 결과물이라고 할 수 있는데, 그의 시에 나타나는 원형적 심상이 대부분 여성성 즉, 아니마에 의해 지배되고 있다는 것은 주목할 만한 사실이다.

한편 김재홍은 박용래의 시가 여성 편향의 콤플렉스에 침윤되어 있다는 지적과 함께 감상의 범람, 유사한 이미지의 나열을 단점으로 들고 있다.[128] 박용래에게 콤플렉스가 있다면 그 대상은 어려서 죽은 '홍래 누이' 때문이라고 여겨진다. 그의 연보에 의하면 '홍래 누이'가 세상을 떠난 것은 박용래의 나이가 만 15세 되던 1940년의 일이다.

> 장터에서 일어난 시림(詩林)이 되기까지, 그의 연보에서 누구도 누락시킬 수 없는 사건은, 동기 이상의 이상적인 여인상이었던 홍래 누이와의 갑작스런 영결이었다.
>
> 놀뫼재 건넛마을로 시집을 갔던 홍래 누이가 초산의 산고로 이승을 뜬 것은 아무래도 너무 이른 2학년 이름이었다. 누이와의 사별은 그의 어러 작품에 떨리는 가락으로 스며 있을 정도로 여운도 긴 아쉬움이었다.[129]

단지 어릴 때의 충격적인 경험이 기억에 고착된 것인지, 아니면 다른 연유가 있는지 알 수는 없지만, 박용래의 작품에 죽은 누이를 묘사하는 경우가 많은 것은 사실이다. 열 살 가량 나이 차이가 있는 누이가 박용래에게는 어머니와 다름없는 여인상이었다는 것을 그의 많은 작품을 통해 엿볼 수

---

128) 김재홍, 『한국현대시인비판』(시와시학사, 1995), pp.480～494 참조.

129) 이문구, 「박용래 약전」, 『먼 바다』(창작과비평사, 1984), p.241.

있다. 이문구가 윗글에 이어 인용하고 있는 <하관>이라는 작품은 1970년에 발표된 것이므로, 만약 이 작품의 하관이 누이의 죽음에 대한 묘사라면, 적어도 실제의 죽음으로부터 30년을 건너와 여전히 시인의 마음에 살아있는 누이의 모습을 그리고 있는 셈이다.

> 나는 개펄의 시들은 갈대, 너도 같은 개펄의 시들은 갈대. 누님이 가슴으로 부르던 「시든 갈대」. 불평 한마디 모르던 누님. 앞가리마 검은 치마. 수정돌, 분꽃에는 뜨물이 좋다든가, 아침, 저녁 쌀 씻은 뜨물을 꽃밭에 부으시던 홍래(鴻來) 누님. 꽈리 부는 누님의 등에 업혀서 보던 옥수수밭에 뜨던 달. …(중략)… 정구에 미치다시피한 내게 미소지으며 도시락을 챙겨 주던 누님. 내가 소학교 때 성적이 좋았던 것도 누님의 덕분이다. ……그 홍래 누님이 시집가서 1년도 못돼 세상을 떠났다. 산후 대출혈. 슬픈 전갈은 야심, 강 건너 마을에서 왔다. 어머니는 가슴을 치며 길길이 뛰시다 기절을 하고 아버지는 온 울안을 대낮처럼 등불로 밝히고 혹시나 기적을 기다리며 밤을 새웠다. 중학교 2학년 나는 울지도 못했다. 시퍼렇게 얼어붙은 강심만이 원망스러웠다. 누이 죽고 3년, 꿈에서 보았다. 하얀 창포였다. 역시. 달보다 높은 뒷산 팽나무 밑에서 처음 울었다. 그날.[130)]

박용래는 '이 모양 지을 수 없는 슬픔의 싹은 어느 날, 갑작스런 홍래 누님의 죽음과 연관되어 오래도록 나의 신변을 지배해 왔다.'고 회상한다. 이 사건은 시인에게 크나큰 '정신적 외상(psychic trauma)'을 가져오는 계기가 된다. 심리학에서 말하는 '정신적 외상'은 어떤 감정적 충격 같은 것이며, 이로 말미암아 의식으로부터 정신의 일부가 떨어져 나간 것이다. 가장 흔한 원인은 물론 도덕적인 갈등인데 이것은 그 궁극의 이유가 인간존재의 전체를 긍정하는 것이 불가능한 것처럼 보이는 데서 생기는 것이다. 정신적 외상은 시간의 단절을 만들어내는 '충격' 경험이 되곤 한다. 누이에게서

---

130) 박용래, 앞의 책, p.17.

비롯된 죽음의식과 어린시절의 가난이 한으로 확대되어 그의 시를 지배하는 요소가 되었다고 유추해 볼 수 있다.

서정시의 여성적 특성은 장르적 속성일 뿐만 아니라 또 오랫동안 이어져 온 하나의 문학적 관습이다. 고전시가부터 현대 전통 서정시에 이르기까지 여성은 시의 주체로서 또는 객체로서 시의 중심 내용을 이루는 경우가 많다. 즉 화자, 어조, 리듬, 시어, 이미지의 차용 등으로 여성적인 것은 다양한 층위에서 나타난다. 현대시에서 이런 여성성의 지향이나 추구는 또한 유토피아를 지향하는 의식과도 밀접한 관련이 있다. 그것은 역설적으로 그 시대가 간절히 유토피아를 추구하는 위기의 시대일수록 여성성의 추구가 두드러진다. 전후의 혼돈과 무질서, 불안과 위기의식은 영속적이고 근원적인 것을 추구하게 하였으며, 이것은 50년대 서정시인들로 하여금 자연스레 여성적인 것에 이끌리게 하였을 것이다.

박용래 본인은 자신의 시의 출발이 어떤 패배감에서 비롯된 것일지도 모른다고 에세이에서 밝히기도 하였다. 그렇기 때문에 자신의 근원적인 고독과 절망에서 비롯하여, 이후 줄곧 그 자신을 시적 서정의 대상으로 삼은 일련의 자아탐구의 시를 쓰게 된 것으로 판단된다. 박용래의 시에는 여성적 심상인 '꽃, 어둠, 물, 눈물' 등이 주류를 이루고 있고, 한의 정조와 그리움의 정서를 일깨우는 것이 많아 여성 편향이라는 평을 자주 듣는다. 앞에서도 살폈지만, '여성 편향이란 문학 작품 가운데 내용 정조나 소재면에서 여성이미지를 부각시키고 분위기나 토운을 여성 취향화하여 밀도 있게 고조시키거나, 작중 인물을 여성으로 설정하여 특별한 효과를 거두는 성향'[131]을 지칭한다. 박용래의 시에서 자주 보이는 꽃이나 새, 풀 등 아주 작은 사물들에 대한 연빈과 사랑의 감정 역시 아니마적 감수성이 대상에 투영된 것이라고 할 수 있다.

아니마는 박용래의 작품을 관류하는 특성이지만 시의 주제나 제재에 따

131) 김윤식, 「한국시의 여성적 편향」, 『근대한국문학연구』(일지사, 1975), p.278.

라 다양한 양상의 이미지로 나타난다. 그러한 여성성의 표출을 단순히 의식작용만의 소산이 아닌 무의식 속에 잠재된 시적자아, 즉 원형의 표출이라고 보고, 무의식의 일면을 고찰함으로써 박용래 시의 원형을 밝힐 수 있을 것이다.

박용래가 소멸해 가는 작은 것들에 대해 사랑과 연민의 감정을 쏟아 부을 수 있었던 것은 그의 천성 때문이기도 하겠지만, 이미 언급했듯이 박용래의 많은 시에 나타나는 여성적 정조는 누이와 밀접한 관련을 맺고 있다. 즉 누이에게서 느꼈던 사랑의 감정이 뒷날 그가 시를 통해 여성적인 것들의 본질을 형상화시키는 데 기여하고 있는 것으로 여겨진다. 아니마 원형은 자아 스스로가 그 존재를 인정하지 않는 한 외계로 투사되며, 흔히 그 투사의 대상이 가까이에 있는 여인을 향하기 쉽다는 점에 비추어 볼 때, 박용래에게는 실제로 그의 누이가 아니마의 투사 대상이었다고 판단할 수 있는 것이다.

> 梧桐꽃 우러르면 함부로 怒한 일 뉘우쳐진다.
> 잊었던 무덤 생각난다.
> 검정 치마, 흰 저고리, 옆가르마, 젊어 죽은 鴻來 누이 생각도 난다.
> 梧桐꽃 우러르면 담장에 떠는 아슴한 대낮.
> 발등에 지는 더디고 느린 遠雷.

그의 작품에는 과거의 시간을 통해 행복과 불행을 동시에 겪는 두 개의 분열된 자아가 존재한다. 즐거워야 할 과거로의 회귀는 그곳에 있어야 할 이상적 여인의 부재로 인해 슬픔으로 바뀐다.

위의 시 <담장>에서 시적화자는 담장에 핀 '오동꽃'을 우러르면서 과거의 기억 속에 있는 죽은 누이를 떠올리고 있다. '오동꽃'은 시인의 그리움을 자극하는 상관물, 즉 누이에 대한 기억을 되살리는 매개체의 역할을 한다. 화자에게 죽은 누이에 대한 기억은 '함부로 노한 일'에 대한 후회를 가져오며, 이러한 자책감은 '무덤'의 심상과 맞닿아 죽음으로 인해 돌이킬 수 없는 슬픔을 불러일으킨다. 여기서 '오동꽃'과 화자와의 관계를 유추해 보면 '오동꽃'이 시인의 무의식 속에 잠재하고 있다는 사실을 알 수 있다. 따라서 '오동꽃'을 우러르는 행위는 다름 아닌 죽은 누이에 대한 기억, 곧 시인의 무의식에 깊이 가라앉은 기억을 끌어올리는 행위인 것이다. '검정치마, 흰 저고리, 옆가르마'를 한 홍래 누이의 젊었을 때의 모습이 오동꽃의 상징적 형태로 나타난다. 우리 민속에서는 딸을 낳으면 울안에 오동나무를 한 그루 심었다가 시집갈 때 베어서 장롱을 짜주는 풍속이 있었다. 전통적으로 혼기에 있는 젊은 여성과 관련된 나무가 바로 오동나무였다는 것을 생각하면, '오동꽃'은 죽은 누이를 떠올리기에 충분한 매개물이 될 수 있었을 것이다.

융은 개인의 삶에서 만난 우연한 사물들에 대해 특별한 느낌을 갖고 관찰하는 것은 개인의 무의식 안에 존재하는 원형이 작동하기 때문이라는 견해를 보였다. 융의 용어로 말하면 시인의 내부에 있던 아니마의 인격이 외계의 사물에 투사된 것이다.[132] 이 시에서의 중심 이미지인 '오동꽃'은 바로 시적자아의 아니마의 표상이다. 꽃은 본질적으로 피고 지는 생명의 순환과, 죽음·재생의 원형상징이다. 그러나 인간의 삶과 죽음은 피고 지는 꽃처럼 다시 재생될 수 없다. 그 '오동꽃'을 우러르면서 시인은 존재의 유한성을 자각하고 있는 것이다. 여기에서 우리는 '담장'의 이미지에 주목할 필요가 있는데, 말 그대로 담장은 안과 밖을 나누는 경계이다. 그것은 맞닿을 수 없는 삶과 죽음, 혹은 과거와 현재를 구분하는 기능을 한다. 실제로 박용래 시인은 그의 수필에서 이 '담장'을 '죽은 누이와의 거리'라고 말하고 있다.

---

132) 융은 이러한 관계를 연구하면서 동시성(synchronicity)이라는 개념을 제시했다. 이 용어는 서로 인과적으로 연관되지 않는 내적 사건(anima적 감수성이나 내향적 성격)과 외적 사건(투사된 사물)의 '의미 있는 우연의 일치'를 뜻한다. / 이부영, 앞의 책, pp.316~318 참조.

> 오동나무와 꽃과 햇빛과 새—이 지극히 압축된 거리가 대문을 닫고 있어도 때때로 우리 가난한 여섯 식구를 한없이 즐겁게 해준다. 하나 한번 가버린 나의 철없던 소년기, 혼기를 놓치고 젊어 죽은 홍래(鴻來) 누이와의 거리만은 아무리 담장에 힘을 주어 당겨봐도 멀고 아득하기만 하다.[133]

그러한 과거와 현실, 삶과 죽음의 도달할 수 없는 아득함을 시인은 '아슴한', '더디고 느린 원뢰'로 표현하고 있다. 그것은 바로 그리움의 빛깔이며, 하늘에서 내려오는 우주적 소리인 것이다.

> 누이야 가을이 오는 길목 구절초 매디매디 나부끼는 사랑아
> 내 고장 부소산 기슭에 지천으로 피는 사랑아
> 뿌리를 대려서 약으로도 먹던 기억
> 여학생이 부르면 마아가렛
> 여름 모자 차양이 숨었는 꽃
> 단추 구멍에 달아도 머리핀 대신 꽂아도 좋을 사랑아
> 여우가 우는 秋分 도깨비불이 스러진 자리에 피는 사랑아
> 누이야 가을이 오는 길목 매디매디 눈물 비친 사랑아.

위의 시 <구절초>에서도 '구절초'는 객관적 상관물로 누이의 이미지와 등가를 이룬다. 구절초라는 동일한 대상에 대한 여러 가지의 체험이 감각적으로 형상화되어 있다. 이렇듯 구절초에 대한 화자의 기억은 다양하지만, 화자에게 구절초는 '누이'와 연결될 때 가장 의미 있는 존재가 된다. 구절초는 곧 누이를 환기시키고, 따라서 누이의 모습을 구절초의 다양한 모습을 통해 형상화시켜 놓은 것이다. '구절초 매디매디 나부끼는 사랑아'라는 표현처럼, 죽은 누이에 대한 사랑은 화자의 마음속 마디마디에 슬픔으로 어려 있다. 박용래가 누이의 죽음을 소재로 하면서 구절초를 제재로 선택

---

133) 박용래, 앞의 책, p.102.

한 것은 이러한 선택 과정에 아니마가 개입했기 때문이다. 이것은 외부현실의 객관적 인식이 아니라 시인의 내면적 자기인식의 모습이라고 할 수 있다. 그는 구절초를 통해 오직 여성적인 것들의 특징만을 보고 있다. 이러한 여성성은 구절초에서 꽃으로서의 의미보다는 누이의 모습을 읽어내게 한다.

이처럼 박용래의 시적 공간에서 꽃의 이미지는 그의 원형적 상상력의 원천이자 여성성의 발현체—곧 아니마 원형의 표출이다. 그리하여 그의 작품에서 꽃은 관념적 실체를 드러내기 위한 추상적 기호가 아니라 하나하나의 구체적 사물로 제시되면서, 사랑하는 사람의 얼굴을 상징하고 있는 것이 특징이다.

꽃을 대상으로 한 작품 중 <엉겅퀴>를 보자.

잎새를 따 물고 돌아서잔다
이토록 갈피없이 흔들리는 옷자락

몇 발자국 안에서 그날
엷은 웃음살마저 번져도

그리운 이 지금은 너무 멀리 있다
어쩌면 오직 너 하나만을 위해

기운 피곤이 보랏빛 홍분이 되어
슬리는 저 능선

함부로 폈다
목놓아 진다.

꽃은 박용래의 시 작품에서 근본적이고도 중심적인 제재라 할 수 있다.

앞에서 살폈던 <담장>에 등장하는 '오동꽃'이나 '구절초' 이외에도 '감꽃, 과꽃, 국화꽃, 꽃창포, 민들레, 밤꽃, 앵두꽃, 살구꽃, 상치꽃, 접시꽃, 제비꽃' 등 수많은 꽃들이 등장한다. 박용래 시에서의 꽃은 여성성의 원형으로 표상되며, 단순히 아름답다는 그 자체를 넘어 그 존재성에 의미를 지니고 있다.

<담장>이나 <구절초>에서 죽은 누이의 이미지가 꽃에 투영되었듯이, 위의 시에서도 좌절된 사랑의 아픔을 '엉겅퀴'라는 꽃에 투사하여 노래하고 있다. 이 시에서 주목해야 할 것은 자아를 중심으로 형성된 이원적 대립 구조이다. 곧, 현재 시간인 '지금'과 과거의 시간인 '그날'이 시적 공간을 확보하면서 이미지 형성에 기여한다. 지나간 시절—그날에 대한 그리움으로 마음은 '갈피없이 흔들리'지만, '그리운 이'는 지금 '너무 멀리' 있어 그에 대한 사랑은 이미 불가능한 사랑임을 암시하고 있다. 화자에게 이런 사랑의 좌절과 그리움은 잊으려 하나 잊을 수 없는 갈등과 번민을 불러일으킨다. 과거에 이별한 화자의 슬픈 감정이 현재 목놓아 지는 엉겅퀴 꽃잎에 그대로 투사된다. 그리하여 그리운 이와 이별하는 슬픔과 엉겅퀴의 낙화가 동일한 의미로 화자에게 받아들여지고 있는 것이다.

강경자는 그의 논문에서 박용래가 사용한 시각적 이미지 중 '보랏빛'이 갖는 의미에 주의를 기울일 필요가 있다[134]고 말한다. 박용래가 사용한 시각적 이미지는 밝은 색보다는 어두운 색깔을 통해서 나타나는데 주로 황토색과 보라색이다.

> 병든 서울, 병든 서울은 단순하게만 자란 그래도 조금은 행복한 나에게 처음 고독을 알게 했다. 달개비의 보랏빛이 그립고 황토빛이 그리웠다.[135]

---

134) 강경자, 「박용래 시 연구」, 고려대학교 교육대학원, 석사학위논문, 1995, pp.15～16.

135) 박용래, 앞의 책, pp.45～46.

> 저는 어릴 때 오랑캐꽃 보랏빛을 좋아했습니다. 책갈피에 오랑캐꽃을 접어서 심심할 때는 골똘히 들여다보곤 하였습니다. 친구에게 오랑캐꽃을 넣은 편지도 띄웠습니다. 누이가 입은 옷 중에서도 엷은 보랏빛의 메린스 치마가 한결 산뜻해 보였고 학예회가 있는 가을, 넓은 강당에 내려뜨리던 현수막도 보랏빛. 그 무렵 우리들이 읽던 소년 잡지의 삽화에 나오던 소녀상도 보랏빛. 다께히사 유메지가 그리던 젖은 듯한 속눈썹은 잊을 수가 없습니다. 그것은 하염없는 그리움, 꿈이었습니다.[136]

박용래가 자전적 에세이에서 밝힌 것처럼 그는 보라색을 매우 좋아했고 또한 감상적인 색깔로 받아들였음을 알 수 있다. 색채심리학에서도 보라색은 신비스러운 색으로 나타난다. '보라색은 그의 비밀을 숨기면서 명상적이고 신비적인 사고를 나타낸다. 또한 슬픔, 우울, 위엄의 충만을 나타내기도 한다.'[137]는 이론에 비추어보면 박용래가 유난히 보라색을 선호했던 까닭을 이해할 수 있을 것 같다. 그의 고백처럼 어렸을 때는 동경의 빛깔이었던 보라색이 어른이 되어서는 이루지 못한 꿈에 대한 좌절을 상징한다. 그러므로 위의 시 <엉겅퀴>에서 보랏빛의 상징성은 이루지 못한 꿈에 대한 동경과 그리움일 뿐만 아니라 그리운 이와 떨어져 있는 소외의식의 비애와 관련지을 수 있다.

넷째 연의 '기운 피곤이 보랏빛 홍분이 되어'의 비유적 이미지는 그리움에 지친 '기운 피곤'과 버릴 수 없는 그리움의 '보라빛 홍분'이라는 양가적 감정의 복합체이다. 이런 이중적 이미지는 마지막 연에서 다시 나타나는데, '함부로 폈다/ 목놓아 진다'는 표현은 피었다 지는 엉겅퀴 꽃잎이면서 동시에 좌초된 사랑 앞에서 목놓아 우는 주체의 아픈 모습이기도 하다.

아름답고 순수한 것을 갈망하는 많은 시인들에게 '꽃'은 '순수한 아름다움의 세계'에 대한 표상이다. 또한 피고 지는 꽃의 속성은 존재론적 인식의

136) 위의 책, p.135.

137) 유관호, 『색채 이론과 실제』(청우, 1985), p.132.

대상이 되기도 하고, 그리움과 동경의 상징이 되기도 하며, 때로는 사랑하는 사람의 얼굴이 되기도 한다. 그 어떤 경우든 '꽃'이라는 사물은 그것을 시적 대상으로 선택한 시인의 의식지향에 있어 '여성성'의 발현체임은 두말 할 나위가 없다. 박용래 시에서 시인의 아니마적 특성은 '죽은 누이'에 대한 그리움으로 드러나며 이는 또 다양한 꽃 이미지로 변용되고 있음을 확인할 수 있다.

박용래의 시에는 앞서 살펴본 고향심상과 더불어 모성의 이미지가 큰 비중을 차지한다. 그런데 시인에게 모성회귀의지는 향수와 마찬가지로 특별한 주제는 아니다. 다만 무의식의 연구 차원에서는 모성 원형이 그의 삶 전반에 끼친 영향과, 원형적 양식이 어떻게 표출되는가를 탐색하는 데 역점을 두게 된다. 어머니가 아들에게 아니마의 원천이 된다는 것은 이미 상식화된 사실이다.

반쯤은 둔벙에 묻힌
菖蒲 실뿌리 눈물 지네
맨드래미 꽃판 총총 여물어
그늘만 길어 가네
절구에 깻단을 털으시던
어머니 生時같이
오솔길에 낮달로 섰네.

위의 시 <낮달>의 중심 모티프는 제목 그대로 '낮달'이다. 달은 우주적 생성의 원형으로서 그 상징성을 지니는데, 생성의 근원이 해가 아니라 달이라는 점은 달이 곧 여성성에 비유되는 것과 무관하지 않다. 또한 달은 저절로 성장하고 쇠잔해 가면서 변화를 거듭하는 우주 순환원리의 주체로서, 물과 습기와 식물의 성장을 지배하는, 요컨대 온갖 생명의 성장을 맡아보는 원형이다. 종교체계와 신화체계 속에서도 달의 주기성의 원리와 여성원리는 다같이 생산력과 풍요, 생성과 죽음, 부활 혹은 갱신이라는 이른바 여성성의 원형상징적인 의미를 갖는다. 이 원형이 인간의 형태를 취한 것이 지상의 여성이라고 할 수 있다. 바슐라르는 '달은 시적 세계에서 형식적 존재이기에 앞서 물질이며 꿈꾸는 사람에게 스며드는 하나의 흐름'이라고 말한다.

이러한 달의 속성을 근거로, 위의 시에 나타나는 심상들의 추이를 살펴보면, 대부분 아니마 성향의 이미지들로 이루어져 있음을 보게 된다. '둔병'은 물의 속성을 함유한 여성이미지이다. '창포' 또한 우리 민속에서 창포물에 머리 감는 전통과 더불어, '뿌리'가 표상하는 근원적인 이미지와 함께 여성성을 나타낸다. '맨드래미 꽃판', '절구에 깻단을 털으시던 어머니' 등도 여성성을 띠는 이미지이다. 그런데 이 시의 핵심은 '어머니 생시같이/ 오솔길에 낮달로 섰네'의 마지막 두 행에 집중되고 있다. 오솔길은 세상으로 향한 보편적인 길이 아니라, 세상 뒤에서 보이지 않는 소박하며 외로운 길의 이미지이다. 그 자체로도 이미 여성성을 갖는다. 화자가 '낮달'에서 어머니의 모습을 떠올린 것은, 망향의 감정을 표출한 것으로 해석할 수 있다. 오솔길에 서있다는 것은 화자가 과거 어린 날, 아들의 길잡이였던 어머니를 회상하고 있음을 유추해 볼 수 있다. 어머니는 바로 화자의 현실을 이끌어 가는 힘의 원천이며 고달픔을 극복하게 하는 구원의 표상인 것이다.

이제까지 살펴본 바, 이 시에 나타난 심상들은 달의 원형적 상징구조에 근거해서 '달-물-여성' 혹은 '물-식물-여성'으로 이어지는 여성성의 원형 상징적 구도를 갖는다. 하늘에는 낮달이 떠 있고, 지상에는 반쯤은 둔병에 묻힌 창포와 그늘이 길어가는 맨드라미 꽃판이 있다. 또한 오솔길에는 '절구에 깻단을 털으시던 생시의 어머니'가 서 계시다. 천상의 존재인 '낮달은 오솔길로, 어머니로, 맨드래미로, 창포뿌리로, 둔병으로 이미지 전이가 일어나게 하는 지배소'[138]로서 작용하고 있는 것이다. '달-물-여성'의 은유적

138) 진순애, 앞의 책, p.169.

상징성은 오랜 세월 동안 인류가 추구해 온 풍요와 다산성으로 볼 때 하나의 원형을 이루는 은유적 대응관계 중의 하나이다. 이처럼 박용래의 시는 자연의 상징적 이미지를 근간으로 하고 있는데, 자연은 곧 그것과의 동일화를 지향하는 이 시인에게 원형의 세계로서 존재한다.

박용래 시의 제재들은 꽃이나 풀 따위의 식물이미지가 대다수를 차지한다. 이러한 식물적 심상은 한국인이라면 누구나 느낄 수 있는 일정 수준의 공통적 정서를 환기시키므로 공감의 폭을 그만큼 넓게 확장시킬 수 있는 이점을 갖는다. 또한 이러한 제재들은 그의 시를 향토적 색채로 물들이는데 자연스럽게 기여한다. 이러한 제재의 사용을 단순히 경험적 자아의 직관이나 우연에 의한 것으로 간주해 버릴 수도 있겠지만, 사실은 이들을 포괄하고 있는 시인의 총체적인 마음의 구조 안에서 생기는 것이다. 곧, 무의식의 아니마원형이 이러한 제재의 선택에 영향을 끼치는 것이라고 해석할 수 있다.

바닥 난 통파

움 속의 降雪

꼭두새벽부터

降雪을 쓸고

동짓날

시락죽이나

끓이며

휘젓고 있을

귀뿌리 가린

후살이의

木手巾

위의 시 <시락죽>의 객체는 가난한 집으로 후살이 간 여인이다. 팥죽을 쑤어야 할 동짓날, '시락죽이나' 끓일 수밖에 없는 가난한 생활과 '꼭두새벽부터 강설을 쓰는' 힘든 삶을 구체화시키고 있다. 가정적으로도 경제적으로도 불행한 삶을 이어갈 수밖에 없는 이 여인은 시인의 산문 <겨울 밤, 모일, 서산>을 참조해 보면 후살이 간 지 얼마 되지 않아 초산의 산고로 목숨을 잃은 '홍래 누이'의 모습을 반영한 것이다. "유두분면에 섬섬옥수여야 할 누님은 갑자기 기운 가세에 꼭두새벽부터 찬물에 손을 적셔야 했다.……어스름한 새벽 목수건을 두르고 쌀을 씻는 여인의 모습은 봉선화 꽃잎처럼 애처로와 보인다."고 표현한 것으로 봐서 목수건의 주인공이 누이임을 추측할 수 있다. 그러나 이런 누이의 모습은 비단 시인 자신의 혈육으로서의 누이일 뿐만 아니라 질곡의 역사를 살아온 이 땅의 많은 누이들의 보편적 형상일 수도 있다. 그런 누이를 시적 대상으로 삼은 이 시에서 '바닥 난 통파', '움 속의 강설', '동짓날 시락죽', '목수건' 등의 심상은 후살이 하는 여인의 궁핍한 삶을 드러내기 위해 쓰인 매개체들이다. 그러나 여기서 화자의 시선이 가장 마지막에, 그리고 가장 오래 집중되어 있는 것은 '목수건'이다. 이 목수건은 소외된 시적자아를 대신하는 상관물로써 고통을 안으로 감내하는 여인의 뒷모습을 연상시켜 한층 애틋한 설움을 자아낸다. 이 목수긴의 이미지는 다음의 시 <앵두, 살구꽃 피면>에도 나타난다.

앵두꽃 피면
앵두바람
살구꽃 피면
살구바람

보리바람에
고뿔 들릴세라
황새목 둘러주던
외할머니 목수건

이 시에서는 '목수건'이 외할머니의 사랑을 환기시키는 상관물이다. 외할머니는 추위를 막는 자신의 유일한 소유물인 목수건을 사랑하는 손자가 행여 감기에 걸릴까 봐 아낌없이 내놓는다. 시인은 모성의 사랑을 목수건 하나에 응집시켜 놓고 있다.

박용래가 이토록 '목수건' 이미지에 천착하는 것은 그의 시가 지향하는 세계가 '목수건'과 동질적인 의미를 지니고 있었기 때문일 것이다. 무슨 크고 화려하고 거창한 것이 아니라 가난한 여인의 눈물과 땀을 닦는, 추위를 덜어주는 그런 목수건과 같은 시, 이것은 그가 산문 <백지와의 대화>에서 "내게 있어 시란 무엇보다도 어머니 치마꼬리 같은 존재"라고 한 표현을 통해 확인할 수 있다. 이처럼 박용래 시에서의 '목수건'은 가난한 여인의 비애가 응집된 사물인 동시에 어떤 털목도리보다 더 진한 모성의 사랑이 배어 있는 시적 상관물로 묘사되고 있는 것이다.

아니마의 일부인 모성의 원형은 어느 남성에게나 거의 유사한 형태로 나타난다. 그것은 어머니나 연인, 누이, 딸의 모습으로, 대부분의 남성이 경험하게 되는 여성상이다. 박용래의 '모' 개념 역시 그의 어머니와 할머니, 누이를 모두 포괄하는 것이 타당할 것이다. 그의 어머니는 무남독녀였고, 박용래는 만득자(晩得子)여서 그의 외할머니가 그에게 쏟는 사랑은 각별한 것이었다.

박용래가 택하는 제재들은 한결같이 향토적인 요소를 갖추고 있는 것들이다. 그리고 그러한 향토적 제재들은 대부분 그의 유년시절과 관련된 사물들이다. 그는 에세이 <차일의 봄>에서 "무엇이든 어린 날의 기억이 묻어 있는 사물을 대하면 나도 모르게 나의 언어는 망향의 덫에 걸린다"고 말하고 있다. 그런 진술을 통해서 볼 때, 그의 내면의식을 지배하고 있는 것은 과거에 대한 기억이다. 또한 그는 소외된 사물들에 대한 애착이 남달리 컸으며, 자신의 처지와 동일시하여 더욱 사랑스러운 존재로 표출해 내고 있다. 제재들을 수용하는 데에도 여성적인 사랑과 포용, 정겨움, 연민을 통해 시로 형상화한다. 이러한 사물들에 대해 시인이 느끼는 감정은 기쁨보다는 연민의 정서가 우세하다.

다음의 시 <산견(散見)>을 보자.

해종일 보리 타는
밀 타는 바람

논귀마다 글썽
개구리 울음

아 숲이 없는 山에 와
뻐꾹새 울음

낙타의 등 기복 이는 구릉
먼 오디빛 망각.

이 시에 흐르는 정조는 소외와 연민의 슬픈 감정이다. 바람에 의해 이리저리 움직이는 보리나 밀의 모습은 고난과 격정의 상징으로, 시인의 내면 상태를 짐작하게 한다. 즉, 심상의 구조를 보면 '보리밭과 밀밭, 논귀, 산, 구릉'이라는 현실세계에 대해, '바람, 개구리 울음, 뻐꾹새 울음, 오디빛 망각'이 대칭적 구조를 이루면서 시적자아의 감정을 표현하고 있다. 즉 시인은 이러한 대상들에 자신의 슬픈 감정을 이입시켜 나타내고 있는 것이라 생각된다. 셋째 연의, '숲이 없는 산'에서 방황하는 '뻐꾹새'는 화자의 심리와 등가를 이루는데, 이는 시적자아의 분신으로 볼 수 있다. 자아가 현존하는 공간은 숲이 소멸된 곳이다. 숲이 없다는 것은 이곳에 온 뻐꾹새가 쉴 곳을 찾지 못하는 상태임을 나타낸다. 이 소멸된 공간에서 시인은 소외의식을 갖는다. 숲의 상징적 의미는 복잡하지만, 어느 경우에든 '여성원리 혹은 위대한 어머니가 보여주는 상징적 의미와 관련된다'[139]고 볼 때, 숲은 자아에게 안식을 주는 아니마의 원형적 공간이라고 할 수 있다. 그러므로 숲의 소멸은 아니마의 원천인 모태 상실의 비극을 암시하며, 시인의 연민의식을 불러일으킨다. 마지막 연에서도 시인은 '낙타의 등'처럼 기복이 일고 검붉은 열매인 오디빛처럼 어두운 내면세계를 상징적으로 나타내고 있다. 즉, 아름다운 세계를 잊고 있는, 심리적으로 멀어져 있는 상태를 나타내고 있는 것으로 해석된다.

새와 자아를 동일시하는 경향은 여러 곳에서 볼 수 있다. 박용래의 산문 <오류동 散稿>에도 "남들은 날더러 장 속의 새라고 한다…"며 '새'로 비유된 시인의 모습이 나타나고 있음을 볼 수 있다. 박용래의 새에 대한 연민을 나타내는 시에서는 새가 새장에 갇혀있는 이미지로 드러나는 경우가 많은데, <학의 낙루>에서는 '마른 학'으로, <바람 속>에서는 '맨땅의 비둘기'로, <제비꽃>에서는 '장 속의 새'로, <우편함>에서는 우편함에 갇혀 지향하는 세계로 날아가지 못한 새로 나타난다. 그러한 상황 설정은 시인에게 연민을 느끼게 한다. 이때 '갇힌 새'는 시인의 모습과 동일시하여 생각해 볼 수 있는데, 이는 무의식의 아니마가 투사되어 나타난 것으로 판단된다.

139) 이승훈 편, 앞의 책, pp.330~332 참조.

이상에서, 박용래 시에서 나타나는 아니마의 양상을 살펴보았다. 박용래 시의 여성성은 모성에 대한 그리움으로 나타나는데, 박용래 시 텍스트에서 '죽은 누이' 이미지는 빈번히 되풀이되는 여성상징이다. 그의 작품에는 과거의 시간을 통해 행복과 불행을 동시에 겪는 두 개의 분열된 자아가 존재한다. 즐거워야 할 과거로의 회귀는 그곳에 있어야 할 이상적 여인의 부재로 인해 슬픔으로 바뀐다. 누이의 죽음으로 비롯된 정신적 외상이 그의 아니마 표출에 많은 영향을 주었다고 판단된다. 이러한 정조는 그가 택하고 있는 소재나 주제 면에서 볼 때 곳곳에 그의 아니마원형이 투영되어 있음을 확인할 수 있다. 대체로 나타나는 정조가 여성적일 뿐만 아니라 취하는 대상이나 대상에 대한 연민이 모두 아니마의 보편적 특성에서 벗어나지 않기 때문이다.

3) 천상병의 존재인식과 모성회귀

천상병의 초기시에 드러나는 세계인식의 경향은, 앞 절에서 이미 살폈듯이 삶의 비극성에 있었다. 그의 세계인식의 태도는 삶의 구체적 현실과 만날 때 강하게 드러나는데, 그러한 구체적 현실은 그가 처해있던 가난과 소외의 체험이었다. 시인은 현실로부터 받은 상처와 좌절로 인해 분열된 자아의 모습을 '새'에 투사하여 자신의 지향점을 드러냈다. 시인의 아니마원형의 표출로 판단되는 새는 자유를 갈망하며 현실의 세계를 넘어선 초월의 세계를 향해 비상한다. 그 초월의 세계는 어떤 절대의 세계, 즉 막연한 지향점이지만 시인의 상상력을 통해 인식된 자유의 공간이며 또한 원초적인 영원세계이다. 그렇게 초월세계를 지향하는 시인의 의식은 '물', '나무', '고향' 등의 원형심상을 통해 현실세계와 화해의 공간을 마련한다.

천상병이 그의 작품을 통해 보여주는 상상력은 우리가 살아가는 현실세계에서 잃어버린 영원한 것을 우리들의 영혼에 불러일으키는 재생의 원동력이 되고 있다. 이러한 영원한 인간정신의 내면세계를 중요시하는 것은

20세기 문학의 한 특성이기도 하다. 우리가 살아가는 현실은 인간의 순수한 욕망에 응답하지 않는다. 그렇기 때문에 사람들은 병을 앓기도 하는데, 시인은 그러한 인간의 욕망을 상상력을 통해서 미학적인 기원으로 충족시켜 주고 있다. 즉 시인은 자기의 상상을 하나의 새로운 현실로 형성하는 것이다. 이러한 새로운 현실의 재생을 위한 천상병의 시는 원형비평적인 측면에서 반드시 고찰되어야 할 것이다.

천상병은 그의 작품에서 '물'의 원형심상을 통하여 인간존재에 대한 나름대로의 인식을 드러낸다. 시인은 특히 물의 본질에 대해 탐구하면서 원초적 모성에까지 그의 상상력을 확대시킨다. 직접적인 물의 형태인 '비, 강물, 이슬, 시냇물, 조류' 등과 물의 변형태로서 '울음, 구름, 술, 맥주, 막걸리' 등 물과 관련된 소재 또는 제재들이 그의 시에서 상당한 비중을 차지하고 있다. 천상병 시에서 물의 심상은 주로 정화, 모성회귀, 소외, 순수함, 죽음 등의 의미를 나타내는 것으로 분석된다.

물은 문학 작품에 반복해서 나타나는 원형상징의 하나이다. 물은 창조의 신비, 죽음, 소생, 정화와 속죄, 풍요와 성장의 상징이며, 융에 의하면 무의식의 가장 일반적인 상징 가운데 하나이다. 앞서 살펴본 박재삼의 시에서 물은 모성적, 회귀적, 근원적인 것으로의 지향을 의미하는 보편적인 원형상징이었다. 그는 죽음과 재생과 초월을 상징하는 바다와, 강물의 본질적 속성인 '흐름'을 통해 인간의 삶이 물의 흐름과 같은 것이라는 일반적인 원리를 보여주었다. 그에 비해 박용래 시에서 물은 아픔, 고통, 비천함, 울음, 방황, 회한 등에 관계되는 한편, 자연심상으로써 하늘의 물과 정서적 상관물인 인간의 눈물이 연결되어 흐름의 속성을 띠고 있다.

천상병의 초기시에 나타나는 물은 죽음을 염두에 둔 허무의식을 드러낸다. 이러한 허무의식은 현실에 대한 좌절에서 기인한 것으로 보이지만, 근원적으로 인간존재에 대한 본질적 인식에서 비롯된 것이라고 할 수 있다. 천상병은 근원적으로 '인간은 유한한 존재'라는 인식을 가지고 있었다. 이로부터 야기된 절대적 허무의식은 '물'이미지를 통해서 제시된다. 강물이

종내는 바다로 가듯 우리의 삶도 궁극적으로는 죽음으로 향한다고 본다. 강물의 흘러감을 통해서 시간적 존재인 인간의 한계를 드러내며, 강물이 흘러가는 모습과 삶을 연결하여 인생의 본질로서의 허무를 조명하고 있다.

시 <강물>을 보도록 하자.

강물이 모두 바다로 흐르는 그 까닭은
언덕에 서서
내가
온종일 울었다는 그 까닭만은 아니다.

밤새
언덕에 서서
해바라기처럼 그리움에 피던
그 까닭만은 아니다.

언덕에 서서
내가
짐승처럼 서러움에 울고 있는 그 까닭은
강물이 모두 바다로만 흐르는 그 까닭만은 아니다.

이 시에 쓰인 물의 심상은 '강물', '바다', '울음' 등인데, 이것들은 강물이 흘러가는 모습을 삶과 연결하여 인생의 본질로서의 허무감을 인식시키는 것이다. 이 시에서 지속적인 물의 흐름은 서정적 아름다움을 형상화하는 것이 아니라 끝없이 흘러가 되돌아 올 수 없음을 일깨운다.

천상병은 그의 산문집에서 이 시의 창작 동기를 다음과 같이 밝히고 있다.

…어느 추석날 마을 뒷산에 올라가 바다를 바라보며 명상에 잠겨 있는데 어디에서 우는 소리가 들려왔다. 소리나는 쪽을 향해 바라보니 무덤이 몇

> 개 있는데 사람들이 절을 하면서 울고 있는 것이었다. 그때 나는 죽음을 생각했고 무덤도 생각하며, 그 느낀 감정을 옮겼는데 그것이 첫 추천시 <강물>이었다.[140]

강물의 흐름이란 시간의 흐름이고 근본적으로는 인생의 흐름을 상징한다. 존재의 실체를 끊임없이 변모시키는 근원적 운명을 지닌 물은 유동적 이미지이다. 인간존재 자체가 흐르는 물의 운명을 닮고 있기 때문에 물의 심상은 무엇보다도 우리들의 본질 가까이에 있다고 말할 수 있다. 그러므로 강물의 흐름은 마침내는 죽음, 즉 인생의 소멸을 의미한다. 강물의 흘러감을 통해서 시간적 존재인 인간의 근원적 한계를 드러낸 것이라고 하겠다. 물에 대한 시인의 원형적 상상력이 물의 물리적 이행과 매우 밀접한 관련성을 맺고 있음은 주목할 만하다. 강물과 같이 근원적인 현상계의 흐름은 곧 인간의 삶의 유한성에 대한 존재론적 인식에서 확인되는 어쩔 수 없는 흘러감이다. 물의 흐름이 마지막으로 도달하는 곳, 즉 바다에 이르면 이는 더욱 확연해진다. 이 시에서 '바다'는 강물의 흐름이 끝나는 곳이며, 아울러 죽음의 심상으로 쓰이고 있다. 화자는 죽음과 관련된 정황을 바라보면서 인생의 의미에 대하여 질문을 던진다. 그리고 각 연의 서술어 '아니다'라는 부정어법을 사용하여 그가 던진 물음이 갖는 심각한 의미의 폭을 한층 넓히고 있다. 지난 날 강물의 흘러감에 울었고, 지금도 울고 있다는 것으로 보아, 삶이 그만큼 고달프고 힘들며, 궁극적으로는 허무한 것이라는 심중을 드러낸 것으로 해석할 수 있다.

화자가 언덕에 서서 울고 있는 것은 사실은 인간이 태어나면서부터 지닐 수밖에 없는 죽음에 대한 슬픔과 두려움, 그리고 사후의 세계에 대한 두려움으로 얻게 되는 생득적인 슬픔 때문이다. 천상병의 원형적 상상력은 존재에 대한 근원적 슬픔에서 비롯되고 있다. 이는 천상병이 물에 대해 내밀

---

140) 천상병, 『괜찮다 괜찮다 다 괜찮다』(강천, 1990), pp.38~39.

한 시적 통찰력을 가지고 있었던 시인이었음을 말해주고 있는 것이다. 그러나 초기의 시에서 흘러가는 물의 흐름이 서정적인 아름다움보다는 허무의식으로 나타나고 있는 것은 그가 갖고 있는 세계인식이 다소 폐쇄적이었음을 입증한다고 하겠다.

천상병의 중기시에 오면 물의 이미지는 '계곡물, 시냇물, 비, 바다' 등의 형태로 변모하여 나타난다.

평면적으로 흐르는 의젓한 계곡물.
쉼 없이 가고 또 가며,
바다의 지령대로 움직이는가!
나무뿌리에서 옆으로 숨어서 냇가에 이르고,
냇가에서 아래로만 진군하는 물이여

사랑하는 바위를 살짝 끼고,
고기를 키우기도 하며,
영원히 살아가는 시냇물의 생명이여!

앞서 살펴본 <강물>에서와는 달리 이 시 <계곡물>에서 시적자아의 세계인식은 '물의 영원성'에 근원을 두고 있다. 1연의 '평면적으로 흐르는 계곡물'은 자신의 의지대로 흐르는 것이 아니라 '바다의 지령'을 통해 움직인다. 그것은 바다에서부터 시작된 물의 움직임이다. 이는 물의 순환구조에 근거한 것으로 해석할 수 있는데, 지구 위의 모든 물의 흐름을 움직이고 조정하는 것은 태초의 물이며, 곧 우주의 근원을 의미하기 때문이다. 이러한 바다의 지령으로 움직이는 물의 흐름을 평면적으로 흐른다고 표현했지만 실상은 '아래로' 흐르고 있다. 그것은 '바다→계곡물→냇가→시냇물'로 내려오는 '물'의 근원을 찾아가는 화자의 시선을 통해 알게 된다. 여기서 바다를 향해 흘러가는 계곡물은 시적자아가 삶의 원초성을 향한 동경을 드러내고 있는 원형심상으로 파악된다. 이 원초성은 인간의 무의식에서 발원되는 것으로 영원한 것이며 또한 모든 것을 포용하는 모성적인 것이기도 하다. 그것은 계곡물이 단순히 아래로 하강만을 하는 것이 아니라 '나무뿌리'로, '바위'로, '고기'로 옮겨가면서 그들에게 새로운 '생명'을 불어넣고 있다고 사유하는 데서 알 수 있다. 이는 곧 모든 생명이 물에서 태어난다고 생각하는 물의 가장 원초적인 모성 원형과 일맥상통한다. '계곡물'이라는 물질을 통해 시인의 상상력은 '바다→영원→생명'으로 이어져 마침내는 원초적 모성에까지 이르게 되는 것이다. 생명의 원천을 물에 두는 것은 물이 지니는 원수(源水)로서의 생생력(生生力)이 여성의 생식력과 관계되기 때문이다. 그래서 물은 흔히 모성의 이미지와 결부되는 것이다. 물은 죽음, 재생, 부활, 창조 등의 원형심상과 결부되며 물에의 지향성은 곧 모태에의 회귀성과 상통한다.

이처럼 모성적 세계의 영원성에 대한 동경은 천상병 시인의 시정신이 원형적 상상력에 원천을 두고 있다는 것을 말해주는 것이다.

다음의 시 <비>를 보도록 하자.

부슬부슬 비내리다.
지붕에도 내 마음 한구석에도—
멀고 먼 고향의 소식이
혹시 있을지도 모르겠구나……
아득한 곳에서
무슨 편지라든가……
나는 바하의 음악을 들으며
그저 하느님 생각에 잠긴다.
나의 鄕愁여 나의 향수여
나는 직접 비에 젖어보고 싶다.
鄕이란 무엇인가,

先祖의 선조의 선조의 本鄕이여
그곳은 어디란 말이냐?
그건 마음의 마음이 아닐는지—
나는 진짜가 된다.

천상병은 <비>라는 제목으로 십여 편의 작품을 남기고 있다. 이 시에서 화자는 비가 내리는 가운데 고향을 생각한다. '비'는 화자로 하여금 향수를 느끼게 하는 매개물로 작용한다. 비는 현실세계를 표상하는 '지붕'과 자아의 내면을 동시에 적시면서 화자의 잠재의식으로부터 향수를 불러일으키고 있다. 곧, '마음 한 구석'에 내리는 비는 '멀고 먼 고향의 소식'을 궁금해하는 계기를 마련한다. 그런데 우리는 이 고향이 '아득한 곳'이라는 시어를 통해서 현실세계에 존재하는 고향이 아닌 태초의 본향 즉, 모성으로서의 원형공간을 생각하게 된다. 인간이 유년기에 떠난 고향으로 돌아가고자 하는 회귀의지는 시인의 무의식에 잠재해 있는 '모성본능'과 관계된다. 그것은 제8행의 '하느님 생각에 잠기'는 행위를 통하여 더욱 확실해진다. 비는 천상에서 지상을 향해 내려오는 물이기에 신성성을 지닌 존재라고 할 수 있다. 그것은 '우주적 실체'로서의 물의 가치뿐만 아니라 빗방울이 하늘에서 떨어진다는 사실 때문이다. 많은 신화 속에서 비가 지상으로 내려오는 천상의 '정신적 영향'을 상징한다고 믿는 것은 이런 사정 때문이다.

이 시에서 화자는 물의 상상력을 통하여 하느님으로 표상되는 신성성을 드러내고자 한다. 원초적인 모성에의 회귀를 동경하는 시인의 원형적 상상력은 다시 시적화자로 하여금 '비에 젖어보고 싶은' 욕망을 갖게 한다. 이것은 몇 가지 해석이 가능하다. 그 하나는 고향의 소식을 알고자 하는 마음에서 적극적으로 '직접 비에 젖어보고 싶은' 것이라 할 수 있다. 또 다른 측면에서 해석하면, 신성성을 갖고 있는 비에 젖어보고 싶은 마음은 인간이 모체의 태반에서 양수 속에 있을 때 느끼는 원초적 감정에 해당된다. 그것은 '선조의 선조의 선조의 본향이여'라는 표현에서 볼 수 있듯이 결국 태초의 세계에 대한 회귀의식의 발현이라고 생각된다. 화자는 그 세계를 '마음의 마음'이라는 추상적 형태로 표현하고 있다. 그 '마음'은 곧 인간의 정신세계를 의미한다고 볼 수 있다. 즉, 시인은 '비'라는 매개를 통해 원초의 세계로 복귀하고자 하는, 진정한 '나'의 모습을 되찾게 됨을 의미한다.

결국, 이 시에서 물의 상상력을 통하여 자아는 '고향→하느님→본향→진짜(본질)'에 이르게 된다. 근원세계로 회귀하려는 천상병 시인의 상상력을 엿볼 수 있다.

환한 달빛 속에서
갈대와 나는
나란히 소리 없이 서 있었다.

불어오는 바람 속에서
안타까움을 달래며
서로 애터지게 바라보았다.

환한 달빛 속에서
갈대와 나는
눈물에 젖어 있었다.

위의 시 <갈대>를 보면 유동적인 물의 또 다른 형태는 '눈물'로 나타난다. 눈물은 변용된 물의 심상이지만 직접적으로 물의 속성을 드러낸다. 널리 알려진 바와 같이 전통적으로 물은 여성성을 나타내는 원형이미지이다. 이 시에서는 중심 이미지인 '달빛', '갈대'와 함께 '안타까움, 눈물' 등의 시어가 시적 분위기를 주도하고 있어 여성적 정조를 더욱 두드러지게 한다. 이러한 여성적 정조는 시인의 무의식 속에 있는 여성성의 표출, 즉 아니마 원형의 개입에 의한 것이라고 볼 수 있다.

이 시에서 눈물은 달빛과 조응되어 고요하고 은은한 시적 분위기를 형성하며 개인의 감수성을 섬세한 아름다움으로 나타내고 있다. 시에서 느껴지는 주된 정조는 외로움과 슬픔이다. 이런 외로움과 슬픔의 정서는 객관적 상관물이라고 할 수 있는 달빛 속에 서 있는 갈대를 통해 표상되고 있는데, 여기에서 두 개의 시적자아를 발견할 수 있다. '갈대'로 표상된 현상적인 자아와 절대적 자아인 '나'가 그것인데, 이는 자아가 현실에서 겪고 있는 갈등을 의미한다. 이러한 시적 전개는 자아의 존재에 대한 인식을 자신의 내면에 초점을 맞추어 응결시킨 결과라고 생각된다.

외로움과 슬픔에 젖어있는 시적자아가 지향하고 있는 것은 '그리움'이라는 말로 압축할 수 있다. 그런데 '그리움'의 본질 속에는 근원적인 것을 동경하는 '목마름'과 '서러움', '울음' 등 물의 심상이 내포되어 있다. 시적자아의 슬픔 또는 외로움이 물의 심상인 눈물로 표현된 것이라 하겠다.

'달(달빛)'은 동서고금을 통해 가장 많이 다루어지는 원형심상 가운데 하나이다. 우리나라의 경우도 예로부터 <원왕생가>, <정읍사>, <정과정> 등 많은 시가문학 작품에서 달을 통해 시적 서정을 노래해 왔다. 우리 민족은 달의 운행원리를 기준으로 삼아 삶을 영위할 만큼 달에 대한 의식, 무의식적 애착을 가지고 있었다. 그런데 우리가 여기서 주목해야 할 것은 달과 물이 공통으로 갖는 상상력이다. 엘리아데는 달의 여러 위상들—탄생, 죽음 및 부활—을 통해서 인간은 우주 가운데서 자신의 존재 양식과 동시에 그들의 사후의 존속, 혹은 재생에 대한 희망을 알게 됐다고 말한다.[141] 달은 물을 부풀리고 줄이면서 물에 목숨을 주고 여인들의 가장 여인다운 삶의 리듬을 결정짓는다. '달-물-여성'의 은유적 상징성은 오랜 세월 동안 인류가 추구해 온 풍요와 다산성으로 볼 때 하나의 원형을 이루는 은유적 대응관계 중의 하나이다.[142] 이에 대해 김열규는 '대지의 여신 그리고 대수모

141) Mircea Eliade, 이은봉 역, 『聖과 俗』, p.150.

142) 김옥순, 「한국 현대시에 나타난 모성 이미지」, 이화어문학회 편, 『우리 문학의 여성성 · 남성성』(월인, 2001), p.31.

신, 이 양대 모신은 인간 모성의 원상이거니와 그들 모신의 어머니가 다름 아닌 달이다. 달은 인류의 어머니의 어머니, 원모의 또 원모'[143]라고 말한다. 전통적으로 우리 시가문학 작품 속에서의 달과 물은 등가의 밀접한 연관성을 지니고 나타난다. <달>을 제목으로 한 다음의 시를 보자.

달을 쳐다보며 은은한 마음,
밤 열시경인데 뜰에 나와
만사를 잊고 달빛에 젖다.
……(중략)……
어릴 때는 멀고 먼 것
요새는 만월이며 더 아름다운 것
구름이 스치듯 걸려 있네.

천상병의 초기시에서 '달'의 심상은 <갈대>에서도 드러나듯 외로움과 슬픔의 정서로 표출되었다. 위의 시 <달>은 천상병의 시력에서 중기에 속하는 작품으로, 초기에 비해 크게 변모한 양상을 보이고 있다. '달을 쳐다보며 은은한 마음'을 가질 수 있고, 그 '달빛'에 젖어 '만사'를 잊어버릴 수 있다고 표현할 정도로 슬픔이나 외로움의 정서에서 벗어나 있다. 어릴 때는 멀게만 느껴졌던 달이 이제는 '만월-밝고 아름다움'의 대상으로 다가온다.

새를 통하여 집중적으로 실존적 삶에 대한 탐구를 드러내주던 그의 시들이, 시집 『새』 이후로는 뚜렷한 진경을 보여주지 못하고 시적 긴장을 상실하였다는 점을 이미 앞에서 언급한 바 있다. 이 시에서는 천상병의 의식 변화의 한 측면을 엿볼 수 있는데, 중기 이후에 시인의 의식은 시적 대상들을 따뜻하고 여유 있게 바라보고 있다는 점이다. 세상살이의 자잘함에서 그는 살아 있음의 즐거움을 노래하고, 그가 누리고 있는 마음의 여유를 표명하고 있음을 볼 수 있다.

143) 김열규, 『한국문학사』(탐구당, 1983), pp. 242～243 참조.

천상병 시에는 물의 변형태인 '술'이 자주 등장하고 있다. '술, 맥주, 곡차, 막걸리' 등 술을 제목으로 쓴 시도 10여 편에 이른다. 이것은 술을 통해서 자신을 끊임없이 정화하고자 하는 의지로 보이기도 한다.

① 막걸리는 술이 아니고 밥이나 마찬가지다 / 밥일 뿐만 아니라 / 즐거움을 더해주는 / 하나님의 은총인 것이다. -<막걸리> 일부-

② 술 없이는 나의 생을 생각 못한다. / 이제 막걸리 왕대포 집에서 / 한 잔 하는 걸 영광으로 생각한다. // 아내는 이 한 잔씩에도 불만이지만 / 마시는 것이 이렇게 좋은 줄을 / 어떻게 설명하란 말인가?
-<술> 일부-

③ 나의 18번은 /그저 곡차(막걸리) 마시는 것뿐인데 / 저녁 6시에 한 통 사면 /옆의 처남 부르고 / 몇 시간이고 가니 / 어찌 술이라 하겠는가? // 인생은 소중하고 / 고귀한 것이니 -<곡차> 일부-

④ 나는 요사이는 / 맥주 두 병으로 만족한다. / 오전 열 시에 한 병 마시고 / 오후 두 시에 한 병 마신다. // 맥주 두 병을 / 하루에 마시는 것은 / 건강에도 좋고 / 기분도 매우 좋다. -<맥주·1> 일부-

바슐라르는 물질적 상상력에 있어서 모든 액체는 물이라고 말하였다. 신화에서의 술은 미혹, 혼돈, 일체화 및 화합의 상징물이며, 문학 속에서는 현실 도피와 풍류(멋), 생명과 불멸성의 상징이다. 또한 술은 물과 불이라는 상극적인 두 요소의 결합으로 이루어진 혼합물로서 생명력을 상징한다.

천상병 시인에게 술은 생명의지를 지니게 하는 물질로 존재하며 삶의 의지와 결합되어 있다. 즉, 젊은 시절 몸을 망치게 했던 술이 그의 말년에는 즐거움과 생기를 주는 양식으로 변모했으며 온갖 고뇌를 해소하는 역할을 하고 있다. 그러므로 물의 심상인 술은 생의 윤활유로서의 성격을 지니게 되는 것이다.

앞서 박용래 시인의 경우도 술에 대한 집착이 강했음을 살핀 바 있다. 술을 마심으로써 현실적인 고뇌를 극복하고 외부세계에 대처하고자 한 점은 박용래, 박재삼, 천상병 시인의 생애에서 나타나는 공통점이라고 할 수 있다.

한편, 천상병은 '고향' 심상을 통해 모성회귀의 의지를 표출한다.

그는 1930년 일본 히로市에서 아버지 천두용과 어머니 김일선의 2남 2녀 중 막내로 태어났다. 아버지의 고향은 경남 창원군 진동면이었다. 네 살 때 부모와 함께 귀국하여 진동에서 살다가 아홉 살에 다시 부모를 따라 일본으로 건너가 소학교를 마치고 중학을 다녔다. 해방 후 귀국하여 마산중학 2학년에 편입하였다. 그의 시에 고향 이야기가 여러 곳에서 나타나는 것은 이러한 유년체험과 밀접한 관련이 있다. 다음의 시는 <고향> 전문이다.

내 고향은 경남 鎭東,
마산에서 사십 리 떨어진 곳
바닷가이며
산천이 수려하다.

국교 1년 때까지 살다가 떠난
고향도 고향이지만
원체 고향은 대체 어디인가?
태어나기 전의 고향 말이다.

사실은 사람마다 고향타령인데
나도 그렇고 다 그런데,
태어나기 전의 고향타령이 아닌가?
나이들수록 고향타령이다.

無로 돌아가자는 타령 아닌가?
경남 진동으로 가잔 말이 아니라
태어나기 전의 고향—無로의
고향타령이다. *初老*의 *切感*이다.

심층심리학에 의하면 인간의 본능은 '고태적 충동(archaische Triebe)'에 의해 좌우된다. 예를 들어 어미 새가 둥지를 만들고 새끼에게 먹이를 주는 행동은 태초의 시간부터 반복되어 오는 행위로서 이는 결코 학습에 의해 이루어질 수 없는 본능이다. 이것은 말하자면 의식 이전의 더 먼 시간에 형성된 집단무의식이며, 원형, 즉 '근원적이면서 보이지 않는 의식의 뿌리'에서 나오는 행동이다.

위의 시 1연의 내용은 화자의 고향마을에 대한 서술이다. 그 서술대로라면 그곳은 도시에서도 멀리 떨어진 '바닷가' 마을로 '산천이 수려한' 곳이다. 화자는 고향의 원형을 제시하고 있는 것이다. 화자가 유년기에 떠난 바닷가의 고향을 회상하며 회귀의지를 표명하는 것은 이미 그의 무의식 속에 잠재해 있는 원형으로의 복귀, 즉 원초적이며 근원적인 것에 대한 동경이라고 유추할 수 있다. 이것은 융이 말한 바 있는 무의식의 중요한 기능인 '대상작용(代償作用)'으로 설명이 가능하다. 무의식의 의식에 대한 관계는 대상적이다. 다시 말해서 무의식은 의식의 결여된 부분을 보충하는 역할을 하며, 그럼으로써 그 개체의 정신적인 통합을 꾀한다고 한다. 따라서 화자는 귀향에 대한 소망을 거의 본능적으로 노래했다고 해석된다. '본능' 혹은 '모성본능'이라 하는 것은 바로 원형과 뿌리를 같이하는 현상이기 때문이다.

이미 천상병의 귀향의지가 본능적인 것이라고 해석을 했지만, 한편으론 시인의 고향의식의 배경에는 그가 현실에서 느낀 소외감이 내재해 있다는 점을 소홀히 해서는 안 되리라 생각한다. 주지하다시피 천상병의 초·중기의 작품들은 가난과 소외로 인해 사아와 현실과의 단절된 세계인식을 보이는 작품들이 주류를 이루고 있다. 그런 면에서 보면, 천상병 시인에게 고향은 소외된 자아의 영원한 귀의처로서 인식되고 있었을 것이다. 그런데 이 시에서 화자가 궁극적으로 회귀하고자 하는 고향은 유년기에 떠난 현실계의 고향이 아니다. 2연에서 보이는, 그가 지향하는 고향은 '태어나기 전의 고향', 곧 원초적인 인간의 본향을 의미한다. 카오스적 세계인 '무(無)'의 경지이다. 인간의 마음속엔 '이상낙원[유토피아]을 추구하는 의식이 원초적으로 잠재해 있다'[144]고 한다. 이것은 영원히 성스러운 공간, 곧 '낙원에의 노스탤지어'인 셈이다. 이 시에서 시인이 생각하는 고향은 유한한 존재인 '나'로 태어나기 이전의 카오스적인 '무'로서의 고향이다. 존재자로서의 자아가 스스로 회귀하고자 하여도 회귀할 수 없는 영원한 동경의 대상이 '태어나기 이전의 고향'이다. 그래서 화자의 고향에 대한 회상은 3연에서처럼 '고향타령'으로 끝날 수밖에 없는 것이다. 이 고향은 결국 과거의 시간 속으로 시인을 이끈다. 곧 마지막 연에서 보이듯 현실에서 훼손되고 갈등하는 유한한 존재로서의 자아가 다시 순수한 무의 영원한 시간 속으로 회귀하고자 하는 것이다. 이 순환과정 속에서 '나'는 더 이상 유한한 존재가 아니며, 죽음의 공포와 두려움도 초월할 수 있는 무의 경지에 이른다. 이는 곧 바슐라르가 말한 바 있는, 물질의 상상력을 뛰어넘어 모든 대상을 해체하고 소멸시키는 역동적 상상력의 결과라 할 수 있다. 순수한 무의 경지에 남고자 하는 시인의 의식은 동심의 세계로 향하게 되고, 어린이의 세계를 지켜주는 모성회귀에까지 이르게 된다. 천상병의 후기시에서 어린이를 대상으로 한 시와 어머니에 대한 회상과 추억이 많이 나타나는 것은 이러한 고향의식의 발현 때문이라 볼 수 있다.

그 어린 시절에 나는 무척 귀여움을 받고 자랐다. 위로 형님이 계셨는데도 아버지나 어머니는 나를 무척 귀여워하셨다. 더구나 외할머님까지도 나를 귀여워하여 이모님과 같이 외가에서 살다시피 했었다. 어린 시절 국민학교

144) 김석하, 『한국문학의 낙원사상 연구』(일신사, 1973), p.1.

> 이학년까지 살던 고향 진동의 기억은 지금도 생생하다. 뒤에는 산이 푸르고 앞에는 푸른 바다가 보이는 그런 곳이었다. 멀리 바라다보이는 바닷가에 가 할머님의 손을 잡고 조개를 캐던 기억도 생생하다.[145]

이 글은 천상병 시인의 산문집에서 인용한 글이다. 천상병의 시에서 고향으로 돌아가려는 의식은 모성회귀의 원리를 적용해도 무방하리라 본다. 고향을 떠난 자의 의식 속에서 고향은 마치 유년기의 어머니와 같은 구실을 한다. 흔히 고향과 어머니가 함께 떠올려지는 것도 이런 이유에서일 것이다. 천상병에게 어린시절 고향의 추억은 어머니, 이모, 할머니 등과 같은 자애로운 여성의 이미지를 동반한다. 그러나 이러한 고향은 그의 시에서 현실의 비애와 함께 나타난다. 다음의 시는 타향에서 안주하지 못하고 떠도는 자의 향수를 드러내고 있는 <故鄕思念>이다.

> 내 고향은 경남 창원군 진동면. 어린 시절 아홉 살 때 일본으로 떠나서, 지금은 서울 사는 나는 향리 소식이 消然해—
>
> 어른 되어 세 번쯤 갔다 왔지만 옛이 안 돌아옴은 絶對眞理니 어찌 할꼬? 생각건대 칠백 리 밖 향수 뭘로 달래랴……
>
> 願하노니 鄕土堂山에 묻히고파. 바다가 멀찌감치 보일 듯 말 듯 淸明天然에……

현실에 정착하지 못하고 타향을 떠도는 시인에게 고향에 대한 그리움은 절실한 정서 가운데 하나일 것이다. 고향은 우리가 태어난 공간이며 동시에 태어난 시간이기도 하다. 더 나아가 그것은 인간 성장의 환경이며 정신적 원천이 된다. 그렇지만 그 고향 공간은 돌이킬 수 없는 과거로서 존재한다. 이런 까닭에 고향으로 돌아가고자 하는 욕구가 클수록 비애의 정서가 더욱 커질 수밖에 없을 것이다. 이 시에서 고향에의 회귀 욕구가 '칠백 리

---

145) 천상병, 앞의 책, p.37.

박 향수 뭘로 달래랴……'라고 영탄에 머물고 마는 것은 이러한 시간적 거리감의 확인에서 비롯된다고 하겠다. 인간의 모든 체험은 시간의 경과에 따라 의식에서 소멸된다. 그러나 그것은 결코 문자 그대로의 소멸이 아니라, 무의식 속으로 침전하는 것이다. 회상은 그렇게 무의식에 침전되어 있는 체험이 하나의 이미지로 떠오르는 상태인 것이다.

마지막 행에서 화자는 '향토당산에 묻히고' 싶다는 강한 염원으로 귀향의 의지를 직접적으로 표명한다. 이러한 정조는 거의 동물적인 귀소본능을 드러내는 모습이다. 현실적 삶은 비록 타향에 있지만, 죽는 날엔 반드시 고향에 가서 죽고 또 거기 묻히겠다는 원초적인 회귀의지이다.

천상병의 시에서 향수는 실제의 고향에 대한 회상으로 나타나지만, 그 범위를 확대시켜보면 이상에서 논의한 바와 같이 보다 근원적인 원초적 모성공간으로 돌아가려는 의식과 연결되고 있는 것이다.

어머니는 60년대말에 가셨지만
두고 두고 생각이 난다
이쁘지도 못생기지도 않은
평범한 어머니였다

천석꾼인 아버지에게
시집와서는
남편을 잘 모시고
아이들을 잘 길렀다

내가 오랫동안 기억나는 것은
내가 일곱 살 때 봄에
고향에서, 장독대에서
어머니와 정답게 점심 먹은 일이다

어릴 때나 클 때에도
나는 한번도 맞아본 적이 없었다
그렇게도 사랑스러웠던 어머니
이제 언제 만납니까 언제 만납니까

위의 시 <어머니 생각> 역시 과거적 회상에 근거를 두고 있다. 가난과 소외감으로 점철된 천상병의 삶은, 유년의 안식을 그리워하고 모성의 세계로 회귀하고자 하며, 그럼으로써 이 절박한 현실과의 화해를 도모하려고 한다.

어린시절에 대한 화자의 추억은 어머니를 향한 그리움의 정서로 나타난다. 바슐라르는 "어린시절의 추억 자체의 아름다움과, 거기에 포함되어 있는 그때에 느꼈던 아름다움, 이 이중의 아름다움으로 하여 어린시절은 그 자체가 정녕 인간의 이상향, 그 자체가 인간의 상상력이 지향하는 원형이 된다."[146]고 말한다. 어린이나 어린시절의 테마는 원형적 상태에 가장 가까이 있는 것이라고 할 수 있다.

이 시에서 어머니에 대한 추억은 '봄'이라는 시간 속에 존재한다. 어린시절과 어머니에 대한 추억은 안락한 공간의 지향을 나타낸다. '일곱 살 때 봄에/ 고향에서, 장독대에서/ 어머니와 정답게 점심을 먹은 일'이라는 체험이 제시되어 있지만 이는 단순히 체험을 통해서 어머니에 대한 회고를 하는 것뿐만이 아니라, 일반적이고 원초적인 고향에 대한 그리움을 표출하고 있다고 본다. 그러한 그리움의 회상공간에서 어머니는 언제나 화자의 보호자로서 그를 지켜주는 존재이다. 그런 순수의 공간에서 화자는 어머니와 '정다울' 수 있었으며, 그 정다움은 세계로부터 자신을 보호하여 주고 있는 모성으로 인해 획득할 수 있는 생의 자유이며 기쁨이었던 것이다. 그토록 사랑스러웠던 어머니가 부재함으로 인해, 화자는 이 시의 마지막 행에서

146) Gaston Bachelard, 곽광수 역, 앞의 책, pp.116～117 참조.

'이제 언제 만납니까'라며 강한 그리움을 표출한다.

이처럼 어머니에 대한 그리움은 결국 근원적 유토피아인 고향을 지향하는 시인의 상상력이 만들어낸 고향의 또 다른 모습인 것이다.

> 그날을 위하여 / 오후는 / 아무 소리도 없이…… //
> 귀를 기울이면 / 그래도 / 나는 나의 어머니를 부르며 / 울고 있다. //
> 멀리 가까이 / 떠도는 하늘에 / 슬픔은 갈매기처럼 / 날아가곤 날아가곤 한다. //
> 그것은 / 그 어느 날의 일이었단다 / 그 어느 날의 일이었단다 //
> 그리하여 / 고요한 오후는 / 물과 같이 나에게로 와서 / 나를 울리는 것이다. //
> 귀를 기울이면 / 어머니를 부르는 / 소리가 들려온다.

위의 시 <오후>에서 '오후'라는 현실적 시간은 자아가 과거의 원형적 세계로 되돌아갈 수 있도록 상상력의 단서를 제공한다. '아무 소리도 없이/물과 같이 나에게로 온' 그 시간 속에서 시적자아는 유년시절의 추억으로 침잠한다. 일반적으로 세계와의 사이에서 단절을 느낄 때 자아는 유년의 안식으로 돌아가고 싶어 한다. 유년은 어머니의 보호 속에서 절대적 행복을 느끼는 시기라 할 수 있기 때문이다. 그렇기 때문에 유년의 환상은 대개 순수한 행복의 이미지를 지니게 된다. 인간은 현실에 좌절감을 느낄 때 안식처인 모태를 갈구한다고 한다.

천상병 시에서 어머니의 이미지는 자아가 비극적 세계로부터 물러나 자아의 내면공간으로 돌아갈 때 나타난다. 그런데 이 시에서 어머니의 이미지는 자아에게 슬픔의 대상이다. 유년의 추억은 '어머니를 부르며 울고 있는' 어린이의 울음과 동일시되면서 슬픔의 공간으로 기억될 뿐이다. 따라서 이 시에서의 어머니는 현재는 물론이고 과거의 회상공간에서도 부재하는 어머니이다. 이는 곧 자아가 궁극적으로 찾아야하는 어머니, 즉 '모성원형'으로의 회귀의지가 제시된 것이라 하겠다. 천상병은 이 시를 통해서 모태로 회귀하고자 하는 소망적 사고를 표출시키고 있는 것이다.

> 은혜는 우리집에 세 들어 사는 / 홍씨의 외동딸인데/ 귀엽고 사랑스런 아이다. //
> 네 살인 데도 벌써 / '네' 하고 '그래요' 한다. //
> 나를 '할아버지'라고 부르며 / 내 아내를 고모라고 부른다. //
> 어떻게나 깜찍한지 / 은혜 앞에서는 거짓말을 못한다. //
> 아빠 엄마 어느 쪽이 좋으냐고 물으면/ 다 좋다고 대답하고 / 하하 웃는다.
>
> -<네 살짜리 은혜>-

> 시화전 관계로 부산에 내려왔다 / 다정한 친구 정용해씨 집에 머무는데 / 정용해씨의 손자 욱진에게 / 그만 미칠 지경으로 반해버렸다. //
> 만 이 년 보름된 욱진은 / 어른을 공경할 줄 알고 / 축구도 야구도 할 줄 알고 / 텔레비 영향인지 못하는 것이 없다. //
> 할머니보고 / 할아버지 탯지하라고 조르는 아이 / 나는 그만 반해 버렸다. //
> 부산은 지세가 좋아서 / 이런 아이가 태어나는가보다.
>
> -<아기 욱진>-

위의 시편들에서 자아와 세계를 이어주고 있는 것은 하나같이 '동심'이다. 비록 시적 긴장감도 없고 짜임새가 미숙하지만, 그가 추구하고자 하는 순수로서 동심의 세계는 개인적인 원형공간이라 할 수 있다. 천상병의 초기시에서는 아이들을 대상으로 한 시들이 거의 보이지 않는데 후기시에 오면 어린이를 소재로 한 시가 많이 보인다. 이것은 그에게 자손이라는 존재가 얼마나 절실한 것이었던가를 알게 해준다. 그러한 자손을 얻지 못하는 괴롭고 안타까운 마음이 주변의 모든 아이들에 대한 애정 어린 관심과 따뜻한 사랑으로 피어나고 있는 것이다. 친구의 손자나 이웃 아기들과 쉽게 친구가 되는 시인에게서 우리는 천진성을 경험하게 된다.

그러나 시인에게 형성된 동심의 세계가 단지 개인적 원형공간에서 그 의미가 멈추는 것은 아니라고 본다. 그것은 우리 인간의 원형이며, 정체성의 근원지로서 전통의 세계라 할 수 있는 것이다. 때문에 동심을 바탕으로 구현된 원형의 세계는 우리 인간의 유토피아일 수도 있으며, 향수의 세계이고, 회귀해야 할 궁극적 지향의 세계라고 하겠다. 곧, 천상병에게 동심지향은 과거적 아름다움의 추억이며 현실에서 잃어버린 것들에 대한 회복인 것이다. 이것은 곧 모성회귀와 동일하다 하겠다.

이제까지 천상병의 시에 나타난 '물'과 '고향' 심상을 중심으로 하여, 보다 원초적이고 근원적인 상상력의 심층이 무엇인가를 탐색해 보았다. 천상병은 물의 심상을 통해, 인간을 유한한 존재로 보고 절대적 허무의식을 드러낸다. 초기의 작품에서 그는 자신이 놓인 현실이 절망적인 것임을 깨닫고 소외감으로 인해 도피하거나 자학 · 갈등했으나, 나름대로 이를 극복하는 방법으로 자신의 내면을 정화하고, 삶과 죽음의 숙명성을 인식한 바탕위에서 인간존재 전반에 대한 성찰을 하고 있다. 물이 문학 작품에 반복해서 나타나는 원형상징의 하나이듯, 천상병의 시에서도 물의 심상은 가장 원초적인 모성원형과 일맥상통하고 있음을 파악할 수 있다.

그러한 물의 심상을 통하여 유년과 향수의 대상인 고향으로 돌아가고자 하는데, '고향'의 심상은 죽음 이후에 갈 수 있는 근원적인 원형공간—모성회귀를 지향하고 있음을 볼 수 있다.

Ⅳ. 원형심상의 개인적 확장

이제까지 세 시인의 개별 작품을 분석하면서 작품에 표출된 심상을 통해 원형을 추적해 보았다. 원형심상과 상징은 문학적 원형을 형성한다는 원형비평의 원리를 바탕으로 논의를 진행하면서 개별 작품이 지닌 상징체계를 해명하는 데에 중점을 두었다. 곧, 세 시인의 작품세계에서 공통적으로 드러나는 심상 요소를 추출하여 항목화하고, 그 이미지들에 내재한 원형을 탐색하였다.

본 장에서는 세 시인의 작품세계에서 각기 변별되는 특징을 중심으로 분석하면서 원형심상을 탐색해 보고자 한다.

1. 박재삼의 고전 수용과 해한

박재삼은 전통 서정시의 계보를 밟아 온 한국의 대표적인 서정시인의 한 사람으로 일컬어진다. 고전적인 정서의 세계와 향토적인 감각으로 일찍부터 전통시의 영역을 확대해 왔다는 평가를 받고 있다. 최근까지 꾸준히 이루어져온 그의 시에 대한 연구 성과를 분석해 보면, 그의 시세계는 '전통적인 한국의 정서와 리리시즘을 추구한, 오늘에는 극히 드문 독자성'을 지니고 있다거나, '박재삼을 통해서 한국 전래의 원인 감각이나 정서적 질감을 의식할 수 있는데, 그의 뮤즈의 바탕은 한마디로 요약하면 한(恨)'이라는 등의 평가는 박재삼의 시가 한국 전래의 '한의 정서'와 맞닿아 있다는 견해이다.

그동안 우리 민족의 정체성 또는 보편정서의 하나로서 많은 학자들이 '한'을 제기했으며, 또 여기에는 부정적 입장도 적잖게 표명된 바 있다. 그러나 한을 보편정서로 내세우면서도 그 한의 실체를 규명하는 작업은 소홀했던 것이 사실이다. 그 까닭은, 한을 소극적인 패배주의 또는 순응적 삶의 방식이라 하여 우리 민족의 정체성으로 내세우기는 바람직하지 못하다고 보았기 때문이다.

한을 부정적으로 본 논의는 설움, 굴복, 슬픔, 포기, 탄식 등의 소극적·퇴영적인 정서로 요약되며, 긍정적인 한에 대한 논의는 인고의 승화, 승화되고 긍정된 슬픔, 동정과 순화, 초극의 염원, 그리움 등의 긍정적·수용적 정서로 집약된다. 이 양면성은 단순히 두 가지 속성이 있다는 사실의 긍정만이 아니라 한이 시간의 흐름에 따라 변화하는 정서라는 사실을 인정하는 데에 중요한 특성이 있다.[147] 그러므로 한은 일상의 삶에서 중요한 것을 잃고 느끼는 설움이나 슬픔, 좌절감 등을 인식 주체가 인고의 세월 속에 삭임의 노력을 기울임으로써 변증법적으로 초극하고 승화시킨 정서라고 할 수 있다.

박재삼의 시세계에 표출된 한이 전래적인 한의 성격과 밀접하게 연계되어 '슬픔과 설움의 극한에서 그것이 밖으로 해소되지 못하고 내면화되고 응결된 상태'[148]라는 의견과 아울러, 박재삼 자신도 한을 영원히 풀지 못할 '정체를 붙들기 어려운 정서' 라고 피력했지만, 필자는 그의 시에 시인 스스로가 어떤 방법으로든 한을 극복하고 그 응어리를 풀어 버리려고 한 의지가 내포되어 있을 것이라고 생각한다.

박재삼의 시에는 특히 어린시절에 겪었던 가난에 대한 회상이 많이 포함되어 있다. 그 회상은 시간의 벽을 뛰어넘어 시련에서 잔잔한 추억으로의

---

147) 오용기, 「한국 현대시의 한에 대한 연구」, 우석대학교 대학원, 박사학위논문, 2001, p.6.

148) 이광호, 「한(恨)과 지혜」, 박재삼 시집 『울음이 타는 가을 강』(미래사, 1991), p.144.

변이과정을 거쳐 시로 형상화된다. 그렇다면 박재삼의 무의식을 지배하고 있는 한의 실체는 어느 정도 파악이 가능해진다. 융에 의하면, 사람이 이 세상에 태어나 자라는 동안 겪은 생활에서의 체험 내용 가운데서 무슨 이유에서든 잊어버린 것, 현실세계의 도덕관이나 가치관 때문에 현실에 어울리지 않아 억압된 여러 가지 내용이나 생각들, 심리적 경향, 혹은 고의로 눌러버린 괴로운 생각이나 감정 등이 개인적 무의식의 층을 이룬다고 하였다. 다시 말하면 잊혀지고 억눌려져 잠재의식으로만 지각되는 생각과 모든 종류의 느낌들이다.

한이 우리 민족 전래의 정서라고 한다면 적어도 한의 실체와 그 맺힘의 근원이 파악되어야 할 것이다. 아울러, 시가 상상력의 산물이라고 할 때, 이미지를 생각하지 않을 수 없다. 상상력의 궁극성에 의해 이미지의 생성은 원형을 지향한다. 문학 작품의 원형적 이미지는 고대문학에서 현대문학에 이르기까지 의식적 또는 무의식적으로 혼입되어 존재한다. 상이한 여러 문학 작품에서 '원형적 패턴'(archetypal pattern) 또는 원형적 이미지를 추구하여, 그 동시성 내지 유사성을 찾아 체계화한다는 것은 흥미 있는 지적 작업이 될 것이다.

15권의 시집을 상재한 박재삼의 시 텍스트는 방대하다. 텍스트 하나하나에 대한 논의는 불가능하겠지만, 심상의 특징과 의미를 중심으로 범주화할 수 있다. 첫째, 고소설 속의 인물을 시적 화자(페르조나)로 등장시키거나 여성적 정조를 드러내는 시편들이다. 둘째, '물' 혹은 '빛' 이미지가 드러나는 작품들로, 그리움과 기다림, 한의 감정 등이 '물'의 이미지를 통해 드러난다. 또한 빛은 물과 결합하여 유년의 추억을 형상화하는데 기여한다. 셋째, 자연심상이 나타난 시편들로, 자연은 현실적 한계를 극복하는 원천이 된다.

본 절에서는 고전적 정서와 한국적 한의 여성적 정조가 하나의 특징으로 나타나는 작품들을 중심으로 살펴보려고 한다. 아울러 시인이 '한의 형상화'에서 한 걸음 더 나아가 그 한을 풀어 가는 '해한'의 의지를 살피고자 한다.

박재삼의 첫 시집인 『춘향이 마음』에는 그리움과 기다림, 유년시절의 추억, 한의 감정 등이 시의 중심을 이룬다. 박재삼은 고소설 『춘향전』을 시적 소재로 삼아, 소설의 주인공인 '춘향'을 자신의 시적 맥락 속에 끌어들여 연작시 형태로 보여주고 있다. 그러나 『춘향전』의 서사적 바탕을 끌어 온 것은 아니기 때문에 본래의 이야기가 갖는 비중은 그리 크지 않다. 다만 주인공 춘향의 애달픈 마음을 통해서 한국인의 심층 깊이 묻혀 있는 한을 드러내고자 한다. 시인이 연작시를 쓰는 목적은 하나의 중심 테마를 집중적으로 다루어감으로써 시정신의 일관된 집중을 확보하기 위해서라고 할 수 있다. 이러한 연작시의 중심에 '춘향'이 자리한다.

신화나 전설, 고소설의 인물을 시적 대상, 혹은 시적 화자로 등장시키는 방법은 시인에 따라 몇 가지로 분류가 가능하다. 전영주의 연구에 의하면, 김소월의 경우는 이러한 시적 변용의 시발적인 단계로서, 전설·민담을 끌어들여 인유, 첨가, 비교, 대조 등의 방법 등을 사용한다. 서정주는 김소월보다는 한층 다양한 기교적 방법을 활용하고 있으며, 자기체험화, 상징화, 변형, 패러디, 재구술 등의 방법이 사용된다.[149] 박재삼의 경우는 『춘향전』, 『홍부전』 등 고소설에 관심을 보이고 있으며, 시적 페르조나로 활용되고 있는 '춘향'은 초기시의 미학을 주도한다. 우리가 알고 있는 고소설 속의 '춘향'의 이미지는 지극한 슬픔에 함몰된 여인이 아니라, 그 슬픔을 사랑의 승리로 극복해낸 여인이다. 많은 사람들이 고소설 『춘향전』을 읽으면서 카타르시스를 느끼는 까닭도 미천한 신분의 여인이 숱한 시련을 극복하고 성취해 낸 사랑의 승리에 있을 것이다. 즉, 춘향의 사랑을 통해 민중들은 같은 한을 나누지만, 그 사랑이 이루어짐으로 해서 그들의 가슴에 맺힌 한도 어느 정도 해소될 수 있기 때문일 것이다.

박재삼은 그러한 슬픔 또는 한을 시로 형상화하고 나아가 우리 민족의 보편적 정서로 환기시키기 위해 설화, 혹은 고소설의 주인공을 시적화자로

149) 전영주, 앞의 논문, p.76.

끌어들였다고 생각된다. '춘향'은 우리 민족의 심층 정서에 내재해 있는 문학적 원형이다. 결국 시적화자인 '춘향'은 박재삼의 무의식 속에 있는 내적 인격인 '아니마'가 투사된 것으로 판단된다. 융은 남성의 무의식 속에 있는 여성적 요소를 '아니마anima', 여성의 무의식 속에 있는 남성적 요소를 '아니무스animus'라고 불렀다. 이러한 내적 인격은 외적 인격 때문에 생겨난 산물이 아니고 본래 그렇게 체험하게끔 준비된 원초적인 조건, 즉 원형 가운데 하나이다. '아니마'의 정서는 고시가에서부터 나타나고 있다. 고대가요뿐만 아니라 고려속요와 조선조의 연군지시를 비롯하여 유배가사와 그 외 다수의 시조 작품에서 '아니마'의 표상을 읽을 수 있다. 그러한 고시가에 나타나는 '아니마'의 공통된 정서는 '임'을 향한 순수한 그리움과 사랑, 그리고 기다림으로 표출된다. 고시가에서의 '임'은 현대시에도 이어져, 한용운, 김소월, 서정주의 시에서 '아니마'의 정서로 나타난다. 특히 한용운과 김소월의 시를 읽으면 여성의 작품으로 착각을 일으키게 되는데, 이들은 일제 강점기를 당해서 그 울분을 남성적인 강함으로 토하지 못하고, 여성적인 별한으로 형상화했다.[150)]

박재삼은 유년기의 곤궁한 생활 때문에 겪은 시련을 한으로 전이시킨 시인이다. 그의 일생은 가난과 그리움과 병고로 점철되어 있다. 특히 유년기와 사춘기를 보낸 삼천포에서의 집안 형편은 그가 지게질을 하면서 도와야 할 정도로 어려웠다. 그는 그런 자기 모습에 대한 부끄러움으로 이성에 대한 그리움을 감추고 사랑의 대상을 자연으로 옮기기도 했다. 이것은 비정상적인 태도이지만 개인적으로 그만큼 아픔이 컸다는 것을 의미한다. 이렇게 박재삼의 내면에 형성된 아픔은 전래적인 한의 성격과 밀접하게 연계되어 있다. 그는 내면의 영역 속에 사장되고 만 정서를 되살리고자 '고전'의 시적 변용을 시도한 것으로 생각할 수 있다. 곧, 널리 알려진 고전 속 인물인 '춘향'을 재생시켜 전통적인 한과 그리움의 정서를 나타내고 있는 것이다.

150) 이정자, 앞의 책, p.179. 참조.

주지하다시피 고소설 『춘향전』은 신분의 차이에서 비롯되는 구속된 삶의 비극을 사랑의 완성으로 극복하는 모습을 담고 있다. 『춘향전』은 '임'으로부터 떨어진 여인의 처절한 상태를 가장 고조시킨다. 엄격한 의미에서 고대문학에 나타나는 한국의 '임'은 이별한 후 돌아오는 법이 거의 없다, 그러나 춘향의 '임'은 끝내 돌아오고 만다. 이것은 기본신화에 대한 민중의 소망을 담은 것이다. 결국, 박재삼의 시에서 민중의 전통 가치를 지닌 '춘향'은 한국인의 집단무의식에 존재하는 민족적 원형이라 하겠다. 원형은 집단무의식의 실재적인 내용을 구성한다. 원형적 심상의 모티프들은 인간의 조직 가운데서 계통발생학에 의해서 결정된 부분과 상응한다. 그래서 이것은 모든 문화에서 동일한 것으로 나타난다. 우리들은 이것이 모든 종류의 신화, 동화, 그리고 여러 가지 종교적 전통 및 비법 속에서 되풀이해서 나타나는 것을 발견한다. 이러한 집단무의식의 일정한 모티프들은 모든 개인의 마음 가운데서 새롭게 살아나 신비스러운 힘을 발휘하면서 일종의 '개인신화(individual mythology)'로 집약된다. 춘향은 집단무의식의 모티프인 동시에 박재삼 개인의 개인 모티프이기도 하다. 박재삼은 이러한 춘향의 사랑을 주조로 하여 당대의 삶을 통어하는 한 방식을 보여주고자 한 것이다. 따라서 그의 시에서 전경화 되는 것은 본래의 이야기가 아니라 '춘향이의 마음'에 자리 잡고 있는 정서, 즉 '임'을 향한 그리움과 한의 차원에 초점이 맞춰지고 있다. 그러나 한편 한은 그대로 한으로써 남는 것이 아니라 인물을 통하여 '해한'을 시적 정서로 승화시킨다.

특히 춘향의 마음을 형상화하고 있는 '눈물'의 이미지는 비애가 아닌 희망적인 미래를 고대하는 의지의 결정체임을 알 수 있다. '눈물'은 박재삼 시 전편에 나타나지만 『춘향이 마음』에서 출현이 두드러진다. 슬픔에 젖어 있는 춘향을 화자로 내세우고 있는 다음의 시 <綠陰의 밤>을 보자.

흐느낌으로 피던 살구꽃 等屬이 또한 흐느끼며 져버린 것을 어쩌리요.
세상은 더욱 너른 채 소리내어 울고 있는 녹음을,

언제면 蘇復 본단 말이요.
피릿구멍 같은, 獄에 내린 달빛 서린 하늘까지가 이내 몸에 파고들어
가쁜 命줄로 앓아샇는 저것을 어쩌리오.
이런 때, 천지는 입덧이 나 후덥지근하고,
笞杖 끝에 피멍진 賤妾 춘향의 全身滿身 캄캄한 살 위에도 병 생기는 아픔을……
만일에도 이 한밤 당신이 서서 계신다면은
어느 별만 우러러 아프게 반짝인다 하리오.

이 시의 주된 정조는 '흐느끼는 울음'이다. 옥에 갇혀있는 춘향이 탄식하는 독백체로 구성되어 있다. '흐느낌', '소리내어 울고 있는', '앓아샇는', '피멍진', '아프게' 등의 시어들은 일관되게 춘향이 처한 고난의 상황을 나타낸다. 시적화자인 춘향에게는 자연마저도 왕성한 생명력을 연상시키는 것이 아닌, '울고 있는' 것, 병들어 가는 상태의 자연으로 인식된다. 따라서 춘향이 고통 속에서 바라보는 세상은 모두 슬픔과 소멸의 상태로 나타난다. '살구꽃'은 '흐느낌으로' 피고 져 버렸으며, 무성한 '녹음'은 싱싱함으로 구현되지 못하고, 이 또한 '울고 있는' 것으로 표현된다. 춘향은 이런 세상이 '병이 낫는 것' 즉 '소복'된 것을 언제 볼 수 있는가를 한탄하게 된다. 이처럼 앓는 상태의 자연은 춘향의 시선으로 파악된 세상이다. '반짝'이는 대상, 즉 우러르고 소망할 수 있는 대상에 대한 기대도 불확실할 뿐이다. 고통스러운 상황 속에서 이도령에 대한 춘향의 기다림은 한의 차원으로 나타나게 된다.

하지만 이 시의 의미 맥락은 이러한 춘향의 고난을 아픔 자체로 환기시키는데 그치지 않는다. 슬픔으로 고조되었던 감정은 '당신이 서서 계신다면' 그 아픔도 반짝이리라는 순정을 담은 의지적인 감정으로 변환되고 있다. 이러한 시적자아의 여성 정조는 곧 고시가에서부터 표출되어 온 선통적 요소의 하나인 '아니마' 원형이 표출된 것으로 유추할 수 있다. 그러므

로 이 시에 표출된 시적자아의 '아니마' 정서는 '부재한 임(당신)을 향한 사랑과 그리움과 기다림'으로, 조선조 연인지시에 나타난 '아니마'의 정서와 맥을 같이한다고 하겠다.

그런데 많은 시인들이 왜 여성적 페르조나를 즐겨 채용하는 것일까? 그것은 현실의 불안과 고난이 인간의 무의식의 심층에 있는 구원의 여인상, 즉 모성원형을 자극하여 아니마가 작품에 표출되도록 한 것이라고 해석할 수 있다. 원형적 상상력에 의해 구현되는 욕망의 주체는 여성성에 의해 보다 효율적으로 구현될 수 있기 때문이다. 좀더 쉽게 말하면, 화자를 여성화함으로써 시의 상징적 호소력과 설득력을 강화할 수 있는 것이다. 원초적 여성성인 아니마는 여러 가지 다양한 성질을 나타내지만, 특히 남성들이 남성의 페르조나 때문에 소홀히 하기 쉬운 감성과 예감 능력으로 표현될 수 있기 때문일 것이다.

다음의 시 <待人詞>에서, 이도령을 향한 춘향의 그리움은 자연 속에 자신의 처지를 투영함으로써 슬픈 마음을 표현한다.

> 저 칠칠한 대밭 둘레길을 내 마음은 늘 바자니고 있어요. 그러면, 훗날 당신의 구름 같은 옷자락이 不刻스레 보여 오는 것이어요. 눈물 속에서는, 반짝이는 눈물 속에서는, 당신 얼굴이 여러 모양으로 보여 오다가 속절없이 사라지는, 피가 마를 만큼 그저 심심할 따름이어요. 그러니 이 생각밖에는요.
>
> 「당신이 오실 땐 그 많은 다른 모양의 당신 얼굴을 한 얼굴로 다스리시고, 또한 대밭 둘레길에 사무친 한의 내 눈물일랑은 당신의 옷자락에 載陽치듯 환하게 하시라」고요.

이 시에서도 시적자아의 아니마가 '춘향'이 되어 대밭을 거닐면서 '당신이 오실' 미래를 상상하고 있다. 화자인 춘향의 독백 형태로 나타내고 있는 형식인데, 시의 언술에서 '눈물'이 주조를 이룬다. '눈물'은 여성이미지로 여성성을 나타내며, 각 시행의 종결어미도 '~어요, ~는요, ~라고요' 등의 아어체를 사용하여 여성스러움을 더해준다. '눈물'의 빈번한 사용은 감정의 이완을 초래하여 시적 긴장과 상황의 비극성을 감상적인 것으로 끌어내린다. 반면에, 습관적으로 자주 등장하는 '눈물'은 '눈물'이 상기하는 지나친 감상을 '심심한 것', '환해질 수 있는 것'으로 희석시키는 역할도 한다. 화자는 자신의 눈물이 임의 옷자락에 스며들어 그 눈물로 '당신의 옷자락'이 반반하게 펴지기(載陽)를 바란다. 이처럼 화자인 춘향이 중요시하는 것은 현재의 한이 아니라 한이 풀릴 미래인 것이다. '훗날의 당신'에 대한 확신과 당신이 오실 때에 사무친 한이 '재양치듯 환'해지라는 희망의 눈물로 부각되어 있다. 즉, 임의 성공적인 귀환을 바라는 화자의 의식과 행복한 미래를 성취하기 위한 '인내와 의지의 눈물'이다. 고소설 속의 주인공인 춘향이 이 시에서는 미래에 대한 희망을 잃지 않는 의지적인 인물로 나타나면서 '해한' 의지를 형상화하고 있다.

여성 화자를 통해 나타낸 사랑과 그리움, 즉 여성성의 표출은 시인의 무의식에 잠재된 '아니마'와 무관하지 않다고 생각한다. '아니마'에 의해 표출되는 여성 화자를 통한 사랑의 고백은 여성 작가의 사랑 노래보다 더욱 노골적이고 진솔하며 애절한데, 이러한 현상은 고시가에서나 김소월, 한용운 등의 시에서 잘 나타난다. 여성 작가들은 자신들의 이야기이기 때문에 될수록 우회적으로 표출하거나 잘 드러내지 않는 반면, 여성 화자로 표출되는 남성의 작품에서는 여성의 내면의식까지도 적나라하게 표출하고 있음을 작품을 통하여 읽을 수 있다. 이것이 무의식의 내적 인격인 '아니마'의 특징이기도 하다.

앞에서 살폈지만, '춘향'의 시적 변용은 이미 김소월, 김영랑에 의해 시도되었다. 이들의 시에서는 '인물명' 혹은 '지명'만을 채택하거나, 춘향의 절개를 강조하는 등 주제적인 측면을 강화하는 정도로 나타난다. 그러던 것이 서정주의 <추천사>에 이르러서야 어느 정도 시적 형상화에 성공을 거둔다.[151] 주지하다시피 박재삼은 서정주의 추천으로 『현대문학』지에 마지막 추천 작품이 발표되면서 등단했다. 그리하여 그의 시적 변모는 서정주와의 만남을 통해 이루어졌다는 말을 듣기도 한다. '춘향'의 시적 변용도 그에 영향을 입었음을 유추할 수 있다. 그러나 서정주가 『춘향전』의 서사구조를 시상에 반영하여 적극 활용하고 있음에 비해, 박재삼은 원전과의 거리를 보다 멀리 유지함으로써 미학적 성취도를 높이고 있어 차이를 보인다. 참고로 서정주의 작품 <추천사(鞦韆詞)>를 보도록 하자.

> 香丹아 그넷줄을 밀어라 / 머언 바다로 / 배를 내어 밀듯이, / 香丹아 //
> …(중략)…//
> 珊瑚도 섬도 없는 저 하늘로 / 나를 밀어 올려다오. / 彩色한 구름같이 나를 밀어 올려다오 / 이 울렁이는 가슴을 밀어 올려다오! //
> 西으로 가는 달 같이는 / 나는 아무래도 갈수가 없다. //
> 바람이 波濤를 밀어 올리듯이 / 그렇게 나를 밀어 올려다오 / 香丹아.

이 시는 서정주가 『춘향전』의 모티프를 가지고 쓴 작품 가운데 하나이다. 이 시의 표면적인 구성은 춘향의 이도령에 대한 사랑의식으로 되어 있지만, 심층적으로는 그러한 사랑의 완성을 통해서, 세속적인 일시성을 벗어버리고 영원성으로 나아간다는 그런 의미를 담고 있다.[152] 곧 세속적인 삶의 유한성을 인식하고, 영원한 삶으로 돌아가고자 하는 인간의 유토피아적 욕망에서 나온 작품이라고 하겠다. 이에 비해 박재삼은 민족 정서의 밑바탕에 흐르는 한의 정서를 읽어내고 이를 이미지화 했다는 점에서 차이점을 가지고 있다. 다음의 작품은 <水晶歌> 전문이다.

> 집을 치면, 精華水 잔잔한 위에 아침마다 새로 생기는 물방울의 선선한 우물 집이었을레. 또한 윤이 나는 마루의, 그 끝의 平床의, 갈앉은 뜨락의,

---

151) 전영주, 앞의 논문, p.78 참조.

152) 송기한, 『한국 전후시와 시간의식』(태학사, 1996), p.140 참조.

물냄새 창창한 그런 집이었을레. 서방님은 바람 같단들 어느 때고 바람은 어려올 따름, 그 옆에 順順한 스러지는 물방울의 찬란한 마음이 아니었을레.

하루에 몇 번쯤 푸른 산 언덕들을 눈 아래 보았을까나. 그러면 그때마다 일렁여오는 푸른 그리움에 어울려, 흐느껴 물살짓는 어깨가 얼마쯤 하였을까나. 진실로, 우리가 받들 山神靈은 그 어디 있을까마는, 산과 언덕들의 萬里 같은 물살을 굽어보는, 춘향은 바람에 어울린 水晶빛 임자가 아니었을까나.

고전을 소재로 하여 시를 쓸 때의 장점은 이미 널리 알려진 고전이 갖고 있는 정서적 측면을 활용하여 객관화된 미적 성취를 이룰 수 있다는 점일 것이다. 위의 시에서 춘향이 처한 상황은 구체적으로 드러나 있지 않다. 다만 『춘향전』의 정서적 측면만을 활용하여, 춘향과 서방님(이도령)의 관계를 제시하고 있을 뿐이다. 이 시는 『춘향이 마음』의 첫머리에 실린 작품이다. 연작시 『춘향이 마음』에서 우선 추출해 낼 수 있는 정조는 그리움이다. 이 그리움이 위의 시 <수정가>에서는 '물'의 심상을 통해 형상화되고 있다. 즉, 춘향과 이도령을 '물'과 '바람'의 이미지로 나타내면서, 춘향의 마음을 바람의 움직임에 순응하는 물과 같은 마음으로 형상화한다. 곧, 시적화자는 이도령을 향한 춘향의 정결한 그리움과 그 마음의 빛남을 '선선한 우물집—창창한 물냄새—순순한 스러지는 물방울'이라는 계기적 흐름 속에서 정결함으로 형상화하고 있는 것이다. 특히 '정화수'의 이미지를 집이라는 공간 전체에 확장시켜 놓는다. '정화수'는 전통적으로 생명을 상징하며 생명수로서의 존재의미를 갖는다. '정화수'로 표현된 맑은 물은 순수한 물질로서, 언어의 현실적 의미에서 빛을 발하고 순수성을 비추는 것이며, 또한 맑은 물은 빛을 만날 때 더 한층 밝음을 얻는 것이다.[153] 여기에서 우리는 물의 이미지를 '맑음'만이 아니라 '밝음'으로도 보는 분명한 의미를 찾을 수 있다. 물의 이미지는 대개 맑음에서 비롯되고, 맑은 것은 또 속성상 슬픔과

153) Gaston Bachelard, 이가림 역, 『물과 꿈』, pp.206～209.

관련되지만, 이 시의 형상화 과정에서는 물이 맑음의 슬픈 이미지를 완전히 극복하고 있기 때문에 '찬란한 밝음'이 된다. 임을 기다리는 춘향의 사랑이 지루한 인내의 고통을 이기고 밝은 여유를 회복한 것도 마음속의 슬픔을 삭여 풀어내고 마침내 그 자리를 빛으로 채울 수 있었기 때문이다. 순순히 스러져 찬란함으로 변모된 춘향의 정결한 마음은 2연의 '푸른 산 언덕'이라는 개방적 공간에서는 '그리움'으로 표출되고 있다. 이 그리움이 또 다시 물의 이미지와 결합하면서 그리움이 빚어내는 슬픔과 연결된다. '물살'과 '그리움', 그리고 거기에서 빚어지는 슬픔은 '수정'으로 결정화해서 '춘향이 마음'이 빛을 발하게 하는 것이다.

전통적으로 '물'은 여성적 이미지이다. 위의 시에서 물에다가 시적자아의 마음을 이입시켜 임(서방님)을 그리워하는 감정을 여성 정조로 표출한 것은 시인의 내면에 존재하고 있는 아니마의 표출이라고 판단된다.

다음은 시 <화상보(華想譜)> 일부이다.

> 목이 휘인 채 꽃진 꽃대같이 조용히 춘향이는 잠이 들었다. 칼 위에는 눈물방울이 어룽져 꽃이파리의 겹쳐진 그것으로 보였다. 그렇다, 그것은 달밤일수록 영롱한 것이 오히려 아픈, 꽃이파리 꽃이파리, 꽃이파리들이 되어 떨고 있었다.

위의 시에서는 옥에 갇힌 춘향의 칼 위로 떨어지는 눈물을 아름다운 꽃잎에 비유하여 표현하고 있다. 억울하고 원통한 아픔 속에서도 그 슬픔에 빠지지 않고, 그 눈물을 달밤일수록 더욱 빛이 나는 꽃이파리로 바라보고 있는 것이다. 그것은 곧 어떤 어려움 속에서도 그 현실적 제약을 넘어서고자 하는 의지의 형상화라고 하겠다.

박재삼의 많은 작품에 나타나는 '눈물'은 패배적인 것이 아니라 삶의 의미를 역설적으로 확인하는 순간에 획득된다. 그러한 눈물이 갖는 상징적 효과는 '감상'에서 '의지'로 바뀌는 데서 찾을 수 있다.

위에서 인용한 작품들 외에도 <춘향이 마음>에 나타나는 울음의 모티프나 눈물의 심상은 모두 유사한 양상을 지닌다.

> 강물로 우리는 흘러가다가 마음드는 자리에 숨어와 보면, 머언 그 햇볕 아래 강물만큼은 반짝인다 반짝인다 할 것 아닌가. ……(중략)……
> 無時로 낭패하기 쉬운 어지럼병이 우리를 잡아가, 우리는 썩어질 몸밖에 안 남는다 할지라도, 우리의 울음의 구슬 속에는, 문득 반짝이는 소나무가 한 그루 정확하게 서 있던 게 아닌가. -<한낮의 소나무에> 부분-

> 刑틀에 매여 원통하던 일을 이승에서야 다 풀고 갔으련만 / 저승에 가 비로소 못 잊겠던가 / 춘향이 마음은 조롱조롱 살아 다시 열렸네. // 저것은 가냘피 아파 우는 소리였던 것을, / 저것은, 여릿이 구슬 맺힌 눈물이던 것을, / 못 견딜 만큼으로 휘드리었네. -<葡萄> 부분-

위에 인용한 시편들에는 모두 '눈물' 혹은 '우는' 행위가 나타남으로써 시의 주된 정조가 드러난다. 눈물은 춘향에게 고난의 상징물이지만 위의 시편들에서는 고통이나 슬픔 이상의 의미를 갖는다. 그것은 '눈물' 혹은 '울음'이 '꽃이파리', '소나무', '포도' 등의 이미지와 연관을 맺고 있는 것에서 알 수 있다. 꽃이나 포도송이의 이미지가 환기하는 아름다움, 소나무가 상징하는 절개와 정화의식은 춘향이 처한 비극적 상황을 넘어서는, 곧 어떤 어려움 속에서도 그 현실적 어려움을 넘어서고자 하는 의지의 형상화이다. 춘향이 중요하게 여기는 것은 현재의 한이 아니라 한이 풀릴 미래인 것이다.

이처럼 박재삼의 시에 등장하는 춘향은 미래에 대한 희망을 잃지 않는 의지적인 인물로 나타난다. 박재삼은 고전 속의 소재를 운용하여 새롭게 창출하고 형상화함으로써 차안과 피안을 넘나드는 시적자아의 몽상을 그리고 있는 것이다. 바슐라르가 '이미지로 가득 찬 순수한 몽상은 가장 특징적인 아니마의 표현이며, 몽상의 시학은 아니마의 시학'[154]이라고 말한 것처럼, 시인의 상상력으로 재창조된 춘향의 정서는 아니마의 투사에 의한 것이라고 해석할 수 있다. 그것은 어조에서 '눈물방울, 어룽져, 달밤, 청청한, 임, 강물, 마음드는, 머언, 반짝이는, 울음, 구슬, 조롱조롱, 우는, 눈물' 등 유음과 유성음이 내재된 시어들이 중심을 이루어 여성적 정조를 더욱 두드러지게 하는 점에서도 파악된다. 종결어미에서도 '~까보다, ~련만, ~던가, ~었네' 등 다분히 민요적인 요소를 도입한 것도 예스런 우리의 감정과 아니마 원형인 여성성을 나타낸다. 여성이미지를 나타내는 이러한 시어의 운용으로 시의 내용은 자연스럽게 여성성을 나타낸다. 이러한 여성성은 시인의 무의식 속에 있는 여성성의 표출, 즉 아니마의 개입에 의한 것이라고 판단된다. 특히 눈물은 물, 시내, 대지와 더불어 여성이미지로서 생성·풍요·부활의 의미를 가지는 물의 속성에 포함된다. 바슐라르는 '물의 이미지는 모든 몽상가에게 여성성의 감흥을 전해 준다. 몽상은 꿈이 아니라 아니마의 자유로운 확장이다. 일반적으로 성실한 몽상 속에서 포착된 순수한 이미지들은 자주 아니마의 덕성을 말하고 있다.'[155]고 하였다. 이러한 아니마의 표출은 다른 작품에서도 쉽게 읽을 수 있다.

> 오늘은 귀를 뜨고 마음을 뜨고, 아, 임의 말소리, 미더운 발소리, 또는 대님 푸는 소리로까지 어여삐 기뻐 그려낼 수 있는 / 明明한 明明한 매미가 우네. -<매미 울음에> 분분-

> 웃녘에 돌림病이 퍼져 서방님 살아 계시기를 빌었을 때에도 웃마을의 복사꽃이 웃으면서 뜻을 받아 말하고 있던 거라요. …(중략)… 오손도손 살 일이란 것도, 조출한 비개인 하늘 밑에서 서로의 눈이 무지개선 서러운 산등성 같은 우리의 마음일 따름이라요. -<無縫天地> 부분-

154) Gaston Bachelard, 김현 역, 앞의 책, pp.74~75 참조.

155) 위의 책, p.77.

그리 아프던 일도 / 이 한때 구름 거둔 하늘로 / 막막한데 // 저것 보아요 / 달빛 깔린 누리를 / 그냥이야 어찌 지내겠어요. // 모처럼 고향 온 셈치고 / 임의 피리 부는 솜씨가 / 이밤에 되살아 // 눈감기듯 내목숨에 / 닿아나 줬으면 / 恨 풀리겠네. -<피리> 부분-

위의 시편들에서도 시적화자인 춘향이 '임'에 대해 갖는 그리움과 기다림의 여성적인 정조가 중심을 이룬다. 시의 언술에서 보면, '임의 말소리, 미더운 발소리, 어여삐, 서방님, 복사꽃, 오손도손, 비개인 하늘, 무지개, 서러운, 구름, 달빛, 한' 등의 시어들과, '~우네, ~이라요, ~보아요, ~겠어요' 등의 아어체 종결어미는 모두 여성 정조를 내포하고 있는 여성이미지들이다. 시의 내용에서도 화자는 언젠가는 그리운 임을 만나 반드시 그 한이 풀릴 것이라는 의지를 표명한다.

이제까지 살펴 본『춘향이 마음』의 시편들은 본래의 춘향전이 가졌던 서사적 의미들은 제거되고, 춘향이가 이도령에 대해 갖는 마음을 자연물의 심상을 이용하여 형상화한 것이다. 이 마음의 형상화에 주된 역할을 담당하는 것이 바로 시인의 무의식에서 비롯된 아니마 원형이다. 시적자아의 아니마가 여성 화자가 되어 여성의 정서, 또는 여성의 어조로서 표출되고 있는 것이다. 원형으로서의 아니마는 그것이 다른 대상에 투사되어 경험될 때 잘 인지된다. 우리 민족의 문학적 원형의 하나인 '춘향'을 시 속에 끌어들여 새롭게 변용시킨 박재삼의 작품에서 '춘향'의 이미지는 바로 박재삼의 아니마가 투사되어 나타난 것으로 해석할 수 있다.

이러한 작품들은 고전적인 모티프에 현대적인 주제의식을 결합시킴으로써, 고전을 현대적으로 재해석하고 있다는 의의를 갖는다. 즉, 단순히 과거의 영원불변한 시공간으로 옮겨가는 것이 아니라, 한 개인의 이념 혹은 시정신과 연결된 고전의 현대화 방식을 작품으로 보여줌으로써, 현재의 삶에 영향을 주는 것이다. 이와 같은 특징을 갖는 박재삼의 시는 소월에서 영랑, 그리고 미당과 청록파로 이어지는 한국 전통서정시의 연장선상에 놓인다.

또한 후대의 전통서정시의 흐름으로 이어진다는 점에서 중요하다고 하겠다.

2. 박용래의 페르조나 결여와 자기실현

박용래의 생애에 대한 여러 기록을 보면, 그는 사회생활을 배제한 채 오로지 시를 위해 다른 많은 것을 포기하다시피 하였다. 그가 자아를 외부현실에 적응시키지 못하고 고독, 소외감 등으로 고통을 겪은 것은 융의 심리학에서 말하는 페르조나(persona)의 결여 때문이라고 판단된다. 그런데 박용래가 갖고 있던 고독이나 소외감은 '주위에 사람들이 없어서 생겨났다기보다는 오히려 사소한 것에도 지나칠 정도로 반응하는 그의 시적 감수성을 다른 사람들이 이해하지 못했기 때문'이라고 김성우는 그의 논문에서 밝히고 있다.

인간에게는 전체로서 살 것을 스스로 요구하는 경향이 있다. 그가 그 자신으로서 살지 않고 그의 어느 한 면만을 내세우고 살면 언젠가는 그의 다른 면이 그의 삶의 일부로 참여시켜 주기를 요구하게 된다. 다시 말해서 자아가 의식에만 집착하면 무의식은 대상기능을 발휘하여 의식에 포함되어 전체가 되려고 한다. 무의식이라고 부르는 마음의 심층에는 언제나 사람으로 하여금 전체가 되게끔 하려는 원동력이 움직이고 있는 것이다. 그가 사회와 이웃과 다른 사람의 투사와 기대에 의하여 만들어진 그의 페르조나나 자아의식에 집착하여, 좁고 경화된 '역할' 속에 기계적인 인생을 보내지 않도록 그로 하여금 주어진 전생명력을 불태우도록 촉구하는 무의식의 힘—그 힘은 자아의식이 좋아하든 싫어하든 그 자체의 목적에 의하여 의식에 작용한다. 그것은 그로 하여금 다른 사람 아닌 그 자신의 전체가 되도록 자극한다. 이것이 바로 융이 말하는 '자기원형'(Archetypus des Selbst)의 기능이다. '자기'란 의식과 무의식을 통튼 하나인 그의 전부를 말한다. 융에 의하면 의식의 인간뿐 아니라 그림자, 아니마, 아니무스 등 무의식의 모든 속성을 포함한 전체인 것이다.

자기원형이 그 사람으로 하여금 그 사람 자신이 되게끔 하는 무의식에 존재하는 근원적 가능성이라면, '자기실현'(Selbst verwirklichung)은 이러한 가능성을 자아의식이 받아들여 실천에 옮기는 능동적인 행위를 말한다. 여기에는 자아의 결단과 용기와 인내심이 필요하며 이것이 있음으로써 비로소 무의식과 의식의 합일이 가능해진다. 자기실현은 다른 말로 '개성화'라고도 한다. 진정한 개성을 실현한다는 뜻이다. 즉, 그 사람 자신의 전부가 된다는 뜻이다.[156] 결국 자기실현은 무의식을 의식화함으로써 가능한데, 이러한 자기실현에 도달하기 이전의 상태는 내면적 갈등상태로 제시되곤 한다.

박용래가 등단하였던 1950년대는 모든 것이 전쟁으로 인한 혼돈과 무질서의 시기였다. 모든 존재의 존재성에 회의가 들고 주체의 위기를 경험할 수밖에 없었던 당대 시인들에게 있어 시적 주체는 일상적 자아와 초월적 자아 사이에서 방황과 갈등을 경험할 수밖에 없었다. 박용래 역시 이런 당대의 분위기에서 자유로울 수 없었을 것이라고 추측된다.

芭蕉는 춥다
창호지 한 겹으로

왕골자리 두르고
三冬을 난다.

받쳐올린 天井이
갈매빛 하늘만큼 하랴만

잔솔가지 사근사근

---

156) 이부영, 『분석심리학』, pp.112~125 참조.

눈뜨는 밤이면

웃방에 앉아
거문고줄 고르다.

이마 마주 댄
희부연한 고샅길.

芭蕉는 역시 춥다.
시렁 아래 小盤머리.

위의 시 <自畵像1>의 1연에서는 방안에 갇혀서 삼동을 나는 화자 자신을 '파초'로 의인화하고 있다. 파초와 화자의 모습이 동일하게 폐쇄적 이미지를 갖는다. <자화상1>이라는 제목 그대로 '갈매빛 하늘'을 꿈꾸는 파초에 자신을 투사시키고 있는데, 파초가 시인 자신의 얼굴이기는 하지만, 자신이면서도 또한 자신이 아닌 시적자아로 표출된다는 점에 유의할 필요가 있다. 이러한 차이는 '외적 인격'으로 나타나는 페르조나에 기인한다. 이 시에서 시적자아의 모습은 박용래의 다른 작품에서도 쉽게 볼 수 있는 것처럼 외부세계에 적응하지 못하는 갈등의식을 표출한다. 다만 자신의 내면에 시선을 돌리고 있으며 대체로 안정적인 자아의 모습을 볼 수 있는데, 자신의 내면에서 새롭게 자라나는 또 다른 자아의 모습을 나타낸다. 첫째 연과 마지막 연에서 '파초는 춥다'를 두 번씩이나 반복하고 있는 표현에서 유추할 수 있듯이, 폐쇄된 공간 속에서 현실의 상황을 감내하려고 하지만 현실에 적응하지 못하고 있는 자아의 모습을 나타낸다. 파초는 겨울이 없는 따뜻한 남국의 식물이다. 그런 파초에게 삼동은 가혹한 현실이다. 어쩔 수 없이 파초는 방안으로 들어올 수밖에 없다. 이는 바깥세계로부터의 일시적인 추방과 다르지 않다. 외부세계를 향한 시적자아의 극복의지는 자아의 심리적 공간인 '갈매빛 하늘'에서 나타나지만, '천정'이라고 하는 내면공간은 그런 자아의 상승의지에 부합하지 못하고 있어 또 다른 자아의 갈등 요소가 된다. 추위에 쫓겨 방안으로 들어온 파초에게, 추위를 막기 위한 조처는 '창호지 한 장'을 바른 문과 '왕골자리'로 둘러놓은 것이 전부이다. 이처럼 파초가 처한 현실은 시적자아의 현실과 완전히 동일한 의미를 갖는다.

'밤', '웃방', '희부연한 고샃길' 등의 소외된 심상들은 현실에 적응하려는 자아의 모습과 대조를 이루어 여전히 갈등 양상을 보인다. 그 겨울의 긴 밤을 파초는 '웃방에 앉아 거문고 줄을 고르며' 지새울 뿐이다. 폐쇄된 공간 속에서도 따뜻한 곳에 자리 잡지 못하고 추운 윗방에 있다는 것은 안락하고 평화스러운 곳에 자신이 놓인 것을 허용하지 않는 갈등의 표현이다. 시적자아의 현실 대응은, 5연에서 '거문고 줄을 고르는' 행위로 나타난다. 갈매빛 하늘을 바라볼 수 있는 외부공간이 아니라 '시렁 아래 소반머리'라는 좁고 누추한 공간이 박용래의 시적자아가 머무는 곳이다. 이처럼 자아는 폐쇄된 공간 속에서 자신의 내면세계를 만들어 간다. 그것은 어쩌면 시인 박용래에게는 '시작' 행위와 등가의 관계에 있다고 할 수 있다. 강경자는 그의 논문에서, 박용래 시인이 하나의 꿈을 갖고서 전 생애를 매진한 백결 선생의 올곧은 삶에 주목하고 있었다는 점을 강조하며 이 시를 논의하고 있다. 박용래 시인의 일관된 삶을 생각하면 그러한 작품의 배경 설명에 수긍이 간다.

다음 인용은 이 시의 내용을 이해하는 데 도움이 되는 박용래의 자전적 에세이의 한 부분이다.

> 하나의 꿈에다 전생애를 걸고 간 사람이 보인다. 비록 누더기를 걸쳤을망정 낭산골, 우리네 백결 선생은 하나의 꿈에다 전생애를 걸고 간 사람이 아닌가 한다. 설령 그것이 그 시대에 있어 별볼일 없는 것이었다 한들. 그 사람의 뒷모습이 보인다. //
>
> 박고지 말리는 狼山골/ 학이 된 百結 선생/ 돗자리 두르고/ 거문고줄 고르

면/ 훗훗 밭머리 흩어지는/ 새떼 …(하략)…[157]

‘거문고 줄’을 고르는 것은, 삶을 일관성 있게 살고자 하는 시인이 심리적 갈등으로 흔들릴 때마다 평정을 찾기 위한 행위의 표현이다. 하나의 꿈에 전 생애를 걸었던 백결 선생의 일관된 삶은 시인의 삶에도 사표가 되었다고 추측할 수 있다. 그리하여 <자화상1>에서 박용래 시인은 백결 선생의 이미지를 떠올려 자신도 그러한 삶을 살고자 하지만, 현실적 자아와 초월적 자아 사이에서의 간극을 해소하지 못하고 식물적 심상인 파초를 통해 갈등을 표출하고 있는 것으로 해석된다. <自畵像2>를 보자.

한오라기 지풀일레

아이들이 놀다 간
모래城
무덤을
쓰을고 쓰는
江둑의 버들꽃
버들꽃 사이
누비는
햇제비
입에 문
한오라기 지풀일레

새알,
흙으로
빚은 경단에

---

157) 박용래, 앞의 책, p.70.

묻은 지풀일레

窓을 내린
下行列車
곳간에 실린

한 마리 눈(雪)속 羊일레.

이시에서 화자는 자신을 '한오라기 지풀'과 '한 마리 눈(雪)속 양'으로 비유하고 있다. '한오라기 지풀'은 현실에서 무능할 수밖에 없는 생활인으로서 일상적 자아의식이 투영된 객관적 상관물이다. 박유미는 그의 논문에서, '한오라기 지풀'과 '한 마리 눈 속 양'의 두 이미지는 자기 자신을 시적 대상으로 바라보는 시인의 객관적이고 엄정한 시선에서 비롯된 것으로, 이는 현실적 무능력에 대한 자의식과 이상적 자아가 추구하는 염결의식의 이중적 발로[158] 라고 말한다. 시인과 동일시되고 있는 '한오라기 지풀'이나 '한 마리 눈 속의 양'은 별로 희구할 만한 가치도 없고 욕망의 대상은 더더욱 아니지만, 이러한 비유는 시적자아가 화려한 외양에는 현혹되지 않고 있으며, 거짓 없는 본연의 자기 모습을 더욱 중시하고 있다는 사실을 말해주는 것이라 하겠다. 손종호는 시인이 자신을 '지풀'과 '양'으로 비유한 것에 대해 존재의 비천함과 불안의식을 느낄 수 있다고 보면서, 전자는 근원적 절망감이고 후자는 상황에서 오는 절망감이라는 이원적 제시를 하고 있다.[159] 물론 상황 속에서 불안의식이 느껴지기는 하나 전자와 후자는 다른 측면에서 다루어야 할 것이다.

시적자아의 투사 대상들은 비록 힘없고 연약한 것들이지만 어떻게 보면 시인이 꿈꾸는 소박한 세계에서는 가장 어울리는 모습일 수도 있다. 특히

158) 박유미, 앞의 논문, p.102 참조.

159) 손종호, 「박용래의 시세계 연구」, 『논문집』(충남대 인문연구소, 1989), p.9.

눈 속의 양이 되고 싶어 하는 데에서 시인의 여성적 순결함의 모습을 엿볼 수 있다. 곧 무의식의 원형인 아니마의 표출이라 하겠다. '눈'과 '양'은 모두 순결의 상징이다. '양' 이미지는 세속성이 제거된 순결의 표상으로, 신화시대부터 지목된 '속죄양'의 원형심상에서 찾을 수 있다. '양'은 동양의 신화나 무속, 민속에서도 길상, 온순, 고결, 평화의 상징으로 상정되는 것이 일반적이다. 이러한 '양' 이미지의 표출은 이상적 자아를 추구하는 무의식의 투사이다. '눈'은 박용래 시에서 자아를 원형의 세계로 인도하는 매개물의 기능까지도 수행한다. 즉, 눈은 시의 주제를 잘 드러내기 위한 이미지의 기능뿐만 아니라 시 전체를 지탱하는 역할까지도 담당하는 것이다. 눈이 내리면 그 통일적인 색조 때문에 외계의 존재들은 점차 감소되는 반면, 시인의 모든 내밀함의 가치들은 그 강도가 커지게 된다. 그것은 세상의 경계가 모호해지는 것처럼 시인의 의식과 무의식의 경계도 모호해지기 때문이다. 그러므로 눈이 오는 시간은 박용래가 내면성찰을 수행하면서 무의식에 더욱 가까워지게 하는 중요한 시간적 요소로 작용한다고 볼 수 있다. 그것은 외계의 혼탁함에 젖어있었던 시인의 내면이 순화되어 좀 더 초월적인 경지로 나아갈 수 있도록 만들기 때문이다.

한편, 화자는 자신이 처해 있는 현실을 '창을 내린 하행열차 곳간'으로 인식하고 있다. 어디론가 가고 있지만 어디로 가는지 알 수 없는 우리들 삶의 무정향성을 '하행열차'로 비유하고 있는 것이다. 그뿐만 아니라 일상적 삶의 위압감은 '창을 내린 곳간'과 같이 폐쇄된 또는 감금된 현실 속에 잘못 던져진 한 마리 눈 속 양에 자신을 비유하도록 한다. 양은 순한 동물이다. 너무나 약하고 순한 양이 눈 속에 있다면 그것은 고통이다. 더구나 그 양은 창문까지 내린 어두컴컴한 화물열차의 곳간에 실려 가는 존재이다. 이렇게 열악한 현실에서 고통을 받고 있는 모습은 결국 시인의 정신적 세계를 나타내는 은유적 표현이라 하겠다. 그러므로 이 시는 상황과 존재에 대한 절망의식보다는 자신의 존재를 확실하게 자각하고 있다는 것을 알게 해준다. 박용래의 시적자아는 이렇게 <자화상2>에서 의식 분화가 외부세계에 대한 개인의 일반적인 심리 태도의 형태와 깊은 관계를 가지면서 외면화하는데, 이렇게 자아가 페르조나와 동일화하려는 것을 원형적 상상력에 의한 팽창(inflation)이라 한다. 이러한 팽창에 의한 시적자아의 총괄이 페르조나로 집약되고, 따라서 페르조나에 대한 무의식적이고 자동적인 투사[160)]가 원형적 동일성을 가능하게 하는 것이다. 이것은 페르조나가 자기이면서도 비자기(非自己)일 수밖에 없는 논리를 제공한다.

다음의 시 <五柳洞의 銅錢>을 보도록 하자.

한때 나는 한 봉지 솜과자였다가
한때 나는 한 봉지 붕어빵였다가
한때 나는 坐板에 던져진 햇살였다가
中國집 처마밑 鳥籠 속의 새였다가
먼 먼 輪廻 끝
이제는 돌아와
五柳洞의 銅錢.

박용래가 시를 쓰는 이유는 끊임없는 자기 찾기의 과정이었다. 융에 의하면 외부세계를 향해 자신의 페르조나를 정립하려 했던 자아는 자기원형으로 회귀하고자 한다.

인용한 시 <오류동의 동전>은 화자가 자아변모과정에 대해 객관적으로 응시하고 있는 작품이다. 곧 윤회사상을 빌려와 자신의 존재전환을 제시하고 있다. 각 행의 '~였다가'라는 과거형의 반복은 '아무것도 아닌' 자아의 모습, 즉 무엇이라고 규정할 수 없는 자아의 모습을 보여준다. 심상의 추이는 '솜과자→붕어빵→햇살→새→동전'으로 변이된다. 팽창되고 확대된 상승구조에서 폐쇄과정을 거쳐 달관된 자아의 모습을 발견할 수 있게 해 준다. 그러나 이러한 심상의 변화는 자기실현의 과정으로 해석할 수 있다. 자

160) Wilfred L. Guerin 외, 앞의 책, p.188.

기실현은 다르게 표현하면 '개성화'(individuation)[161]의 과정이다. 그것은 진정한 개성을 실현한다는 뜻이며, 그 사람 자신의 전부가 된다는 뜻이다. 자기실현이 되면 될수록 그는 지극히 평범한 사람의 모습을 갖추게 된다. 그런데 여기에서 필자는 이 시의 심상 변화를 계기적 질서로 보지 않으려고 한다. 그것은 논의를 쉽게 이끌기 위한 필자의 의도이지만, 이 심상들이 앞뒤가 바뀐다고 하여 시인이 나타내고자하는 정서적 효과에 영향을 크게 주지 않는다는 생각에서이다. 그래서 3행과 4행의 앞뒤 순서를 바꿔놓으면, 융의 심층심리학에서 말하는 자아의 자기실현 과정을 어느 정도 객관적으로 설명할 수 있다.

박용래는 페르조나가 제대로 형성되지 못하였기 때문에 그의 생애를 통해 자아를 외부현실에 적응시키기보다는 내면세계에 더욱 몰입한 시인이다. 그의 자기실혂에 관여하는 것이 바로 아니마의 감수성이다. 융은 자기실현을 위해서는 첫째, 자아에 덮어씌운 페르조나를 벗겨야 하며, 둘째, 자아를 무의식 내용의 암시적인 힘에서 구출해야 한다고 말한다. 다시 말하면, 자기실현은 무의식을 의식화함으로써 가능한데, 마음의 구조에서 말한 여러 가지 내용들, 즉 그림자, 아니마, 아니무스의 의식화가 이루어져야 비로소 그 개체는 전체의 실현을 가능하게 할 수 있다는 것이다.[162]

첫 행에서 화자의 모습은 '솜과자'로 드러난다. '솜과자'가 환기하는 이미지는 맑은 동심의 세계를 나타내며, 미래에 대한 꿈과 자유의 상징적 표현이다. 이것은 자기실현의 과정에서 가장 첫 단계에서 보이게 되는 페르조나의 시도로써 외적 적응의 단계라 하겠다. '솜과자'가 함유한 팽창, 혹은 가벼움의 특성으로 상승구조를 갖는데 반해, 2행의 붕어빵은 고정된 틀을 지향함으로서 폐쇄성을 띄게 된다. '붕어빵'은 자아가 페르조나를 외계에 적응시키지 못하고 다시 내부로 회귀하는 모습을 보여주는 것이라고 하

161) 이부영, 『분석심리학』, p.119.

162) 위의 책, pp.122~123 참조.

겠다. 그러므로 '붕어빵'은 의식화 과정을 거치기 전의 자아의 모습으로 해석할 수 있다. 4행에서 화자는 중국집 처마 밑에 매달려 있는 '조롱 속의 새'로 나타나면서 비극적인 자아인식을 표출한다. 심상구조는 다시 폐쇄된 이미지로 변모하게 된다. 여기서 '조롱 속의 새'는 자아의 '그림자' 원형이다. '그림자'는 의식의 바로 뒷면에 있는 여러 가지 심리적 내용으로 열등한 인격과 같은 것이다. 무의식의 의식화 과정에서 제일 먼저 만나는 것이 그림자인데, 다른 한편으로 그림자는 무의식의 '다르게 하고 싶은 마음'이다. 이 그림자를 극복해야만 자기실현의 길로 들어설 수 있다.[163] 박용래는 그의 산문에서 '남들은 날더러 장 속의 새라 한다. 지혜 있는 새라면 접시물을 튕기고, 푸른 창공을 높이 날아오르리.'라며 자유의지를 내보였다. 그렇게 자유로운 새가 되고 싶어 하던 의지가, 중국집 처마밑 조롱 속에 갇힌 새로 표출한 것은 그의 무의식에 있는 '그림자' 원형이 투사되어 나타난 것으로 유추할 수 있다. 3행에서 자아는 '좌판에 던져진 햇살'로 존재한다. '좌판'은 의식화 과정이 이루어지고 있는 자아의 모습을 반영한다. '햇살'은 가장 확실한 원형상징 중의 하나이다. 햇살의 확산적 이미지는 자아의 어두운 면을 밝혀준다는 상징적 의미를 띠는데, 여기서는 그림자를 극복하는 의지로 작용한다. 이는 화자의 아니마가 투사되어 나타난 것으로 해석할 수 있다. 아니마는 무의식의 원형 중에 특수한 원형이어서 자아의식을 무의식의 심혼, 곧 '자기'에게로 인도하는 인도자(psychopompos), 또는 매개자의 역할을 한다. 그러므로 아니마 인식을 통한 인격의 통합과 분화는 자기실현의 매우 중요한 과제가 된다.[164] 아니마가 반드시 어떤 인물에만 투사되는 것이 아니라 이념이나 물질에도 투사되어 나타난다는 것은 앞에서 이미 살펴본 바 있다. 마음속의 그림자들을 하나씩 소화시켜 나갈 때 우리의 의식은 그만큼 넓어지고 자기 자신의 통찰은 그만큼 깊어지게 된다. 5행

163) 자세한 것은, 이부영, 『그림자』(한길사, 1999) 참조.

164) 이부영, 위의 책, p.44 참조.

의 '먼 먼 윤회'에서 확인되듯 자아의 갈등은 상당히 오랫동안 지속된 것으로 보인다. '상승(팽창)→하강(고정)→폐쇄→확산(팽창)→윤회(응축)'의 심상 전개는 계속 반복이 되다가 마지막 행에서 자기실현에 이르게 되는 것이다. 자기실현의 경지를 화자는 '동전'으로 표현하고 있다. '동전'은 끊임없이 인간들 사이에서, 넓게는 우주공간에서 순환하는 구조를 갖는다. 동전은 원의 은유이다. 원은 자주 원주〔圓環〕와 동일시되는데, 그것은 원주가 순환운동을 한다고 간주되기 때문이다. 이상적이고 완전한 순환원리를 갖는 것이 원환이다. 이것은 자기회귀와 치유, 회복의 자아를 상징한 것으로 자아의 변화된 모습을 드러내게 되는 것이다.

이제까지 논의한 이 시의 심상체계는 순환(cycle) 구조로 정리할 수 있다. 아울러 시인의 자기실현의 과정과 연계하여 살펴보자.

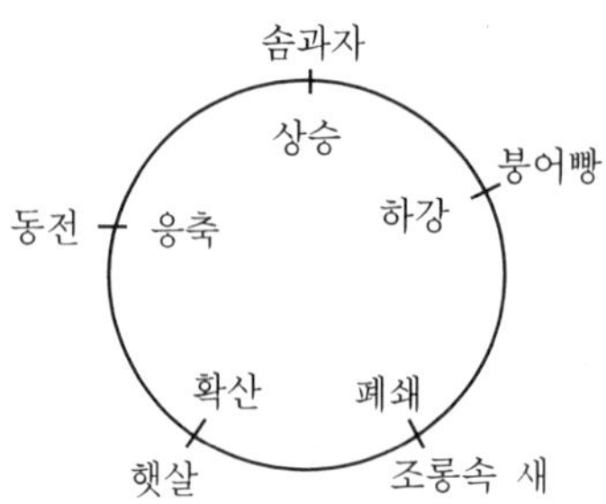

〈 그림10. 심상의 순환 체계 〉

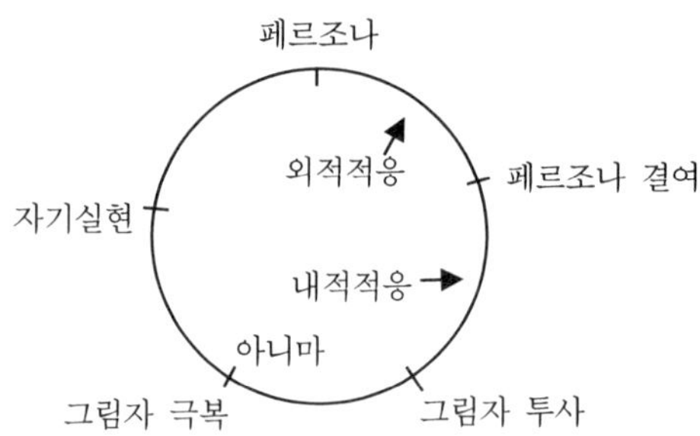

〈 그림11. 자기실현의 과정 〉

<그림11>에서 보듯이, 자기실현은 무의식을 의식화함으로써 가능하다. 무의식의 내용을 깨달아 나가는 단계에 누구에게나 일정한 공식이 있는 것은 아니지만, 마음의 구조에 있는 여러 가지 내용들, 즉 그림자, 아니마, 아니무스의 의식화가 이루어져야 비로소 그 개체는 전체의 실현을 가능하게 할 수 있다고 한다. "자아 또는 '나'는 의식의 중심에서 의식된 마음을 통

솔하고 또한 무의식의 마음과도 관계를 맺을 수 있는 의식의 특수한 콤플렉스이다."[165] 심층심리학에서는 의식과 무의식의 경계는 항상 일정한 것이 아니라고 말한다. 오늘의 의식이 내일의 무의식이 될 수 있고, 혹은 무의식이 의식의 내용으로도 바뀔 수 있다는 것이다. 무의식의 상당 부분은 우리가 적극적으로 인식함으로써 의식의 내용에 동화시킬 수 있다고 한다.

<그림10>에서 회귀를 거듭하는 동전은 자아가 삶의 귀착점에 대해 통찰력 있게 표현한 심상이다. 동전이 상징하는 것은 자아가 자기실현을 위한 마지막 단계인 완결과 관련지을 수 있다. 동전은 인간세계에서 끊임없이 순환하는 존재이다. 따라서 이 시에서 동전은 지금까지의 굴절된 삶을 극복하고 균형과 회복의 단계로 회귀하게 하는 이미지로 해석된다. 결국 자기실현은 박용래 시인 한 사람의 과제일 뿐만 아니라, 동전의 이미지가 표상하는 바와 같이 전 인류의 지향점이기도 한 것이다.

> 하루는 눈발 털며 털며 마을 안팎을 몇 바퀴 돌다가
> 하루는 저 눈밭에 흩어져 긴 이랑을 헤집고 헤집다가
> 하루는 行方不明, 가시울에 찔리다가 돌아오는 길에
> 까마귀야 가자, 활활 소줏고리 달아오르는 주막거리로 가자.
> 눈 오는 날.

위의 시 <눈발 털며>에 나타나는 주된 이미지는 방황이다. 그 방황의 원인이 무엇인지는 알 수 없지만, 눈발이 날리는 날이면 시적자아는 무엇인가를 찾아 길을 나선다. '하루는'이라는 시어 때문에 각기 독립성이 부여된 것 같지만 자아의 방황이라는 측면에서 보면 결국 연속된 상황 속의 공간임을 알 수 있다.

하루는 마을 안팎을 떠돌고(1행), 하루는 긴 이랑을 헤집고 다닌다(2행).

165) 위의 책, p.35.

이렇게 반복되는 행위가 심화되면서 자아는 행방불명에까지 이르게 된다(3행). 무엇인가를 찾아 헤매다가 끝내는 자아까지 잃어버리고 마는, 심한 내적 갈등의 상태로 해석된다.

여기에 눈발의 흩날림은 사물과 사물을 제대로 분별할 수 없도록 작용하여 화자를 헤매게 하는 중요한 요인이 되고 있다. 원래 눈의 원형적 상징은 '평화, 순결, 신성함, 시련, 고독감' 등으로 나타나지만, 고요의 속성을 갖고 있어 바라보는 이에게는 자기정화의식을 갖게 한다. 그러나 이 시에서의 '눈발'은 오히려 '고독감'을 상징하는 것으로 이해된다. 어쩌면 화자는 자신의 고뇌를 잊기 위해 무작정 길을 나선 것인지도 모른다. 여기에서 눈발의 날림, 혹은 눈의 쌓임은 경계의 간극을 소멸시켜 모든 만물을 원초적 혼돈의 상태로 만들고 있다. '돌다가', '헤집다가', '행방불명' 같은 시어들은 바로 혼돈을 암시하는 것으로 해석되기 때문이다.

이렇게 미분화된 공간에서 불안정한 상황의 자아는 '가시울에 찔리'는 고통을 맛보고 좌절하다가 결국 '소줏고리'의 따뜻함을 떠올리고 '까마귀'에게 '주막거리로 가자'고 제안한다. 하지만 현상적 청자인 까마귀는 화자의 권유를 직접 받아들일 수 없는 대상물이기 때문에 화자의 단독 행위만 가능해지게 된다. '까마귀'는 주관적 정서 표출의 보조자로 사용되었을 뿐이다. 화자는 소주를 마심으로써 현실적인 고뇌를 잊고 원초적 혼돈의 상태로 몰입하고자 한다. 이 시에서 화자가 현실을 극복하는 방법은 다만 술로써 자신의 고뇌를 삭히는 것뿐이다.

박용래 시인이 외부세계에 대처하는 방법은 이처럼 시에서뿐만 아니라 그의 일상생활에서도 마찬가지였다. 박용래의 술에 대한 집착은 유별나다고 할 정도였다.

① 어메야 / 한잔 술 취한 듯 / 하 쓸쓸하여 / 보름, 쥐불 타듯.
-<보름> 부분-

② 뜰에 山査子 우연듯 붉은데 / 벗이여 남실남실 넘치는 잔 / 邂逅도 別離도 더불어 멀어졌는데 -<잔> 부분-

③ 벗과 더불어 / 제비 없는 술병은 쓸쓸하구나 -<처마 밑> 부분-

④ 굽이치는 물머리 / 잔 들고 / 어스름에 스러지누나 / 자다 깨다 / 깨다 자다 -<먹감> 부분-

⑤ 어쩌면 글보다 먼저 / 독한 술을 배워 // 잃은 銀錢 한 布袋 / 銅錢 한 布袋 -<銅錢 한 布袋> 부분-

⑥ 어제도 취중이었기에 오늘도 취중이었기에. / 어제도 본의 아니었기에 오늘도 본의 아니기에…… / 순간이라도 본의대로 한 번을 살아 보고 싶다. -<詩를 위한 광세> 부분-

위의 시편들에서 볼 수 있듯이, 그의 인생이 시와 술로 규정되어질 만큼 박용래는 기쁠 때나 슬플 때나 상관없이 술을 마셨다. 그리곤 어김없이 그 자리에서 눈물을 보였다. 이는 물론 그의 유약한 성격과도 관계되지만, 이러한 행위 이면에는 방황을 끝내고 싶은 자아의 비장한 슬픔과 체념이 깃들여 있는 것으로 보아야 할 것이다. 이러한 고통을 통해 박용래는 외부세계에 대처하는 자신만의 방법을 터득했다고 판단된다. 다음의 시 <눈>을 보자.

하늘과 언덕과 나무를 지우랴
눈이 뿌린다
푸른 젊음과 고요한 흥분이 서린
하루하루 낡아가는 것 위에
눈이 뿌린다

스쳐가는 한점 바람도 없이
송이눈 찬란히 퍼붓는 날은
정말 하늘과 언덕과 나무의
限界는 없다
다만 가난한 마음도 없이 이루어지는
하얀 斷層.

이 시에서의 눈은 바람에 날리는 눈발이 아니라 한 점 바람도 없는 날 '찬란히 퍼붓는 송이눈'이다. 눈은 '하늘과 언덕과 나무'를 지우며 내려 쌓인다. 이 눈은 먼저 외부세계의 모든 것을 지운다. 천상의 세계인 하늘과 지상의 세계인 언덕, 그리고 천상과 지상을 연결하며 사다리 역할을 하는 나무까지[166] 눈 속에서 지워진다. 지운다는 것은 경계를 허물어뜨리는 일이다. 이 지우는 행위는 모든 것을 하나로 통합하는 행위와 통하게 된다. 대상과 자아의 경계까지 무너뜨리고 모든 한계를 부정하면서, 눈은 모든 것을 하나로 포용하고 있는 것이다. 곧, 자아의 내부와 외부의 차단이라는 상황에서 눈이 내리고 있는 것이다.

이렇듯 눈 오는 날은 세계와 나와의 경계마저 소멸된다. 경계의 간극을 무화시키는 일은, 심층심리학에서 말하는 시적자아의 '의식과 무의식의 경계가 모호해져 상호 교통이 일어날 수 있는 계기'를 마련하는 일이라 할 수 있다. 융에 의하면, 의식과 무의식이 공존하며 서로를 보완하게 됐을 때 가장 완전한 자기원형에 도달할 수 있다고 한다. 앞에서도 잠시 언급했지만, 모든 사람으로 하여금 '그 사람 자신'이 되게끔 하는 능력이 바로 자기원형의 기능이다. 있는 그대로, 즉 여여(如如)하다는 뜻에서 불교에서 말하는 진여(眞如)의 개념과 비길 수 있다.[167]

---

166) 신화에서 나무는 신이 천계(하늘)에서 지계(인간 세계)로 내려오는 길, 즉 천상계와 지상계를 잇는 다리(매개체) 역할을 한다. 『한국문화상징사전1』, pp.136～141 참조.

그렇다면 화자가 바라보는 이 세상이란 어떤 것인가. 그에게 이 세상은 '푸른 젊음과 고요한 홍분이 서린/ 하루하루 낡아가는 것'이다. 자아에게 '낡아가는' 것은 감정이 고갈되고 있는 부정적인 상황이다. 세상의 모든 존재는 영원할 수 없고 에너지가 소멸되면서 서서히 낡아가기 마련이다. 여기에서 중요한 것은, 바로 이러한 존재의 유한성과 무한성 사이의 경계를 지우는 일이고, '찬란히 퍼붓는 송이눈'이 세상을 지우면서 그 경계를 허물어 버리는 것이다. 이러한 내면세계에 눈이 뿌려짐으로써 '가난한 마음'과 같은 부정적 상황은 소멸되고, '찬란히'와 같은 긍정성을 드러내게 된다. 눈 덮인 세계는 그야말로 하얀 단층이란 단어로 모두 무마시켜 버릴 수 있는 경지가 된다. 여기에서 눈은 '한계는 없다'에서 드러나듯이, 퍼부어져 쌓임으로써 모든 사물들의 일체화를 지향한다. 눈이 퍼부어져 쌓이는 현상은 '하얀 단층'과 깊은 유기적인 관계에 있다. 곧, '단층'이라는 지상을 포괄하는 이미지와 조화를 이루어, 궁극적으로는 무한계 곧, 일체화된 세계를 지향한다.

이러한 세상을 바라보는 시인은 한 점 가난한 마음조차 없는 환희의 순간을 체험한다. 눈이 시인에게 이런 느낌을 갖게 하는 것은 세상의 혼돈을 모두 덮어주어 현실세계의 갈등을 잊게 하고 시인의 상상력을 초월적 경지로 나아가도록 도와주기 때문이다. 따라서 눈이 오는 공간은 시인에게는 고요하고 단순화된 원형적 공간이 된다. 이러한 혼돈 없음의 세계야말로 시인이 안식처로 꿈꿔왔던 그런 곳이다.

자아와 세계를 통합시키는 하얀 단층으로 새로 태어나며, 경계의 허물기를 통해 자아는 내면에 대한 침잠에서 벗어나 외면세계로 나아갈 수 있는 발판을 마련하게 되는 것이다. 다음은 <鶴의 落淚> 전문이다.

세상 외로움을 하얀 무명올로 가리우자

167) 이부영, 『분석심리학』, p.113.

세상 괴로움을 하얀 무명올로 가리우자
세상 구차함을 하얀 무명올로 가리우자
세상 억울함을 하얀 무명올로 가리우자

일년 열두달 머뭇머뭇 골목을 누비며
삼백 예순날 머뭇머뭇 집집을 누비며
오오, 안스러운 時代의
마른 鶴의 落淚

슬픔은 모른다는 듯
기쁨은 모른다는 듯
구름 밖을 솟구쳐 날고
날다가

세상 억울함을 하얀 무명올로 가리우자
세상 구차함을 하얀 무명올로 가리우자
세상 괴로움을 하얀 무명올로 가리우자
세상 외로움을 하얀 무명올로 가리우자

앞의 <눈발 털며>나 <눈>에서는 세계와 자아, 의식과 무의식의 경계를 소멸시킴으로써 자기원형에 이르고자 하는 시적자아의 모습을 확인할 수 있었다.

이 시에서는 외부세계와 화해하지 못하고 갈등을 겪다가, 화자 스스로 자신과의 고독한 싸움을 이겨낸 뒤 자기원형으로 회귀하는 상태를 보여주고 있다. 시적자아에게 세상은 '외로움, 괴로움, 구차함, 억울함'으로 가득 차 있다. 현실과 시대와 불화할 수밖에 없었던 시적자아는 이제 자신의 시대를 '안스러운 시대'로 받아들인다. 자아는 그러한 세계와의 갈등을 '순수함, 고결함, 신성함'을 상징하는 하얀 무명올로 가림으로써 치유하고자 한다. 자신이 살아왔던 구차하고 누추하고 괴로웠던 한 시대를 무명올 하나로 다 가릴 수는 없겠지만, 현실 속에 적극적으로 투신하지 못했던 그의 삶의 태도는 여전히 '머뭇머뭇' 골목을 누비는 '마른 학'의 모습으로 투사된다. '일년 열두달 머뭇머뭇 골목을 누비며/ 삼백 예순날 머뭇머뭇 집집을 누비며'에서 읽을 수 있듯, 자아는 주체로서 스스로 발현하는 욕망과 시대를 받아들여야 하는 운명적 역할 사이에서 갈등할 수밖에 없다. 결국 학은 안쓰러운 시대를 치유하려는 자아의 의지를 보여주는 존재이다. 한국적인 동물 원형론에서 학(두루미)은 승화, 초월 등과 매우 큰 관련을 맺고 있는데, 이 시에서의 '마른 학'은 세상의 모든 짐을 연약한 육체로 짊어진 존재, 곧 시인의 무의식에 잠재하고 있는 아니마의 표출로 파악된다. 또한 학의 방황은 앞서 살펴본 <눈발 털며>의 시적자아의 방황과 같은 의미이며, 여기에서는 단지 학으로 대치되었을 뿐이다. 그렇다 하더라도 고귀한 영혼을 소유한 존재로서의 학은 솟구쳐 나는 상승의지의 구체적 표현이다. '슬픔을 모른다는 듯/ 기쁨을 모른다는 듯' 학이 날지만, 그것은 결코 모르는 것이 아니라 '알면서 버리는 것'이다. '날고 날다가' 그리고 '가리우자'는 반복적 행위는 온 세상을 누비며 갈등을 소멸해야 하는 가혹한 현실의 표현이다. 그리하여 세상의 온갖 '억울함/ 구차함/ 괴로움/ 외로움'을 '무명올'로 가리자는 것이다. 그러나 사실 그 행위의 이면에는 '하얀 무명올' 속에 감추어진 안쓰러운 마른 학의 '눈물'이 있다. 시인은 학의 슬픔을 감추면서 오히려 더욱 드러나게 하는 역설적인 방법을 사용하고 있다. 시인은 학을 통해서 슬픔도 기쁨도 모르는 듯 세속에 연연하지 않는 천상적 존재의 고고함을 배우고 있는 것이다. 이것은 물론 시인이 자기원형의 경지에 도달했기 때문에 가능하다. 시인은 세계와 싸워서 이기는 자아의 모습이 아니라 하얀 무명올로 세상을 가리고 포용해 줌으로써 갈등을 극복하는 차원 높은 자기원형의 경지를 보여주고 있는 것이다.

박용래의 시적자아는 <자화상1>에서는 '파초'로, <자화상2>에서는 '한 오라기 지풀'로, <자화상3>에서는 '겨울 짱짱나무'로 끊임없이 자신을 대상화시켜 왔다. 이렇게 시적자아를 객관적 상관물로 대상화시킬 때에는 시인 자신의 현실과 이상에 대한 간극도 객관화시킬 수 있는 것이다. 늘 주변인으로서, 세계와 자아의 경계에서 떠돌던 시적자아의 평생 화두는 '나는 누구인가'였다. 그에게 시 쓰기는 어쩌면 나를 찾아가는 긴 여로였는지도 모른다. 다음의 시 <솔개 그림자>를 보자.

환한 거울 속에도
아침床에도
얼굴은 없다
노오란 칸나
꽃 너머
저 불붙는 보랏빛
엉겅퀴, 꽃
너머
내 얼굴은
일상의
얼굴 밖에서
바람 부는 자리
솔개 그림자로
들판에 너울거린다

한 인간으로 하여금 그 자신이 되도록 하는, 무의식 가운데에 존재하는 근원적 가능성이 심층심리학에서 말하는 자기원형이다. 이러한 가능성을 자아의식이 받아들여 능동적으로 실천에 옮김으로써 자기실현을 이루게 된다. 이때 자기원형은 언제나 누구에게나 자아로 하여금 전체로서의 생을 발휘하도록 촉구한다. 때로는 저절로 의식에 충격을 가하여 창조적인 인격의 변환을 초래하는 경우도 있다.[168] 융은 자기실현을 위해서는 첫째로 자아에게 덮어씌운 '페르조나'를 벗겨야 하고, 둘째는 자아를 무의식의 내용의 암시적인 힘으로 구출해야 한다고 말한다.

위의 시에서는 시적자아의 갈등을 일상적 현실과 자연과의 대비를 통해 보여주고 있다. 즉, 화자는 현상세계와 자연세계의 사물들을 축으로 안과 밖이라는 공간을 오가며 분열된 자아의 모습을 제시하고 있는데, 이러한 행위는 그 둘의 대립과 갈등에서 벗어나고자 하는 능동적 인식으로부터 비롯된다고 하겠다. 시적자아의 갈등은 '내 얼굴'과 '일상의 얼굴'과의 대칭적인 구조에 의해 구체화되고 있다. 시적자아를 지칭하는 '얼굴'은 화자가 몸담고 있어야 할 현실세계인 '환한 거울 속'이나 '아침 상'에서도 발견할 수 없다. 즉 시적자아는 현실세계에 뿌리내리지 못하고 일정한 거리를 둔 채 대치하고 있음을 유추해 낼 수 있다. 결국 자아는 현실에서 갈등을 극복하지 못하고 '너머'라는 초월의 공간으로 지향하는 자세를 드러낸다. 8행에서 '너머'를 단독 시행으로 처리한 것은 '얼굴'이 일상 공간을 벗어나 있음을 강조하기 위한 것으로 해석된다. 그러나 화자는 일상적 현실로부터 비롯된 고독과 절망에도 불구하고 현실을 부정하거나 거부하지는 않는다. 다만 현실과 자연과의 간극을 소멸하기 위해서 그 자연에 동화하고자 한다. 이러한 내면의식은 '바람 부는 자리'라는 서정공간을 마련하고 있다. 물론 '바람 부는 자리'나 '들판'은 화자가 방황하는 상징적인 공간이지만, 여기에서 화자는 자기 자신을 '솔개 그림자로/ 들판에 너울거리는' 모습으로 비유함으로써, '솔개'라는 생명체의 자연과 그것을 '그림자'로밖에 따를 수 없는 시적자아가 함께 어우러진 화해의 공간을 마련하고 있는 것이다. 여기서 솔개 '그림자'는 자아의 분신, 혹은 또 다른 자아의 상징[169]이다. 이는 현실적인 욕망과 대치되는 심상이라고 볼 수 있다. 이처럼 자아를 '그림자'에 비유한 것은 자아성찰과 더불어 본질적인 자아를 발견하려는 시인의 의도라 할 수 있다. 바꾸어 말하면, 시인은 '페르조나'인 '일상의 얼굴'을 극

168) 이부영, 위의 책, p.119 참조.

169) 『한국문화상징사전1』, p.90 참조.

복하고 자아인 '내 얼굴'을 제시함으로써 자기실현의 완성에 한 발 다가서고 있다고 해석된다.

'페르조나'(persona)는 외적인격으로서의 자기를 바깥에 나타내 보이려는 원형 개념이다. 물론 이것은 작중 화자라는 문예비평 개념으로서의 '페르조나'(퍼소나)와는 다소 구분되는 개념이기는 하다. 문예비평 개념으로서의 '페르조나'는 작품 속에서 시인 자신의 얼굴이 아닌 작중 화자의 시적자아로 나타난다.

'페르조나'는 내가 나로서 있는 것이 아니고 다른 사람들에게 '보이는 나'를 더 크게 생각하는 특징을 가지고 있다. 우리나라 말 가운데 '페르조나'에 해당되는 말은 '체면', '얼굴', '낯'과 같은 것이다. 우리 한국 사회는 특히 '페르조나'가 강조되는 사회이며, 개인이 싫든 좋든 그것과 동일시하도록 강요하거나 어느 틈엔가 동일시되어 있어 진정으로 개성적인 것을 잊어버리게 만들기 쉽다. '페르조나'와의 동일시가 심해지면 자아는 그의 내적인 정신세계와의 관계를 상실하게 된다. 다시 말해서 자기 자신을 돌보지 못하게 되고 그 존재조차도 잊어버린다.[170]

박용래 시인은 분열된 시적자아의 대결을 제시하면서 총체화된 자아를 추구하여 자기실현을 이루고자 한다. 이 시를 대하는 독자 역시 이중적인 공간에 이끌려 들어와 진정한 자아 발견을 모색하며 새로운 심미적 경험을 축적하게 된다.

이상에서, 박용래 시인이 시작 과정을 통해 진정한 '자기'를 찾아가는 과정을 융의 심층심리학에서 무의식의 이론을 적용하여 탐색해 보았다. 시인은 외부세계에 적응하지 못하고 끊임없이 갈등하는 모습을 보여준다. 그러나 그는 외부현실을 통찰하고 포용함으로써 내면세계와 조화로운 세계를 구축하고자 노력하였다. 자아와 외부세계를 연결시키며 자기실현의 완성을 이루는 데에는 본원적 원형의 힘인 아니마가 크게 작용하였음도 파악할 수

170) 이부영, 앞의 책, pp.82~83 참조.

있었다. 그가 평생 추구했던 어떤 절대적인 것과 아름다움을 향한 동경, 대상이나 풍경을 자신의 내면세계로 끌어들여 간직하고자 했던 시정신은 그만이 갖고 있는 특징으로 우리 문학사에 기록될 수 있는 것이다.

3. 천상병의 이상세계로의 길 찾기

천상병은 '물'과 '새', 그리고 '하늘'의 심상을 통해 인간존재에 대한 나름대로의 인식을 드러냈다. 그의 작품에서 표출된 원형심상들이 지향하는 것은 대체로 공통성을 갖고 있는데, 그것은 비관적 현실을 극복하고 원초적 영원세계에 대한 회귀의지의 표상으로 나타난다는 점이다. 천상병은 근원적으로 '인간은 유한한 존재'라는 인식을 갖고 있었다. 그리하여 끊임없이 죽음을 초월한 천상세계에 대한 동경과 지향을 드러냈다.

여기에서는 '길'과 '색채'의 원형심상이 표출된 일련의 작품을 통해 나타나는 시인의 상상력을 탐색해 보고자 한다. '길'은 천상병 시인이 동경하는 초월적 세계에 대한 구체적 행위의 공간으로 나타난다. 길은 멈춰있으면서도 움직이고 아무 것도 없으면서도 모든 것이 있는 역설적인 공간이자, 우리의 생각과 의지와 삶을 모두 투영하는 원형적인 공간이다. 길의 공간성은 언제나 도달해야 할 목적지를 갖고 있다. 길은 출발과 도착의 의미를 지니는 행위의 공간이기 때문이다. 그래서 길은 탐색의 과정을 상징한다. 길은 생명의 끊임없는 움직임과 연관되는 공간이기에 길의 심상에 나타난 시인의 태도는 그의 시적 세계관과 그 맥이 닿아 있다고 하겠다.

<길 · 1>이라는 시를 보도록 하자.

> 옛날에는 도학자(道學者)들이 있어서
> 죽림칠현(竹林七賢)이니 하여 소풍하였다.
> 강변 같은 명산대처(名山大處)에서 왕초들이었다.

길이라고 어리석게 인식할 것이 아니다.
도대체 어디서 시작하고 끝나는 것인지 알똥말똥이다.
옆으로 길다랗다 뿐이다.

이 마을에서 저 마을로 가기에도
꾸불꾸불 길을 따라가고,
사람은 버러지처럼 길에 밀착(密着)되었다.

닮은 것은 강이다.
상류에서 하류로 하구(河口)에서 바다로,
다르다면 고기들이 있다는 것 아닌가!

다리를 건너면 또 계속하여 길이니,
길은 이 지상의 왕초다.
해의 궤적(軌跡)조차 자리는 없다.

길은 공간 이동뿐 아니라 시간의 소통을 뜻하는 원초적 기호이면서, 한편으로는 우주와 인간, 이승과 저승을 매개하는 근원적 통로의 상징이기도 하다. 부여와 고구려 신화에서의 땅 밑의 길(동굴), 물 속의 길 등을 예로 들 수 있는데, 이들은 모두 피안이나 신의 세계와의 내왕을 가능하게 하는 통로를 의미한다. 고려의 건국 신화에서는 고려태조의 조모 용녀가 고향인 서해의 용궁으로 왕래하던 우물[171]을 길의 원형으로 제시할 수 있을 것이다.

길이 지닌 시공의 원형은 필연적으로 그것을 투사하는 심상을 거느리게 마련인데, 인용한 시 <길 · 1>에서 '길'의 심상은 강의 흐름과 동일시되어 있고, 인간은 길이라는 시간과 공간 속에 합일되어 있다. 화자는 길이 환기하는 '이곳과 저곳의 탐색이라는 문학적 전통' 위에 서 있으면서 그의 시선

171) 김열규, 『한국의 신화』, 일조각, 1998, p.116 참조.

은 이곳과 저곳 사이를 이어주는 길 자체를 계속 응시하면서 따라간다. 옛날의 도학자들이 소풍하던 길로, 이 마을에서 저 마을로 가는 통로로, 그 길 위에 있는 사람으로, 강의 상류에서 하류로 다시 하구에서 바다로 이동한다. 그리고 다시 다리를 건너, 해의 궤적까지, 길을 통한 화자의 상상력은 지상적인 삶에서 천상으로 확대되고 있다. 여기에서 우리는 시적자아의 현실극복의지를 읽을 수 있다. 이 시에서 길은 시적자아가 처한 실존적인 삶의 장소이며 나와 세계와 관계맺음의 통로이다. 곧 인생 그 자체인 것이다. 전통적으로 길이 인생의 내부에서는 삶의 이치, 삶의 이법, 삶의 수단 등을 상징하기도 하지만, 이 시에서처럼 인생 자체나 나그네 등을 상징하기도 한다. 그것은 2연에서의 '사람은 버러지처럼 길에 밀착되었다'는 표현과, 마지막 연의 '길은 이 지상의 왕초'라는 인식을 통해서 파악된다. 오늘날 흔히 인륜의 도, 인간의 도를 말할 때에는, 전통적인 도의 상징성을 계승하고 있는 것이다. 그러면서도 길이 고난, 방황, 버려짐, 소외 등을 의미하고 있음은 예전과 다를 바 없다. 예들 들어, '길에 나가 앉은 사람'이라는 표현에서의 길은 그와 같은 여러 가지 부정적 함축성을 고루 갖추고 있는 것이다. 따라서 이 시에서 시적자아는 '해의 궤적'이 표상하는 천상공간으로의 초월을 지향함으로써 소외로부터 벗어나 자유를 획득하고자 한다. 다음의 시도 <길>을 제목으로 한 작품이다.

길은 끝이 없구나
강에 닿을 때는
다리가 있고 나룻배가 있다.
그리고 항구의 바닷가에 이르면
여객선이 있어서 바다 위를 가게 한다.
길은 막힌 데가 없구나
가로막는 벽도 없고
하늘만이 푸르고 벗이고

하늘만이 길을 인도한다.
그러니
길은 영원하다.

<길 · 1>의 연장선상에 놓여있는 이 작품에서의 자아는 명료한 전진의 방향성을 보여준다. 다름 아닌 자유공간인 하늘로의 초월이다. 하지만 그 길은 '강, 항구, 바닷가, 벽' 등의 현실적 장애에 부딪치게 된다. 이러한 갈등 요소가 존재하는 길은 현대적인 삶이 부여한 운명적 길의 한 상징이다. 그러나 갈등은 '다리, 배, 여객선' 등의 심상을 통해 곧 해결된다. 세계와 자아와의 갈등의 극복, 그것은 어떠한 장애도 극복할 수 있다는 시적자아의 긍정적인 삶의 태도에서 비롯된다고 할 것이다. 이제 '막힌 데'가 없고 '가로막는 벽'도 없는 길은 하늘이 안내를 해 주기에 '영원'할 수 있다. 지상세계의 구속성에서 벗어나고자 염원하는 인간이 궁극적으로 도달해야 할 곳은 결국 영원공간인 하늘이다. 이것은 마치 향가 <제망매가>의 시적 정서와 일맥상통하는 점이 있다고 본다. 현실세계와 자아의 단절 속에서 겪게 되는 시적자아의 존재는 결국 '길 위에서 방황하는 존재'이다. 그리하여 시인은 자신이 꿈꾸는 이상세계로의 실체와 그곳에 이르는 길에 대한 인식을 하게 된다.

그런데, 이 시에서 길의 심상과 병렬관계를 이루는 주요 모티프가 하늘이라는 것을 알 수 있다. '하늘'의 심상은 천상병 시인이 끊임없이 천착한 회귀처로서, 지상적 존재인 자아가 고행과 방랑의 현실에서 벗어나 자유를 지향할 수 있도록 이끌어 주는 지표와 같은 것이다. 지상적 세계의 존재 구속성에서 벗어나고자 염원하는 인간에게 하늘은 영원한 자유의 공간이라는 의미를 지닌다. 천상병 시인 특유의 서성거림이 없는, 혹은 막힘이 없는 삶의 태도는, 자아와 세계와의 관계에서 갈등을 해소하고 인간으로 하여금 어떤 방향성이나 지향을 갖게 하는 하나의 원형을 제시한다고 하겠다.

기어이 스며드는 것

절벽 위에서
아슬한 그 절벽 위에서

아!
저 화원입니다
저 처녀입니다

— 붉고 푸르고 누른 내 마음의 마차여
오늘은 또 어디메로 소리도 없이
나를 끌고 가는가

위의 시 <공상>에서의 길은 화자의 내면세계에 나타나는 길이다. 갈 길과 지향처를 어느 정도 암시한다. '나는 며칠 동안 공상을 먹으며 살았다'라는 부제가 달려 있는 이 시에서, 자아가 지향하는 세계, 곧 이상세계의 형상을 어느 정도 감지할 수 있다. 화자가 공상을 통해 통찰하는 절대적 세계는 바로 '화원'과 '처녀'의 세계이다. '화원'과 '처녀'로 표상되는 세계는 훼손되지 않은 순결성을 지닌 세계이다. 그 순결의 세계로 자아를 이끌고 가는 주체는 '내 마음의 마차'이다. 이 '마차'는 다름 아닌 자아의 '공상'이다. 그러나 다다르고자 하는 그 세계는 '아슬한 절벽 위에' 존재한다. 절벽은 더 이상 앞으로 나아갈 수 없다는 공간적 한계성을 지닌다. 그리하여 화자는 '어디메로 나를 끌고 가는가'라는 물음을 던짐으로써 이상세계로의 길을 나선 시인이 한 곳에 정착하지 못하고 방황하는 가운데 방향성을 상실하고 있음을 보여준다. '붉고 푸르고 누른'의 다양한 색채가 의미하는 것은, 색채 고유의 상징성을 떠나 자아의 갈등을 나타내는 이미지로 작용하고 있다. 새로움의 세계, 이상세계로의 길을 찾아 나선 자아의 공상은 뚜렷한 지향점이 있음에도 불구하고 현실세계와의 단절감을 은연중에 표출하고 있는 것으로 해석된다. 다음의 작품은 <주일 · 2> 전문이다.

1
그는 걷고 있었습니다.
골목에서 거리로,
옆길에서 큰길로,

즐비하게 늘어선
상점과 건물이 있습니다.
상관 않고 그는 걷고 있었습니다.

어디까지 가겠느냐구요?
숲으로, 바다로,
별을 향하여
그는 쉬지 않고 걷고 있습니다.

2
낮에는 찻집, 술집으로
밤에는 여인.

나의 길은
언제나 꼭 같았는데……

그러나
오늘은 딴 길을 간다.

길이란 가기 위해서, 혹은 걷기 위해서 존재하는 공간이다. 길에 서 있다는 행위는 비정상, 곧 일탈 행위가 된다. 아무리 넓고 쾌적한 길이라 할지라도 거주할 수 있는 공간이 아니다. 거기에는 누구나 멈추었다 떠나는 통과・이동・소요를 위해서 움직이도록 운명 지어진 곳이다. 위의 시 <주일・2>에서 화자는 끊임없이 걷고 있다. 인간의 현실적인 삶은 과거와 현재 그리고 미래라는 시간의 흐름 속에서 끊임없이 갈등과 긴장을 이루며 전개되어 간다는 점에서 '길'의 속성과 유사한 것이다.

1, 2부로 이루어진 이 시는 '길'이라는 공간에 과거의 시간과 현재 시간이 함께 혼재되는 양상을 보이면서, 미래 시간으로의 계속성까지를 함축하고 있다. 자아의 본래 모습을 찾아 방황하는 탐색과정이 길의 다양한 변형으로 나타나고 있다. 1부에서는 과거로부터 현재까지 자아의 길 찾기 과정에 대한 회고이다. 그의 행로는 '골목'에서 '거리'로 다시 '큰길'로 이어져 왔다. 또한 '상점과 건물이 즐비하게 늘어선' 현실세계의 유혹에 구애받지 않고 절대적 세계에 대한 막연한 동경과 그리움으로 끊임없이 이어져 왔다. '그는 걷고 있었습니다'의 반복되는 표현은 그의 여정이 뚜렷한 목적지를 인식할 수 없었기에 방황할 수밖에 없었다는 것을 말해 준다. 그토록 길 찾기가 어렵고 또한 방황의 연속이었지만, 3연에서 화자는 자신이 현재 걷고 있는 길에 대한 확신과 도착지를 이야기한다. 그것은 바로 '숲'과 '바다'와 '별'이 존재하는 이상세계이다. 그리하여 그 세계를 향해 '쉬지 않고 걷고 있다'고 말한다.

2부에서 화자는 과거 자신의 행로에 대한 구체적인 실상을 폭로하면서 허무감을 표출한다. 낮에는 '찻집/ 술집'으로, 밤에는 '여인숙'으로 전전하는 부정적 자아의 모습을 숨김없이 내보임으로써, '그러나/ 오늘은 딴 길을 간다'는 미래지향의지의 발판을 마련하고 있는 것이다. 이것은 자아가 처한 현실에서는 이상적인 세계에 다다를 수 있는 방법을 찾기 어렵다는 인식이며, 그러한 연유로 순수의 이상공간을 지향하게 되는 근본적인 성찰에 이르게 된다. 결국, 이 시에서 자아가 도달하고자 하는 이상세계는 다름 아닌 '숲, 바다, 별'로 표상되는, 인간의 손이 닿지 않은 순수한 자연의 공간인 것이다.

천상병 시에 자주 등장하는 자연심상 중 하나가 '색채' 이미지이다. 색채는 전통적으로 중요하게 다루어져 온 원형심상이다. 예를 들면, '빨강색'이 피, 희생, 격렬한 열정, 무질서를 상징하고, '파랑색'은 고도로 적극적인 면에서 진리, 종교적 감정, 안전, 정신적 순수성을 연상시키며, '검정색'은 혼돈, 신비, 죽음을 상징한다.172)

시에서 운율이 독자에게 음악적 이미지를 제공한다면, 색채는 회화적 이미지를 제공한다. 그럼으로써 시를 한 폭의 그림으로 이해하는데 도움을 준다고 할 수 있다. 즉, 운율이나 색채는 시적 대상에 대한 작가의 의식을 표현하는 하나의 양식이 된다. 따라서 작품 속에 드러나는 운율이나 색채 이미지를 파악한다는 것은 시적 대상에 대한 작가의 의식을 살필 수 있다는 점에서 의미가 있다. 박미서는 그의 논문에서 색채는 작가의 심리적·내면적 의식세계와 깊은 연관을 맺고 있다고 논의하였다. 결국 색채는 시인의 시적 세계를 파악하는 데 중요한 방법이 된다고 할 수 있다.

천상병 시에서는 '푸른 색'이 자연을 나타내는 대표적인 색깔로 등장하는데, 이러한 푸른색은 신화 속에 등장할 경우 대개가 하늘을 뜻하는 신들의 색깔이다. 푸른색은 언제나 정신적인 것, 천상적인 것, 위의 세계 등으로 간주되어 왔다. 이는 곧 원초적 상태 속으로의 몰입을 뜻한다.

<푸른 것만이 아니다>라는 시를 보자.

저기 저렇게 맑고 푸른 하늘을
자꾸 보고 또 보고 보는데
푸른 것만이 아니다.

외로움에 가슴 조일 때
하염없이 잎이 떨어져 오고

172) 자세한 것은 Wilfred L. Guerin 외, 최재석 역, 앞의 책, p.180 참조.

들에 나가 팔을 벌리면
보일 듯이 안 보일 듯이 흐르는
한 떨기 구름

3월 4월 그리고 5월의 신록
어디서 와서 달은 뜨는가
별은 밤마다 나를 보던가.
저기 저렇게 맑고 푸른 하늘을
자꾸 보고 또 보고 보는데
푸른 것만이 아니다.

이 시의 진술에 의하면 '자꾸 보고 또 보고 보'는 '맑고 푸른 하늘'은 다만 가시적 공간으로서의 푸름만이 아니다. 그것은 '외로운' 가슴에 떨어져 쌓이는 잎의 푸름, 두 팔 안겨 오는 한 떨기 구름, 3월·4월·5월의 신록을 머금고 나와 마주하는 달 같고 별 같이 아름답고 영롱한 어떤 존재를 보는 것이 된다. 즉, 이 시의 '푸른 것만이 아니다.'의 반복을 통해서 우리의 눈에 보이는 푸른색이 단지 눈에 보이는 것만이 전부가 아님을 알 수 있다. 그것은 말로 다 표현할 수 없는 보다 고차원적인 것을 뜻하는 것으로 이는 다음의 시 <청녹색>에서 더욱 분명해진다.

하늘도 푸르고
바다도 푸르고
산의 나무들은 녹색이고
하느님은 청녹색을
좋아하시는가 보다.

청녹색은
사람의 눈에 참으로

유익한 빛깔이다.
이 유익한 빛깔을
우리는 아껴야 하리.

이 세상은 유익한 빛깔로
채워야 하는데
그렇지 못하니
안타깝다.

시에서 푸른색의 이미지가 갖는 색 심리는 이상공간의 귀의처로 해석된다.[173] 위의 시에서 푸른색은 '하늘', '바다', '산', '나무' 등을 통해 자연계의 우주적 이미지로 확장되기도 하고, '하느님은 청녹색을 좋아하시는가 보다'에서 알 수 있듯이 하느님이 청록색을 좋아하시기 때문에 하늘도, 바다도, 산의 나무들까지 모두가 녹색이라고 하여 푸른색이 하느님의 은총으로 승화되기도 함을 알 수 있다.

오월은 신록의 달이다.
파란 빛이
온 세상을 덮는 오월은
문자 그대로 신록의 달이다.

파란 빛은 눈에 참 좋다.
눈에 좋을 뿐만 아니라
희망을 속삭여 준다.

오월 달은 그래서

173) W. Kandinsky, 권형필 역, 『예술에 있어서 정신적인 것에 대하여』(열화당, 1989), p.79.

너무 짧은 것 같다.
푸른 오월이여
세계의 오월이여

위의 시 <오월의 신록>은 천상병 시인이 마지막 남긴 작품이다. 《월간 조선》의 청탁을 받고 써둔 것인데, 운명할 때 윗옷 호주머니 속에 들어 있었다고 한다. 이 시에서도 화자는 파란빛이 희망을 주며 눈에 좋은 것이라고 표현하고 있다. 주위의 아름다운 자연을 찬양하고 노래하는 것이 희망으로 연관되어 결국 파란빛은 신록과 이어지는데, 그 신록의 달 5월은 너무 짧다고 표현하고 있다. 짧은 신록의 달을 아쉽다고 생각하면서 천상병 시인은 그렇게 자신의 삶을 마감한 것이다. 천상병의 시에서 푸른색이 중심이미지로 나타나는 작품들, 가령 <내 방>, <오월의 신록>[174], <초록빛>, <우리 집 뜰>, <봄빛>, <집뜰> 등의 작품에서도 시인은 하늘, 바다, 산 등의 자연물이 모두 푸르다는 사실을 통해 푸른색이 가지는 신성성과 풍요로움을 나타내고 있다. 또한 자기 스스로 '초록색'[175]을 좋아한다고 밝히고 있어, 푸른색이 주는 초월적 이미지를 주목하고 있음이 쉽게 파악된다. 즉, 그는 우리 주변에서 쉽게 발견할 수 있는 자연물의 '푸른색'을 통해 자아인식을 드러내는데, 이는 신적세계, 혹은 원초적 원형공간으로 귀의하고자 하는 무의식의 표출이라고 해석된다. 결국 그는 맑은 동심으로 이 세상을 살다가 신성하고 영원한 하늘의 품으로 돌아간 것이다.

이상에서, 천상병의 시에 나타나는 '길'과 '색채'의 원형심상을 통해 나타나는 시인의 상상력을 추적해보았다. '길'은 이 시인의 초월적 세계의 동

174) 천상병의 시에는 <오월의 신록>이라는 같은 제목의 시가 3편이 있다.

175) 일반적으로 '초록색'도 '푸른색'으로 통칭되지만 원형상징에서 의미하는 바는 약간의 차이를 보인다. 초록색 이미지가 상징하는 것은 성장, 감각, 희망, 다산, 부정적인 상황에서는 죽음이나 부패와 연관된다. / Wilfred L. Guerin 외, 최재석 역, 앞의 책, p.180 참조.

경에 대한 적극적 행위의 공간으로 존재한다. 현실세계 너머의 세계에 대한 인식, 이는 시인으로 하여금 초월적 세계로 향하는 상상력을 가한다. 그러나 초월적 세계로 가는 방법과 목적지를 시인은 끊임없이 모색할 수밖에 없었다. 이 과정 속에서 방황하는 시인의 모습을 엿볼 수 있다. 그러나 결국 그 방황의 끝에서 시인은 초월적 세계에 대한 구체적인 형상을 찾게 된다. 그것은 바로 '자연과의 합일'이었으며, 그러한 원초적 세계로의 회귀의지를 표출하였다.

그리고 천상병의 시에는 원형의 하나인 색채심상이 많이 나타나는데, 자연을 나타내는 대표적인 색깔은 '푸른색(청록색)'이다. 천상병 시에서 이 푸른색이 상징하는 것은 그러한 색이 가지는 신성성과 풍요로움을 나타내면서, 신적세계, 혹은 초월적 이상공간으로의 회귀의지를 나타내고 있음이 확인된다.

V. 원형의 전통적 맥락

지금까지 박재삼·박용래·천상병 시인의 시세계를 원형적 상상력의 측면에서 분석해 보았다. 원형적 상상력은 궁극적 의미의 핵심에 접근하려는 시정신 그 자체이다. 원형은 의식을 초월한 영원한 실체로서의 본능적 자화상, 혹은 원초적 심상으로서 집단무의식 속에 존재하며, 개인의 삶과 죽음에 아무런 영향을 받지 않는 영원한 창조의 정신적 핵이다. 따라서 원형에 대한 추적은 시적 실체에 접근하는 데 하나의 통로를 마련하는 작업이라 하겠다.

이 글에서 이들 세 시인의 시편들을 대상으로 현대시의 원형을 추적해보고자 한 이유는, 비록 한국 현대시를 대표할 만한 걸작을 낳은 시인들이라고는 말할 수 없지만, 이들이 전대의 전통적 서정성을 그대로 계승하고 있다는 점에 주목한 것이다. 그리하여 우리 현대시의 전통의식이 갖는 뿌리깊은 원형성을 확인하고자 하였다. 어떤 면에서는 집단무의식의 심층에서 발원된 원형이 보편적 패턴으로 존재한다는 입장을 견지하기 위하여, 의도적으로 원형적 측면을 부각시키려 한 점도 있다. 그렇지만 이들의 시세계가 보편적인 원형의 세계와 접맥되고 있다는 사실만큼은 부인하지 못할 것이라 생각한다

이 장에서는 원형이 무의식적 상징을 통해 고시가에서 현대시에 이르기까지 계승되고 있다는 사실을 확인하려 한다. 다만, 원형의 맥락을 짚어보는 정도로 논의의 범위를 한정해야 하기 때문에 소수의 작품밖에 제시할 수 없음을 밝혀둔다.

1. 여성적 페르조나와 아니마 심상

본 절에서는 고대가요에서부터 현대시에 이르기까지 시가작품들을 분석하여, 시에 나타나는 여성성이 우리 민족의 집단무의식 속에 전통적 맥을 잇고 있는 원형의 모태가 되고 있음을 확인하고자 한다. 즉, '아니마' 원형이 전통의 내재적인 요소로서 현대시에까지 계승·발전되고 있음을 추적해 보려는 것이다. '아니마'는 남성의 무의식 속에 잠재되어 있는 여성상, 곧 남성의 마음에 내재한 여성적인 심리 경향들이 인격화된 정서 일반을 일컫는다. '아니마'는 인류 공통에게 주어진 집단무의식의 소산이며, 그 원형으로서 문학 작품 속에 존재한다. 문학은 당대의 시대상황과 외형적인 충격만으로는 창조적인 근거를 마련할 수 없다. '전통이라는 요소가 생산적인 에너지의 원천으로서 시대가 요구하는 문학의 창조에 기여했을 때 비로소 주체성과 생명력을 지닌 새로운 문학이 탄생하는 것'이라고 할 수 있다.

> 진정한 의미에서의 전통의 계승은 외형적인 재현을 말하는 것이 아니고, 내재적인 재현을 말하는 것이다. 따라서, 진정한 계승 위에서라면 고전 문학의 소재나 기법 등은 어디까지나 옛날의 것에 그치므로 현대 문학에서 원용되거나 안 되거나 크게 문제될 것이 없으나 그와 같은 매체의 요소를 넘어서 발견되는 고전 문학의 정신적 내용과 미의식은 시대를 초월하는 것이므로 현대 문학에서 반드시 재확인, 재생, 발전되어야 한다.[176]

인용문에서 주장하듯이 한국 문학의 전통을 구명하고 이를 계승 발전시킨다는 차원에서 볼 때, 한국 시가의 여성성은 매우 중요한 원형으로 이해되어야 할 것이다.

---

176) 김열규 외, 『고전문학을 찾아서』(문학과 지성사, 1976), p.39.

> 우리의 심금을 울리거나 애송되어 온 대부분의 한국 고전시가는 그 작중화자가 여성인 경우가 많다. 그리고, 그 작중화자가 남성인 경우라도 대상을 여성으로 부르는 경우가 또한 많은 경향을 보여주고 있는 것으로 그 특징을 찾아 볼 수 있으리라 생각한다. 따라서, 한국 문학의 내용상의 특징의 하나로 여성 위주의 문학 사상을 들 수 있으리라 생각한다.[177]

위의 인용에서도 말하고 있지만, 시인은 작품 속에 허구적이고 극적인 시적화자를 장치하고, 그 시적화자를 통해서 자신의 감정을 형상화한다. 오늘날 시적화자의 뜻으로 사용되는 '페르조나(퍼소나)'는 시인에 의해 창조된 자아(self)이다. 자아와 외적세계와의 관계에서 자아는 이에 적응하기 위하여 거기에 필요한 여러 가지 행동 양식을 익히게 된다. 이를 융은 '페르조나'라 명명했다. 페르조나는 작품의 효과를 위하여 적절한 태도와 어조를 취함으로써 시에서 구체적인 모습으로 형상화된다. 따라서 여성적 정조를 노래하는 시들은 대체로 화자가 여성으로 등장하여 여성적 감정을 느끼게 하거나, 여성 정조의 객관적 상관물로 형상화되기도 한다. 전통적으로 여성이미지라고 불리어 온 제재의 예로 '꽃, 달, 어둠, 물, 대지' 등을 들 수 있다. 이들은 여성적 심상의 원형으로 아니마의 지표가 될 수 있다고 본다.

먼저 『삼국사기』의 「고구려 본기」에 한역가로 전하고 있는 <황조가>를 살펴보도록 한다. 이 노래는 처음부터 한시로 된 것이 아니라 본시 우리말로 된 노래였던 것이 뒤에 한시로 번역되었을 것이라고 보는 것이 학계의 공통된 견해이다.

翩翩黃鳥	펄펄 나는 저 꾀꼬리는
雌雄相依	쌍쌍이 노니는데
念我之獨	외로운 이 내 몸은
誰其與歸	누구와 함께 돌아갈거나.

177) 정병욱, 『한국고전시가론(증보판)』(신구문화사, 2003), p.255.

기록에 의하면 <황조가>는 고구려 제2대 유리왕의 작품으로, 사랑하는 계실 치희를 잃고 그를 사모하여 불렀다는 노래이다. 이 노래의 작자에 대해서도 여러 학자들의 견해가 분분하지만 그것은 논외로 하고, 한국 최초의 시가로 알려진 이 작품이 영웅 서사시가 아니라 순수한 서정시란 점에 주목해야 할 것이다. 설화 문맥대로라면, 이 노래는 짝을 잃고 쓸쓸히 돌아가는 유리왕이 자신의 외로운 신세를 즐겁게 노니는 꾀꼬리와 대조시킴으로써 자신의 고독감을 표현한 작품이다. 시의 주된 심상은 외로움과 쓸쓸함이 배어있는 여성 정조의 표출이다. 따라서 작품에 나타난 시적화자의 '아니마'가 '임을 향한 그리움'으로 표상되었다고 해석된다.

이 <황조가>의 정서는 고려속요 <서경별곡>, <가시리> 등에 이어지고, 소월의 시, 박재삼의 『춘향이 마음』 연작시 등 현대시에도 그대로 계승되어 한국 시가의 전통을 형성하고 있음을 확인할 수 있다.

雨歇長堤草色多. 비 갠 긴 언덕엔 풀빛이 푸르른데,
送君南浦動悲歌. 남포로 임 보내며 슬픈 노래 울먹이네
大同江水何時盡, 대동강 흐르는 물은 어느 때 마를거나
別淚年年添綠波. 이별의 슬픈 눈물은 해마다 푸른 물결 보태는 것을.

위에 인용한 정지상의 한시 <송인>은 맑고 수려한 어운과 아름다운 시상으로 인해 고려시대의 한시로서는 가장 빼어난 작품이라고 평가되고 있다. 이 작품의 시적자아는 임을 떠나보내며 슬픔에 젖은 여인의 모습이다. 운용된 소재를 보면, '비, 강둑, 풀빛, 비가, 대동강물, 별루, 녹파' 등 섬세하고 우수에 찬 여성이미지의 시어들이다. 이 시의 주제는 이별이다. <황조가>나 <공무도하가>등 고대가요에서부터 한결같이 나타나는 정서가 '이별의 정한'이었다는 점에 비추어보면, 여성적 정조는 분명 전통적 미의식의 중요한 원리로 작용하고 있다고 유추할 수 있다. 결국 '임을 떠나보내며 슬픔에 젖은 여인'으로 표상되고 있는 <송인>의 여성적 정조는, 한민족의 집단무의식에 원형으로 존재하는 아니마가 작품 속에 표출된 것이라고 해석된다. 이러한 아니마 원형의 맥락은 고려속요 <가시리>에도 그대로 이어진다.

> 가시리 가시리잇고 / ᄇᆞ리고 가시리잇고 //
> 날러는 엇디살라ᄒᆞ고 / ᄇᆞ리고 가시리잇고 //
> 잡ᄉᆞ와 두어리마ᄂᆞᄂᆞᆫ / 선ᄒᆞ면 아니올셰라 //
> 셜온님 보내ᄋᆞᆸᄂᆞ니 / 가시ᄂᆞᆫᄃᆞᆺ 도셔오쇼서.
> (각 연 후렴 생략)

『악장가사』에 실린 <가시리>의 작자는 밝혀져 있지 않지만, 시적화자가 여인의 입장에서 사랑하는 임을 보내는 애절하면서도 소박한 이별의 정한과 재회에 대한 간절한 기원을 표현하고 있다. 이 노래 역시 시적자아의 아니마가 표출된 것으로 유추할 수 있다.

1・2연에서는 떠나는 임이 야속해서 붙잡으려고 간절히 하소연해 본다. 화자의 불안한 마음과 긴장된 의지가 동어 반복의 이미지에서 강하게 나타난다. 시적 전개의 절정을 이룬 3연에서는 임을 붙잡아 두고 싶은 심정과, 자칫하면 임의 노여움을 살지 모른다는 염려 때문에 임을 잡지 못하는 한국 여인들의 정조가 그대로 드러난다. 4연에서는 보내고 싶지 않은 임이지만, 이별의 슬픔을 가슴 깊이 묻고 보내야 하는 여인의 정한과 함께, 가자마자 곧 돌아와 달라는 강한 의지가 내포되어 있다. 결국 <가시리>에 나타난 아니마의 정서는 '임과의 이별을 앞두고 불안해하고 갈등하는 여인의 모습'으로 형상화되었다고 해석된다.

다음은 『악학궤범』에 실려 있는 정서의 <鄭瓜亭>이다.

> 내 님을 그리ᅀᆞ와 우니다니 / 山졉동새 난 이슷ᄒᆞ요이다 / 아니시며 거츠르신돌 아으 / 殘月曉星이 아ᄅᆞ시리이다 / 넉시라도 님은 ᄒᆞᆫᄃᆡ 녀져라 아으

/ 벼기더시니 뉘러시니잇가 / 過도 허믈도 千萬 업소이다 / 물힛마리신뎌 / 술읏븐뎌 아으 / 니미 나롤 ᄒᆞ마 니ᄌᆞ시니잇가 / 아소 님하 도람 드르샤 괴오쇼셔.

<정과정>은 우리말로 전하는 고려가요 중 작자가 확실한 몇 안 되는 작품 중의 하나이다. 문학적 형식으로는 10구체 사뇌격 향가를 계승한 것으로 보고 있다. 또는 향가라는 기존 장르의 양식적 변용에다 당대에 유행하던 민요를 복합적으로 수용하여 창출한 독특한 형태로 평가되기도 한다. 그런데 <정과정>은 주자학이 지배하던 시대에는 이른바 '충신연주지사'로만 보아왔지만, 오늘날 작품의 분석에서는 '임'의 다의성과 상징체계를 인정하는 것이 바람직한 것으로 보고 있다. 이 작품에서 화자는 임을 그리워하며 울고 있는 자신의 신세를 망제혼이 변하여 됐다는 산접동새에 비유하고 있다. 자신의 의도를 자연물에 빗대어 표현함으로써 결백 주장의 객관성을 획득하고자 한다. 또한 화자는 자기의 변명에 적극적이고, 임의 사랑을 다시 받기 위해서 적극성을 드러낸다. 이러한 시적자아의 적극적인 구애의식은, 일반적으로 여성의 적극적이고 능동적인 사랑의 지속 감정과 상통한다. 결국 이 노래에 표출된 여성화자는 시적자아의 여성 정조인 아니마의 표상이라고 판단된다.

고시조에서도 아니마의 표출은 다양하게 나타난다. 인간은 필연적으로 애정을 추구하는 존재이다. 그리하여 사랑과 이별의 정한이 그리움과 기다림의 정조로 표출되고 있는 시조 작품을 찾아보는 것은 어렵지 않다. 아니마의 정서가 나타난 시조의 경우, 종종 그리움과 기다림의 정한을 사물에 의탁하여 표현한다. 그러한 대상물에는 '기러기, 달, 청조, 꾀꼬리, 두견새, 미나리, 접동새, 청산유수' 등 다양하게 표상되고 있는데, 그 중 '기러기'와 '달'이 가장 빈번하게 나타난다.

① 기러기 ᄂᆞ지 말고 이 ᄂᆡ 말씀 드러다가 / 春深 玉欄干에 任 계신 ᄃᆡ 傳

ᄒᆞᆼ 쥬럼 / 任계셔 듯ᄶᅵ곳 드르면 自然 반겨 ᄒᆞ리라.
-<557, 작자 미상>[178]-

② 달아 붉은 달아 님의 窓前 빗친 달아 / ᄭᅩᆺ 갓흔 우리 님이 안졋더냐 누엇더냐 / 져 달아 네 본ᄃᆡ로 일너라 消息이나. -<1100, 작자 미상>-

③ 간 밤에 우던 여흘 슬피 우러 지내여다 / 이제야 ᄉᆡᆼ각ᄒᆞ니 님이 우러 보내도다 / 져 물이 거스러 흐르고져 나도 우러 녜리라. -<97, 원호>-

④ ᄉᆞ랑 ᄉᆞ상 고고이 ᄆᆡ친 ᄉᆞ랑 왼 바다흘 두루 덥ᄂᆞᆫ 그물ᄀᆞᆺ치 ᄆᆡ친 ᄉᆞ랑
往十里라 踏十里라 춤외너출 수박너출 얽어지고 틀어져서 골골이 버더가ᄂᆞᆫ ᄉᆞ랑
아마도 이 님의 ᄉᆞ랑은 ᄀᆞ 업쓴가 ᄒᆞ노라 -<1984, 작자미상>-

시조 ①에서의 아니마는 '기러기'를 통해서 '임'에게 소식을 전해주기를 바라는 마음으로 표출되고 있다. 고시조에 기러기가 많이 등장하는 것은 기러기가 먼 곳까지 쉽게 날아갈 수 있는 자유로운 새의 이미지를 가지고 있기 때문일 것이다. 이 경우 기러기는 시적자아의 감정이 이입된 '객관적 상관물'이다. 곧, 임에게 사랑의 마음을 전하고자 하는 자아의 그리움을 표출한 아니마 표상이라 하겠다. ②의 시조에서는 '달'을 통해 임의 소식을 알고자 한다. 화자는 달이 천상의 존재로서 지상에서의 모든 제약이나 인간의 한계성을 초월한다고 믿고, 자신의 소망을 나타내고 있다. 하늘 높이 떠 있어 어디서나 볼 수 있고, 어디에나 비추이므로 멀리 있는 임의 모습도 전해 줄 수 있다고 믿는 것이다. 그래서 꽃 같은 우리 님이 '안졋더냐 누엇더냐'며 어떻게 지내는지를 물어보는 것이다. 달은 예로부터 여성 또는 모

178) 여기 제시되는 숫자는 박을수 편, 『한국시조대사전』(아세아문화사, 1992)의 시조 연번임.

성의 원형상징으로 신화나 문학 속에 자주 나타난다. 이 시조에서도 달은 시인의 아니마 표상으로 해석된다. 시조 ③은 생육신의 한 사람인 원호의 작품이다. 세조에 의해 영월 청령포로 유배되었던 단종이 죽음을 당하자, 원호는 청령포로 가서 삼년상을 치르며 단종을 그리워했다. 잠 못 이뤄 뒤척이던 밤, 청령포에 흐르는 물소리가 마치 단종의 울음소리처럼 들려, 그 어린 임금을 생각하는 마음을 읊었다. 작자와 그 창작 동기만 없다면 임을 향한 여인의 노래로 여길 만큼 이 시조는 여성 정조를 유발한다. 시적화자는 흐르는 물의 심상에다 자신의 감정을 이입시키고 있다. 흐르는 물은 울고 있는 시적화자의 마음이다. 이처럼 여성적인 심상을 나타내는 물에다가 시적자아의 마음을 이입시켜 임을 그리워하는 애틋한 감정을 여성의 정조로 표출한 것은 남성의 내면세계에 존재하는 아니마 원형의 표출이라고 하겠다. 이 시조에 나타난 아니마는 '임을 그리며 눈물짓는 여인'으로 형상화되었다. 사설시조 ④에서는 화자의 사랑을 온 바다를 다 덮을 만한 그물에다 비유하고 있다. 그물이 대량으로 고기를 잡는 도구라는 데에 주목해 보면 그 사랑의 결실이 풍부하리라는 것을 예측하게 한다. 또한 얽어지고 틀어져 있는 참외, 수박 넝쿨에 비유함으로써 그 사랑이 풀 수 없도록 매듭져 있다는 것을 암시하면서, 참외나 수박처럼 그 사랑의 결과가 완결한 형태의 것임을 상상하게 만든다. 이 시조에서의 아니마 정서도 앞서 살펴본 평시조에서처럼 임에 대한 사랑을 사물에 의탁하여 표출하고 있는 것이다.

다음은 정철의 <사미인곡> 일부이다.

> ᄒᆞᄅᆞ밤 서리김의 기러기 우러 녈 제 / 危樓에 혼자 올나 水晶簾 거든마리 / 東山의 ᄃᆞᆯ이 나고 北極의 별이 뵈니 / 님이신가 반기니 눈믈이 절로 난다. / 淸光을 픠여 내여 鳳凰樓의 븟티고져 / 樓 우히 거러 두고 八荒의 다 비최여 / 深山窮谷 졈 낫ᄀᆞ티 ᄆᆡᆼ그쇼셔.

연군가사인 <사미인곡>은 임금을 사모하는 정을 한 여인이 그 남편을 생이별하고 연모하는 마음에 비유하여 읊은 작품으로, 전편이 여인의 독백으로 되어 있다. 춘하추동에 맞는 소재를 빌려 작자의 의도를 치밀하게 표현하고 있는데, 인용한 부분은 '추원' 전문이다. 서리 찬 밤하늘에 서글프게 우는 '기러기'는 화자의 마음이 이입된 객관적 상관물이다. 화자는 높은 루에 혼자 올라 천상에 있는 임을 보고자 수정렴을 걷어 올리지만, 보이는 것은 동산의 달과 북극의 별이다. 행여 임이 보일까 생각하니 눈물이 절로 난다. 이와 같은 시적자아의 정서는 남성의 작품이라고는 생각할 수 없는 여성 정조로서 아니마 원형의 표출이라 판단된다.

예술 작품의 생성은 생명의 탄생과 유사하다는 점에서 예술가의 내면에는 그가 남성이든 여성이든 간에 '여성성'이 깃들어 있다. 융에 의하면, 우리는 누구나 정도의 차이는 있지만 그 내면에 남녀 양성을 가지고 있다. 그것을 남성의 경우에는 '아니마', 여성의 경우에는 '아니무스'라 불렀다. 이렇게 인간의 정신 현상에 깃들어 있는 아니무스와 아니마는 작품을 통해 드러나게 된다.

이제까지 고시가에 나타난 여성성, 즉 원형으로서의 아니마 심상을 탐색해 보았다. 우리나라 최초의 서정 시가로 일컬어지는 <황조가>에서부터 <가시리>, <정과정곡>등 고려속요, 그리고 조선시대의 이른바 애정시조 작품들과 <사미인곡> 등의 가사작품에 이르기까지 고시가에서 여성화자의 목소리는 전통적 관습이 되고 있음을 확인할 수 있다. 이러한 고시가에서의 아니마는 현대시에도 그대로 계승되어 1920~30년대의 한용운, 김소월을 비롯하여 김영랑, 서정주로 이어지며, 이 글에서 논의한 박재삼, 박용래의 작품에서 한 계보를 이루고 있는 것이다.

소월(1902~1934)의 경우, 그의 시는 수많은 독자층을 형성하며 사랑을 받아 왔고 또 많은 연구자들에 의해 다루어져 왔다. 그 연구 성과 또한 이제는 거의 재론의 여지가 없을 만큼 정리되어져 있다고 여겨진다. 특히 소월시에서의 여성화자 문제는 여러 연구자들에 의해 논의되어 왔는데, 여성화자로 표출되는 '여성성'은 고시가에서부터 현대시에 이르기까지 우리 문학에 끊임없이 나타나는 전통적 요소의 하나이다. 이는 곧 한국인의 집단 무의식 속에 잠재된 아니마 원형의 표출로서, 그 시대의 상황과 작가의식이 결합되어 여성 정조로 나타난 것이라고 해석된다.

김소월의 <애모> 일부를 보도록 하자.

> 왜안이 오시나요.
> 映窓에는 달빗, 梅花꼿치
> 그림자는 散亂히 휘젓는데.
> 아이, 눈 깍감고 요대로 잠을들쟈
> …(중략)…
> 소솔비나리며, 달무리둘녀라.
> 이대도록 왜안이 오시나요. 왜안이 오시나요.

위의 시 <애모>는 여성의 작품으로 착각을 일으키게 할 만큼 전편을 흐르는 정서는 여성 정조이다. 이 시에 나타나는 아니마 원형은 이별하고 없는 부재의 임을 그리워하거나 기다리는 여인상으로 표출되고 있음을 볼 수 있다.

한국시사에서 소월과 함께 섬세한 가락으로 서정시의 한 극점을 이룩했다고 흔히 평가되는 김영랑(1903~1950)의 경우는 주로 시의 음악적 구조성에 큰 관심을 기울였다. 이것은 압운과 음성상징, 이미지 활용, 형태에 대한 섬세한 배려로 나타난다. 그는 시어와 리듬에 대한 관심, 시 예술성에 대한 깊은 배려를 보여주며, 무엇보다도 시가 정치 수단이나 현실 묘사의 방법일 수만은 없다고 확신한다. <독을 차고>, <춘향> 등의 작품에서 저항세계가 눈에 띄기도 하지만, 항상 정제되고 순화된 언어로 표현해 시가 현실사회를 반영한다 하더라도 예술로 형상화해야 한다는 점을 강조한다. 시집 『영랑 시선』(1949)에는 이러한 서정 탐구와 민족어 완성이라는 예술 목적이 잘 드러나 있다. 그의 시에 표출된 여성성은 시의 내용보다는 형식면에서 찾을 수 있는데, 주로 시어의 여성이미지와 종지어에서 아어체의 사용, 그리고 아름다운 시의 언술에서 찾을 수 있다.

다음은 <내 마음을 아실이> 일부이다.

> 내 마음을 아실이 / 내 혼자 마음 날같이 아실이 / 그래도 어디나 계실 것이면, //
>
> 내 마음에 때때로 어리우는 티끌과 / 속임 없는 눈물의 간곡한 방울방울, / 푸른 밤 고이 맺는 이슬 같은 보람을 / 보밴 듯 감추었다 내어 드리지.
>
> …(후략)…

영랑은 '눈물'의 시어를 즐겨 썼는데, 위에 인용한 시에서도 그러한 특징이 드러난다. '눈물, 방울방울, 이슬' 등의 시어는 여성적 정조를 내포하고 있는 여성이미지로서 시 전체의 분위기를 이끌고 있다. 이러한 여성성은 그의 무의식에 있는 아니마 원형이 표출된 것으로 해석할 수 있다.

한편, 미당 서정주(1915~2000)는 모더니즘 경향에 반발하여 원초적 인간 생명의 탐구에 노력을 기울였음을 그의 시세계를 통해 보여준다.

> 우리들의 중심과제는 늘 생명의 탐구와 이것의 집중적 표현에 있었다. 인간성! 그것은 늘 우리들의 뇌리와 心中에서 떠날 수 없는 것이었다. 오장환의 저 모든 육성의 통곡이나 부족한 대로 필자의 고열한 생명 상태의 표백 등은 모두 상실되어 가는 인간원형을 돌이키려는 의욕에서였던 것이다.[179]

위의 글은 《시인부락》을 회고하는 미당의 글이다. 그의 시정신은 인간원형에 바탕을 두고 오직 인간 생명의식에서 시의 뿌리를 찾는 데에 관심을 기울였다. 그런 의식을 바탕으로 한 미당의 시에서 '페르조니, 아니마,

---

179) 조병화 · 서동철, 『한국현대문학사』(유림사, 1981), p.143.

그림자' 등 무의식의 원형들과 만나는 것은 어렵지 않다. 우선 아니마 원형이 두드러지게 표출되는 작품으로 고소설 『춘향전』에서 모티프를 빌려온 <추천사>, <춘향유문> 등 일련의 작품을 거론할 수 있다. 고소설의 주인공을 통한 여성 정조의 표출은 박재삼의 경우와 동일한 맥락에서 읽을 수 있다. 서정주의 대표작 중 하나인 <귀촉도>를 살펴보자.

> 눈물 아롱아롱
> 피리 불고 가신 님의 밟으신 길은
> 진달래 꽃비 오는 西域 三萬里.
> 흰 옷깃 여며 여며 가옵신 님의
> 다시 오진 못하는 巴蜀 三萬里 …(후략)…

위의 시에서도 나타나듯이, 여성이미지를 살린 시어의 운용과 불교 윤회사상의 바탕 위에서 사랑의 본질, 나아가 생의 본질이 무엇인가를 아니마를 통해 드러내고 있음을 볼 수 있다.

만해, 소월, 영랑, 미당 등 여러 시인의 시세계에서 나타나는 아니마의 정서는 인간의 집단무의식에 자리한 여성심리의 표출로서, 앞서 살펴 본 박재삼, 박용래의 시에서 동일한 양상으로 나타나고 있음을 확인한 바 있다. 고시가에서부터 현대시에 이르기까지 형식과 내용면에 걸쳐 뿌리 깊게 뻗어 있는 아니마를 우리 한국 문학에서 하나의 원형으로 생각할 수 있는 것은, 여성 특유의 기질인 외유내강의 정신을 아니마의 표출로써 보여준다는 데 있을 것이다. 이러한 아니마는 정도의 차이는 있을지라도 남성 누구에게나 무의식 속에 내재되어 있기 때문에, 많은 시인들에게서 아니마 원형이 표출된 시를 읽을 수 있는 것이다. 이들이 작품을 통해 표출하고 있는 아니마는 전통적 서정성의 바탕 위에서 우리 현대시의 보편적 패턴으로 자리 잡게 된다.

2. 자연심상과 물질적 상상력

원형은 인류 전체나 아니면 그 대부분의 사람들에게 동일하거나 매우 유사한 의미를 갖는 보편적인 상징들이다. 휠라이트는, 시간적 · 지리적으로 상당한 거리가 있어 역사적으로 어떤 영향을 주고받거나 인과관계가 전혀 없는 이질 문화 사이에서 '아버지인 하늘, 어머니인 대지, 광명 · 피 · 상하 · 바퀴 축' 등의 상징들이 거듭 사용되는 사실을 흔히 찾아볼 수 있다고 밝힌 바 있다. 그것은 인간 사회와 그들의 사고 · 반응의 방식이 무척 다양하지만 사람들의 육체적, 심리적 구성은 자연적인 유사성을 지녔기 때문에 이런 회기작용이 가능하다는 것이다. 문덕수는 "사군자는 동양화에서는 현재에도 불변의 원형적 이미지이지만, 우리 고전문학에서는 '나무, 꽃, 나비, 바위(돌), 물, 구름, 새, 일월, 하늘' 등의 이미지가 원형"[180]이라고 하였다. 물론 이러한 제재들이 우리 고전문학에서 반복적으로 표출되고 있는 것은 사실이다. 원형은 신화 · 전설에서부터 현대문학에 이르기까지 반복되어 사용된 기본적 이미지이다. 여기서 우리는, 원형이 근원적으로 '자연적'이란 사실을 알게 된다.

바슐라르는 그의 상상력에 관한 연구에서, '상상력은 자연 속에 깊이 자리 잡을 필요'를 느낀다고 말한다. 그는 자연 속에 깊이 뿌리박은 이 상상력을 '물질적 상상력 혹은 물질 상상력'이라 불렀다. 자연은 우리 눈앞에 그 형태로서 나타나는 게 아니라, 그 형태의 저변에서 그것이 가지고 있는 더 본질적인 것, 그 형태를 결정하는 것(물질)으로 나타난다고 말한다.[181] 이 물질적 상상력을 체계화한 것이 4원소론이다. 그는 원형이 물질적 상상력과 관계된다고 파악하고 그 유형으로 '물, 불, 대지, 공기' 등으로 대표되는 4원소론을 내세웠다. 그는 또한 이 네 가지의 물질적 상상력이 보여주는

---

180) 문덕수, 『현대한국시론』(삼우사, 1976), p.117.

181) 곽광수 · 김현 공저, 앞의 책, p.31 참조.

원형성을 많은 시 분석을 통해 밝혔다.

여기에서는 앞서 논의한 박재삼・박용래・천상병의 작품에 집중적으로 나타나는 자연심상이 우리 문학에서 어떠한 모습으로 궁극적인 원형을 지향하는지 고시가에서부터 현대시에 걸쳐 살펴보고자 한다.

먼저, '물'의 원형심상이 나타나는 작품을 살펴보자. 물은 전통적으로 창조의 신비, 탄생-죽음-재생, 정화와 속죄, 다산과 성장의 상징적 의미를 갖는다. 융에 의하면, 물은 무의식을 나타내는 아주 일반적인 상징 중의 하나이다. 이러한 물의 신화적 원형은 많은 문학 작품에서도 일관되게 흐른다. 신화학에 '원수(源水)'라는 개념이 있다. 세계의 원천이며, 만상이 거기서 생겨난 시원이란 뜻을 지닌 물을 그같이 부른다. 태초에 먼저 물이 있고 그 물에서 인간계며 자연계가 형성되었다는 우주론적인 설명이다.[182] 물의 여러 형태 중에서도 바다는 모든 생명의 어머니, 영혼의 신비와 무한성, 죽음과 재생, 무궁과 영원, 무의식을 상징하며, 강은 죽음과 재생, 시간의 영원한 흐름, 생명 주기의 변화상, 신들의 화신을 나타내기도 한다. 우리나라의 고대 문헌에 나타나는 강은 이승과 저승의 경계 또는 피난처의 매개 등으로 표상되어 신비와 영험의 대상으로 숭앙되었음은 이미 앞에서도 언급된 바 있다. 이러한 물의 상징 양태들이 본고에서 추적하고자 하는 원형의 지표가 된다.

고대가요인 <공무도하가>를 살펴보자.

公無渡河　임이여, 그 물을 건너지 마오.
公竟渡河　임은 그예 물을 건너셨네
墮河而死　물에 쓸려 돌아가시니
當奈公何　임이여, 이 일을 어찌할꼬.

182) 김열규, 『한국의 신화』(일조각, 1998), pp.112～116 참조.

<공무도하가(공후인)>는 우리나라 고대 초기 서정시가의 하나로, 작자와 작품명에 대해서는 또 다른 설이 있으나 여기서는 시의 정조만을 살펴보도록 한다. 이 노래에서 중심을 이루고 있는 소재는 '물'이다. 물을 중심으로 하여 '임의 죽음'이라는 이미지가 형성되고 있다. 물론 작자 및 시적 화자가 슬픔에 젖은 여인이고, 운용된 중심 소재인 '물' 또한 여성적인 이미지로서 여성 정조를 표출한다. 떠나려는 남편의 마음을 잡아 두려는 아내의 애절한 마음이 물이미지를 통해 드러나고 있는 것이다. 따라서 우리나라 고대 서정시가인 이 <공무도하가>를 한국적 정서인 한의 원형이라 할 수 있을 것이다. 특히, 이 한이 이별과 죽음, (강)물의 이미지 등에 연원한다고 볼 때, 한국적인 이별의 정한을 담은 고려속요 <서경별곡>, 한시 <송인> 등이 강물을 매개로 하고 있다는 것은 결코 우연이라고만 말할 수 없을 것이다. 여기서 물이 '삶/죽음, 이승/저승, 차안/피안, 공존/분리'의 경계를 이루는 원형상징임을 확인할 수 있다.

향가에도 물의 심상은 곳곳에 나타난다. 구체적으로 <보현십원가>에서는 바다로, <찬기파랑가>에서는 냇물(강)로, <원가>에서는 호수의 물결로 나타나 있다. <보현십원가>는 화엄경의 내용을 대중화하고 중생들을 교화하기 위한 목적으로 만들어진 노래이기 때문에 물(바다)의 이미지는 불교적 의미를 벗어날 수 없다. 이 노래에서는 물의 이미지가 자유스럽고 다양하게 나타나는 것이 아니라 영원성이나 무한한 생성력 등의 긍정적 의미만을 빌려 부처님의 깊고 높은 경지를 나타낸다. 그렇기 때문에 <보현십원가>의 바다 상징은 불교적인 입장에서 그 의미를 파악해야 할 것이다. <찬기파랑가>에서는 기파랑의 이미지가 천상의 공간에서 '달'의 영원성과 원만함, 절대성을 통하여 상징화되었고, 이는 다시 강물이라는 지상의 공간에서 달과 똑같은 원형적 이미지로 표상된 것이다. 이외에도 <헌화가>의 배경설화에서 나타나는 바다를 꼽을 수 있다. <공무도하가>에서 물이 죽음으로 표상되었다면, 수로부인이 다녀온 바다는 생의 원초적 모태로서 수많은 신화적 생명이 태어나는 인간의 무의식을 상징하기도 한

다.[183] 엘리아데에 의하면 태초의 신적인 행위나 사건은 곧 신적 원형을 확립하는 것이다. 이러한 원형상징으로 물이 상정되었음을 고대가요에서부터 확인할 수 있는 것이다.

고려속요에서 물의 심상을 살펴볼 수 있는 작품은 <동동>, <서경별곡>, <청산별곡>, <쌍화점>, <만전춘 별사> 등이다. 그러나 <서경별곡>의 물이 이별의 공간으로 형상화되고 있는 반면에, <쌍화점>에서 '드레 우믈'은 물의 이미지가 갖는 무한한 생생력이나 영원성과는 거리가 먼, '우뭇 용이 내 손목을' 쥐는 황음의 장소로 나타난다. <만전춘 별사>에 나오는 물(여흘, 소)도 쌍화점의 물의 이미지와 별반 다름없다. 보편적으로 물은 끊임없는 생생력을 지닌 풍요로운 존재인 여자를 상징한다. 그렇지만 위에서 보듯 고려속요에 등장하는 물은 색정적인 여인의 이미지로 나타나기도 한다.

한편, 고시조에서의 물은 유구한 흐름으로 인하여 세월과 영원성, 근면성을 상징한다. 또 <서경별곡>에서와 같이 이승과 저승의 경계, 또는 의인화되어 나타나기도 하며 '이상향'으로 설정되기도 한다. 시조 작품에 따라서는 속계와 선계의 분계점을 표상하기도 한다. 그러나 대부분의 시조에서의 물은 함축적 의미로 상징화되기보다는 자연 그대로의 물로 나타나는 경우가 더 많음을 볼 수 있다.

다음은, '식물'이미지 중 '나무'의 원형심상이 나타나는 작품을 살펴보자. 가장 일반적인 의미로 나무는 우주의 삶, 즉 우주의 조화, 성장・증식과 재생의 과정을 상징적으로 의미한다. 그것은 끝없는 삶을 뜻하므로 불멸을 상징한다. 전 세계적으로 신화와 민담에서 발견되는 상징적 특징으로는 신수(神樹), 생명, 세계의 축, 죽음과 재생, 모성적 속성과 남성적 생산성, 지혜, 희생, 역사와 전통 등이 나무가 지닌 관념이다. 원형상징의 나무는 세

---

183) 김영석, 『한국현대시의 논리』(삼경문화사, 1999), p.436~437 참조./ 김학성・권두환 편, 『신편 고전시가론』(새문사, 2002), p.150 참조.

계 중심의 상징과 함께 세계의 축으로 표현된다. 이러한 세계수 관념은 한국 민속 문화에 존재하고 있는 수많은 수목 숭배 사례에서 찾아볼 수 있다. 대표적인 것으로 '당나무'를 들 수 있는데, '당나무'는 농촌 마을의 성역의 중심이다. 마을에 서낭제 혹은 당산굿이 베풀어질 때면 이 '당나무'에 내리는 신을 맞아 마을에 신성함이 넘치게 된다. 이 '당나무'가 신이 내리고 깃들이는 나무라는 데에 유념하고 보면, 이 때의 '당나무' 등의 성수는 단군신화 속의 '신단수'와 그 성격을 같이 한다. 신단수는 천신이 내린 신성한 나무이다. 신단수는 오늘날의 서낭나무에 그 자취를 남기고 있다.[184] 한국문학에 나타나는 '나무' 역시 이 같은 전통적 · 인습적 상징의 가장 근본이 되는 원형 중의 하나로 판단된다.

향가 중에서 백미로 일컬어지는 충담의 <찬기파랑가>에 나타난 나무의 상징성을 살펴보도록 한다. 이 노래의 시적자아는 화랑인 '기파랑'으로 작품에서는 '달 · 물 · 돌 · 잣나무'로 표상되고 있다. 노래는 학자마다 어구의 해독이 조금씩 차이를 보이는데, 여기서는 양주동의 풀이를 인용하도록 한다.

> 열치매 / 나토얀 ᄃᆞ리 / 힌 구름 조초 떠가는 안디하 / 새파ᄅᆞᆫ 나리여히 / 기랑(耆郞)ᄋᆡ 즈ᅀᅵ 이슈라 / 일로 나리ㅅ ᄌᆡ벽히 / 낭(郞)ᄋᆡ 디니다샤온 / ᄆᆞᅀᆞ미 ᄀᆞᇫ홀 좇누아져 / 아으, 잣ㅅ가지 노파 / 서리 몯누올 화판(花判)이여[185]

잣나무는 상록수로 고결성과 지조를 나타내며, 영속성과 불변성을 상징한다. 위의 <찬기파랑가>에 나타난 '잣가지'는 바로 기파랑의 고매한 인품과 영원성을 상징하고 있다. '서리' 즉 현실적인 고난과 시련을 극복하는 상청의 잣나무로 기파랑의 모습이 표상되었기에 기파랑의 영원성과 절대

---

184) 김열규, 앞의 책, pp.48~52 참조.

185) 황패강 · 윤원식, 『한국고대가요』(새문사, 2001), p.136. 이하 본 논문에서 제시하는 향가는 양주동 선생의 풀이를 인용하도록 한다.

성이 더욱 부각되고 있다. 그리고 잣나무는 이 시의 잠재된 서정적 자아가 따르는 천상적 공간과 지상적 공간을 연결시켜주는 '세계의 축', 바로 성수가 된다. <찬기파랑가> 외에 신충의 <원가>에서도 잣나무가 보편적인 상징인 영원성, 불변, 정절 등을 의미하고 있다. 잣나무의 불변성에 기대어 약속하고 맹세하는 상징성은 신라, 고려, 조선으로 이어져 내려와 한국적 특색을 잘 드러낸다. 향가의 잣나무 상징은 고시조에서는 '낙락장송'이나 '솔', '송죽' 등으로 계승되고 변용된다. 한편, <찬기파랑가>와 <원가>에 나타나는 잣나무는 달과 상응되어 관념적인 동조를 이룬다. 이것은 고시조에서도 흔히 나타나는 유형으로서 하나의 문학적 관습인 원형적 패턴이라고 볼 수 있다. <찬기파랑가>에서 잣나무가 기파랑의 인물을 비유한 원형상징이라면, 여기서 여성이미지들과 결합되어 있는 달 · 물 등의 이미지는 원초적인 모성원형과 관련된다고 하겠다. 고전문학에 나타나는 나무의 상징성은 조선 건국 초기의 악장 <용비어천가>에서도 찾아볼 수 있는데, 여기서도 '나무'는 '물'과 짝을 이루어 나타난다.

> 블휘 기픈 남ᄀᆞᆫ ᄇᆞᄅᆞ매 아니뮐ᄊᆡ 곶됴코 여름 하ᄂᆞ니
> ᄉᆡ미 기픈 므른 ᄀᆞᄆᆞ래 아니그츨ᄊᆡ 내히 이러 바ᄅᆞ래 가ᄂᆞ니

<용비어천가>의 백미라고 일컬어지는 이 작품(제2장)에는 보편적인 자연심상들로 가득 차 있다. 곧 '뿌리, 나무, 꽃, 열매, 샘, 물, 내, 바다' 등은 '생산과 풍요'의 원형심상들이다. 중심 이미지인 '나무'와 '물'은 자손의 번성과 국가의 영원을 상징한다. '뿌리 깊은 나무'는 하늘의 뜻을 받은 여섯 선조의 업적으로 이루어진 나라를 가리키지만, 뿌리가 환기하는 어떤 근원적인 모성을 떠올리게 한다. '뿌리'는 생명의 원천이며 사물의 근본이다. '열매' 또한 생생력의 상징으로, 식물의 씨앗이나 동물의 알과 동일시되어 생명의 모체를 상징하는 원형심상이다. '샘'이 '내'를 이뤄 궁극적으로 도달하는 '바다'야말로 모든 생의 어머니, 영혼의 신비와 무한성, 죽음과 재

생, 무궁과 영원, 무의식과 순수 등의 원형이미지이다. 결국 이 <용비어천가 제2장>의 정조는 원형적 상상력에 원천을 두고 있는 것으로 해석할 수 있다.

천상적 심상인 '달'은 전통적으로 우리 민족의 생활에서 아주 밀접하게 연관을 맺었던 자연심상이다. 종교체계와 신화체계 속에서 달의 주기성의 원리는 여성원리와 함께 생산력과 풍요, 생명력과 그 갱신이라는, 이른바 원형상징의 의미를 갖는다. 달은 은은하며 애상적인 아름다움과 함께 끊임없이 소멸과 재생을 반복하는 속성을 지닌다. 고대인들에게는 이러한 속성 자체가 하나의 신앙이었다. 그것은 인간 삶의 한계성에 비해 '탄생→생성→소멸→죽음→재생'을 되풀이하는 달의 영원성이 그들에게는 무한한 동경의 세계였을 것이다. 고대시가에서도 태양보다는 달이 더 자주 노래로 불리어졌다. 고대인들이 현실을 초월하여 원초적 본향으로 회귀하려는 의지는, 고대시가의 종교적 배경인 불교에서도 나타난다. 유한한 인간 삶의 극복으로서 서방정토에 왕생하기를 기원하는 것이다. 서방은 달이 지는 곳으로, 인간 재생의 의미를 찾을 수 있는 곳이기도 하다. 영원회귀의 염원은 이러한 달을 향하여 나타나는데, 향가 <찬기파랑가>, <원가>, <처용가>, <원왕생가>, <청전법륜가> 등에서 달의 심상을 볼 수 있다.

> 달하, 이제 西方꺼정 가셔서 / 無量壽佛 前에 일러다가 사뢰소서— / 다짐(誓) 깊으신 尊을 우러러 두 손을 모두와 / 願往生, 願往生, 그릴 사람 있다!고 사뢰소서. / 아으, 이 몸을 길어 두고 四十八大願 이루실까(정사옵네)

인용한 <원왕생가>에서 화자는 초월적 존재인 달이 서방까지 갈 수 있는 것으로 인식하고, 달을 부르며 무량수불전에 자신의 뜻을 아뢰어 달라고 청원한다. 중요한 심상으로 선택된 달은 화자가 위치한 현세와 극락정토인 서방을 잇는 중개자, 혹은 무량수불의 사자로서의 상징적 의미를 띤다. 화자는 극락왕생을 염원하며 서방정토에 귀의하려는 마음을 노래하고 있는 것이다. 이 <원왕생가>는 불교적인 신앙 위에 달이 갖는 영원회귀성으로 달에게 간절한 소망을 붙이는 계기를 마련해 준다. 여기서 달은 유한적 존재인 인간에게는 영원회귀의 상징이며, 영원한 모성의 원형이다. 이처럼 고대인에게 달은 어두운 밤에 광명을 주는 외경적인 존재로서, 또 소멸과 재생을 되풀이하는 영원성을 통하여 유한한 삶을 극복하고 '원초적 본향'으로의 영원회귀를 끊임없이 빌게 되는 신앙적인 존재, 동경의 대상으로 파악되었던 것이다.

고려시대에 주로 서민들에 의해 널리 향유되었던 속요에서도 달의 심상이 나타난다. 백제가요로도 알려지고 있는 <정읍사>에 등장하는 '달' 또한 구조적으로 매우 중요한 기능을 담당한다. 단순히 밤하늘에 떠 있는 달이 아니라 '소망으로서의 달'이며, '기대로서의 달'이다. 여기서 달은 작자의 현실적 고통을 덜어주는 구원의 대상으로 나타나 있다. '해와 달은 옛날 사람들이 처음으로 인지한 우주의 두 질서를 형성하는 상징의 원형'[186]이다. 이 노래의 달도 영원불변의 존재로서 인간적인 기원이 모아지는 달이다. 이러한 달의 의미는 하나의 원형적 패턴으로 문학적인 관습을 이루어 후대의 시가에 그대로 나타나거나 때로는 변용되어 나타나기도 한다.

유교문화가 지배하던 조선사회에서의 자연(달)은 신라인이 불교적 신앙을 바탕으로 획득한 영원한 형이상학적인 자연이 아니다. 현실의 절망감을 피하는 장치로, 신앙 대신 자연(달)을 제2의 생활공간으로 설정[187]하고 있다. 예컨대, 고산의 <오우가>에서 달은 어둠을 밝혀주는 광명의 존재이면서 자존자과(自尊自誇)함이 없이 침묵 속에 잠겨있는 군자풍의 덕성을 지닌 존재로 나타난다. 그리하여 시인은 달을 좋아하는 것이고, 또 그러한 인간상과 원초적인 세계를 염원하는 것이다.

고대시가에서 현대시에 이르기까지 끊이지 않고 나타나는 자연 소재로

---

186) 전규태, 『고려속요의 연구』(학예사, 1982), pp.65～66 참조.

187) 김영수, 「한국시와 달의 이미지」, 『현대문학』, 통권 297(1979. 9.), p.325.

‘꽃’과 ‘새’의 이미지를 들 수 있다. 꽃과 새는 고소설이나 고시조에서 흔히 볼 수 있고 현대에 이르러서도 시인이나 소설가들이 즐겨 다루고 있는 자연심상 중의 하나이다. 꽃은 여러 가지 상징적 의미를 소유한다. 그 중 하나가 꽃을 여성적인 것으로, 아름다움의 상징인 동시에 순결함, 새로움의 상징으로 보는 것이다. 여인과 꽃은 같은 미적 범주에 속한다. 향가에는 <헌화가>, <도솔가> 등에서 꽃이 나타나는데, 이 두 작품에서 꽃은 중요한 화소가 되고 있다.

딛배 바회 ᄀᆞᇫ히	(붉은 바위 끝에)
ᄇᆞ온 손 암쇼 노히시고	(잡고 있는 암소 놓게 하시고)
나ᄒᆞᆯ 안디 붓ᄒᆞ리샤ᄃᆞᆫ	(나를 부끄러워하지 않으신다면)
곶ᄒᆞᆯ 것가 받ᄌᆞ보리이다.	(꽃을 꺾어 바치오리다.)

위에 인용한 <헌화가>는 견우노옹이 수로부인에게 철쭉꽃을 꺾어 바치며 부른 노래이다. <헌화가>의 배경설화는 너무 단순하기 때문에 노래에 담긴 의미와 정조를 발견하기가 어려워 학자들 간에 많은 이설이 존재한다. 꽃을 여성상징(생생력 상징)으로 보거나, 무의식의 원형이 투사된 ‘자기원형상’으로 보기도 한다.[188] 심층심리학에서 이 자기원형은 만다라 도형, 즉 중심이 강조된 방사상으로 나타나는데 구체적인 상징물로 가장 광범위하게 나타나고 있는 것이 다름 아닌 꽃이다.[189] 이러한 꽃의 원형은 앞서 논의한 박용래의 일련의 작품에서 다양하게 표출되고 있음을 살핀 바 있다.

다음은 천상병의 시세계에서 주요 심상의 하나였던 ‘새’의 이미지를 살펴보자. 고대에는 하늘과 땅 사이를 자유롭게 날아 오르내리는 새를 영물로 여겼다. 고구려 시조 동명왕 신화나 신라 탈해왕 신화에 새가 등장하는

---

188) 김열규, 「향가의 문학적 연구일반」, 『향가의 어문학직 연구』(서강내 인문과학연구소, 1972), p.294. / 김영석, 앞의 책, p.414 참조.

189) Jolande Jacobi, 이태동 역, 앞의 책, p.225 참조.

것도 그 까닭이다. 자연과의 합일을 추구했던 선인들은 자연물과의 교감을 통해 감정을 표현하거나 비유하는 방식으로 심상을 나타냈다. 그 중에서도 새는 인간의 여러 감정을 가장 잘 나타낼 수 있는 존재로 인식되었다.

① 내님믈 그리ᅀᆞ와 우니다니 / 山졉동새 난 이슷ᄒᆞ요이다
-<정과정> 부분-

② 널라와 시름한 나도/ 자고니러 우니노라 -<청산별곡> 부분-

③ 글여 사자 말고 이 몸이 곳ᄋᆡ 죽어 / 梨花 一枝에 蝶蝀새 넉시 되야 /
님 자는 碧紗窓 外예 울어 녤ᄶᅡ ᄒᆞ노라. -<525, 작자미상>-

④ 님은 쥭어 가셔 靑山이 도여 잇소 / 나ᄂᆞᆫ 쥭어 가셔 졉동ᄉᆡ 도여심ᄉᆡ /
靑山의 졉동이 울거든 날인 쥴을 ᄉᆡᆼ각ᄒᆞ소 -<1042, 작자미상>-

위에 인용한 고려속요 ① <정과정>에서 시적화자는 임을 그리워하며 울고 있는 자신의 신세를 산접동새의 모습에 비유하고 있다. ②의 <청산별곡>에서도 새는 시적자아의 감정이 이입된 분신이자 그를 위로해 주는 역할을 하고 있다. 그 외에 많은 시조에 등장하는 새는 인간의 분신 또는 인간의 영혼을 상징하거나, 죽음의 상징어로 쓰이기도 한다. 인용한 시조 ③④에서처럼 한을 품고 죽은 사람은 접동새가 된다고 하는 사유는 중국 촉제의 고사에서 기인한다. 이 접동새 관념은 지은이가 가진 생전의 한을 적극적으로 해결하지 못하고 소극적으로 호소하거나, 죽음을 상징하는 시어로 쓰이기도 했다.

우리 문학의 관습은 남자는 늘 어딘가를 향해 떠나고 가버린 임을 그리워하는 것은 여인으로 돼 있는데, 그 결과 꽃(나무)과 새는 오래 전부터 비극적이었던 연인, 즉 서로 그리워하며 찾고 있거나 행복한 사랑을 나눌 수

없는 남녀의 관계를 드러내는 상관물로 쓰이고 있음을 볼 수 있다. 심리학적으로 새는 아니마, 아니무스, 즉 심혼의 상징이다. 무의식에 있는 원형으로서 의식으로 하여금 무의식의 깊은 세계로, 궁극적으로는 전체 정신의 중심인 자기로 이끄는 역할을 한다. 새의 상징성은 현대시에서도 여전히 감정이입의 대상으로서, 또 운명의 상징물로서의 속성을 함께 나타내고 있다. 앞서 박재삼, 박용래, 천상병의 시에서 나타나는 새의 심상 역시 전통시가 속의 새와 다르지 않다는 것을 확인할 수 있다.

다음은, 현대시에 나타나는 자연심상을 통해 원형성을 확인해보고자 한다. 여기서는 박재삼, 박용래, 천상병의 시세계와 비교 대상으로 정지용, 노천명, 박목월의 작품을 한 편씩 선정하여 살피도록 한다.

정지용(1903~1950. 6·25때 납북)은 시적인 면에서 주지시의 한 전범을 보여준 대표적 시인이지만, 그의 작품의 경향은 모더니즘에서부터 동양적인 산수시의 세계까지 다양한 변모를 보여주고 있다. 그는 토착어의 활용과 새로운 감수성, 감각적 지성을 보여주면서 전통성과 현대성을 아울러 지닌다. 정지용의 시 <고향>을 통해 원초적이고 근원적인 상상력의 심층을 탐색해 보도록 한다.

> 고향에 고향에 돌아와도 / 그리던 고향은 아니러뇨. // 산꿩이 알을 품고 / 뻐꾹이 제철에 울건만, // 마음은 제고향 지니지 않고 / 머언 港口로 떠도는 구름. // 오늘도 메 끝에 홀로 오르니 / 흰점 꽃이 인정스레 웃고, // 어린 시절에 불던 풀피리 소리 아니 나고 / 메마른 입술에 쓰디쓰다 // 고향에 고향에 돌아와도 / 그리던 하늘만이 높푸르구나.

인간에게 고향은 일차적으로 출생공간의 의미를 지닌다. 또한 그곳은 인간 성장의 본향이며 정신적 원천이 된다. 이 시에 나타나는 소재들—'산꿩, 뻐꾸기, 메, 꽃, 풀피리, 하늘' 등은 고향공간에서 볼 수 있는 친근하고 보편적인 심상들이다. 위의 시는 정지용의 고향에 대한 의식을 잘 나타내주고 있는데, 이 시를 관류하는 정조는 고향상실의식이다. 이러한 고향상실의식은 보다 근원적이고 내면적인 영혼의 상실이다. 그래서 인간의 마음속엔 이상향을 추구하는 의식이 원초적으로 잠재해 있다고 한다. 현대인에게 고향에 대한 회상은 유년기의 체험들이기 때문에, 그만큼 아름답고 강렬한 감동을 줄 수 있다. 이 시에서는 따뜻하고 즐겁던 어린시절의 고향마저도 달라져 버린 인정과 풍경 속에 희미하게 그 편린을 유지하고 있을 뿐이다. 따라서 시적 정조는 비애와 허무감을 표출할 수밖에 없다. '문제적 현실에 처한 인간에게 퇴행에 의한 원형공간으로의 회귀의식은 현실 초월의식의 반영'190)이라고 한다. 정지용의 고향은 실낙원의 현실 속에서 상처받은 영혼으로 하여금 인간 회복의 꿈을 일깨워주는 장소로서의 의미를 지닌다고 하겠다. 고향은 비록 새로운 좌절과 상실 또는 비애의 모습으로 다가오지만, 모성의 원형인 고향으로 회귀하고 추억할 수 있다는 사실만으로도 실낙원의 시대에는 커다란 위안이 되기 때문이다. 결국 이 시는 모태인 고향으로의 회귀를 갈망하는 향수의 시라고 하겠다. 이러한 정조는 앞서 세 시인의 향토에의 복귀의지와 동일하다고 판단되는데, 특히 박용래의 시세계에서 보여준 낙원복귀의지와 일맥상통한다고 해석된다.

'향수의 시인'으로 알려진 노천명(1911~1957)의 시에서도 전통적인 소재와 주제를 가진 작품들, 예컨대 고향에서의 체험을 감각에 의해 회상하고 또 그것을 시화한 작품들을 쉽게 만날 수 있다. 그녀의 고향에 대한 회상은 유년기의 체험들이기 때문에 순수한 이미지의 상태로 떠오른다.

노천명의 시 <길>을 보자.

> 솔밭 사이로 솔밭 사이로 거러드러 가자면 / 불빛이 흘러나오는 古家가 보엿다 //
> …(중략)… 흰 나리꽃이 香을 吐하는 저녁 / 손길이 흰 사람들은 /꽃술을

190) 진순애, 앞의 책, p.49.

따 문 屛風의 / 사슴을 이야기 햇다 // 솔빛 사이로 솔밧 사이로 거러 가자면 / 지금도 / 傳說처럼— / 古家엔 불빗이 보이렷만 // …(후략)…

이 시에서 화자가 '길'을 통해 나타내 보이는 심상은 길에 대한 영상이 아니라 그 길을 통해 들여다보이는 고향의 공간이다. 시의 각 연은 그리움을 불러일으키는 심상들로 나열돼 있다. 그것은 유년기 고향의 추억을 담은 내용들이다.

결핍의 현실을 채우는 여러 가지 방법 중 하나가 과거 회상이다. 특히 유년으로서 과거는 삶의 원천적 가능성이 제한받거나 기형화되지 않은 순수의 세계이기 때문에 취하게 되는 현실 부정이다. 즉 떠나감이 필요 없는 시간 이전의 원형적 시간인 것이다.[191] 솔밭 사잇길로 걸어들어 가 본 '고가'는 가을이면 벌레가 울고 겨울엔 눈 덮인 달밤이 있는 평화스러운 공간이다. 또 흰 나리꽃이 향기를 터트리는 저녁이면 순박한 고향 사람들이 둘러앉아 병풍의 꽃사슴 이야기를 하곤 했던 초시간적인 원형의 세계이다. 결국 '고가'는 귀소본능이 염원하는 모성원형으로 유추할 수 있다. 바슐라르에 의하면 집이란 세계 안의 구석으로 그것은 우리들의 최초의 세계이며, 하나의 우주로서 인간의 사상과 추억과 꿈을 한데 통합하는 가장 큰 힘의 하나이다. 유년시절이 가지는 시적 몽상의 원형성은 바슐라르가 『몽상의 詩學』에서 구체적으로 밝히고 있다.[192] 그에 따르면 잠재적인 유년시절이 우리 속에 있고, 유년시절은 일생 내내 지속된다. 유년시절을 향한 몽상은 우리를 원초적인 이미지의 아름다움으로 데려간다는 것이다. 한 시인의 시적 체험 가운데 유년시절이 가지는 원초적 상상력이나 기억은 알게 모르게 시인의 시작에 지대한 영향을 미친다. 그것은 심층심리가 관여하는 원형심상이 이것에 기인하고 있기 때문이다. 융은 이를 두고 '원형은 원초

191) 진순애, 위의 책, p.91.

192) Gaston Bachelard, 김현 역, 앞의 책, pp.112～118 참조.

적 심상, 즉 선재적인 것으로 이것은 집단무의식 속에 천부적으로 본래부터 존재해 있는 것'이라며 원형의 심리적 근저를 밝힌 바 있다. 인간의 본능은 '고태적 충동'에 의해 좌우된다. 노천명이 유년기에 떠난 고향으로 귀향하고자 하는 마음은 그의 무의식 속에 잠재해 있었고 따라서 그녀의 시는 이런 귀향에 대한 소망을 거의 본능적으로 노래했다고 해석할 수 있는 것이다.

박목월(1916~1978) 시의 특징은 향토적이면서도 서정적 자연을 배경으로 인간적 그리움의 세계를 노래하는 데 있다. 항상 자연과 인간이 서로 친화하고 교감을 이루는 가운데 인간적 그리움과 갈망을 표출한다. 그의 시 <가을 어스름>을 보자.

> …(전략)… 김장을 뽑는 날은 / 저녁밥이 늦었다 / 가느른 가느른 들길에 / 머언 흰 치맛자락 / 사라질 듯 사라질 듯 다시 뵈이고/…(후략)…

박목월의 시에서 자연은 상징적 자연이 아닌 향토의 자연이다. 그의 시는 '농경사회의 원형을 노래하여 신화적 시간으로 근대를 환원시킨다.'[193]는 평을 듣기도 한다. 그의 시에서 유년 몽상은 어머니에 대한 회상, 곧 모성지향으로 출발한다. 목월에게 어머니 이미지는 소년시절의 삶을 환기시킴으로써, 향수가 보편성을 띠게 하는 동인이 되고 있다. 예컨대, 인용한 시 <가을 어스름>에서, '늦가을 어스름' 속에서 '김장을 뽑는 날'은 목월이 소년시절에 체험한 삶을 바탕으로 형상화된 것이지만, 그것은 곧 어머니로부터 분리된 비극적 주체가 꿈꾸는 세계로서, 분리 이전의 신화적 시간인 것이다. 결국 위의 시 <가을 어스름>은 가을날의 서정을 말하기 위함이 아니라, '유년의 나'와 '유년의 향수'를 말하기 위한 하나의 장치로서, 시적자아의 원형의 세계에 대한 회귀의지로 해석할 수 있다. 진순애는 '유

193) 진순애, 앞의 책, p.153.

년 회상은 고향 회상의 다른 언표이며, 분리 이전의 전일적 세계로서 자연의 치유력이 유효했던 신화적 시간'[194]이라고 말한다. 박목월이 어머니 이미지를 통해 유년 회상으로 회귀한 시적 근거 역시, 유년상징의 자연이나 향토의 자연처럼 분리된 근대적 주체가 회귀할 수 있는 가장 순수한 원형적 시간이기 때문일 것이다.

한편, 노천명 시인이 '길'의 심상을 통해 고향회귀의 의지를 표출하고 있듯이, 박목월의 고향시는 길에서 시작된다고 할 만큼 '길'의 심상이 자주 등장한다. 다만, 노천명과는 달리 목월은 원경적 구도에서 길을 바라본다. 길의 심상을 통한 원형세계의 표상은 앞서 천상병의 <길>을 노래한 일련의 작품에서 이상세계에 대한 초월의지로 변용되어 나타나고 있음을 확인한 바 있다.

이상에서, 고시가에서부터 현대시에 이르기까지 작품에 나타나는 자연적 혹은 향토적 심상들이 환기하는 원형성을 작품 분석을 통해 살펴보았다. 분석 대상으로 삼은 자연의 소재들은 지극히 일부에 지나지 않았고 논의 또한 피상적인 분석에 그쳤다. 이는 작품의 배경인 역사적·시대적 요인은 배제한 채, 작품에서 표출되는 심상들이 원형성을 갖고 시대를 초월하여 꾸준히 표출되고 있는 것을 확인하는 데에 초점을 맞추었기 때문이다. 그리하여 집중적으로 살펴 본 '물, 나무, 달, 꽃, 새, 길' 등 일련의 자연적 소재들은 고대가요에서부터 현대시까지 꾸준히 나타나는 원형심상으로, 이들은 시적자아가 원초적이고 근원적인 모성의 세계에 이르도록 하는 동인으로 작용하고 있음을 확인할 수 있었다. 또한 이러한 원형적 상상력과 시적 정서는 이 글의 논의 대상인 박재삼, 박용래, 천상병의 시세계에서 그대로 이어지고 있음을 재차 확인할 수 있었음은 적지 않은 성과라고 하겠다.

---

194) 진순애, 앞의 책, p.157.

3. 원형적 상상력과 근원회귀

이제까지 논의해 온 원형은 상상력의 보편성을 보여주는, 나아가 상상력의 궁극성을 표현하는 심상이다. 이러한 보편적 궁극성과 접맥되어 있는 원형적 상상력은 어떤 상황에 대한 본능적이며 심리적으로 필요한 여러 가지 행동 양식을 가져오게 한다. 이는 외부에서 이성적으로 생각할 때는 적절한 것 같지 않지만, 시의식을 지배하는 핵이란 점에서 대단히 중요한 일면을 지닌다고 융은 지적한다. 원형은 의식을 초월한 영원한 실체이다. 개인의 관점에서 보면, 원형은 선재적인 것으로 존재한다. 즉, 집단무의식 속에 천부적으로 본래부터 존재해 있는 것이다.

본 절에서는 고전시가에서 현대시에 이르기까지 나타나는 '원형적 양식'(archetypal pattern)의 하나인 근원으로의 회귀의지를 추적해보고자 한다. 모든 인간 경험의 전형적인 근원으로서의 원형은 무의식 속에 놓여있기 때문에, 당시의 시대적 사회적 상황 속에서 사람들의 집단 감정이 어떤 모습으로 작품에 투영되어 표출하고 있는가를 살펴보고자 하는 것이다.

시간의 흐름에 따라 인간이 필연적으로 부딪치게 되는 문제가 '죽음'이다. 무한히 지속되는 시간 앞에서 인간은 자신의 유한성을 깨달으며 곧 비애와 허무를 느끼게 된다. 마이어 홉은 '죽음으로 향하는 돌이킬 수 없는 시간의 흐름은 인간이 경험하는 시간의 가장 의의 깊은 양상'이라고 말하고, '시인과 종교 저술가와 비과학적 문학적 철학자들이 이런 시간의 특질, 즉 인생의 무상성, 죽음으로 향하는 시간의 냉혹한 진행을 마치 기득권처럼 자신의 문제로서 다루게 되는 것도 놀라운 일이 아니다.'[195]라고 하여 이것이 문학과 종교, 철학의 공통 관심사였음을 지적하고 있다. 시간의 흐름이 결국 죽음을 향한 진행이라는 것을 깨닫게 될 때 이에 대한 반응은 그 사회를 지배한 종교나 철학에 의해 달리 나타남을 볼 수 있다. 내세지향

---

195) Hans Meyerhoff, 김준오역, 『문학과 시간현상학』(심상사, 1979), p.103.

적인 불교가 정신적 기저를 이루었던 시대의 문학에서는 종교적인 힘에 의해 피안의 세계에 도달함으로써 유한한 현세적 삶을 초월하려는 의지가 나타난다.[196]

인간은 구체적 시간의 질곡에서 벗어나 신화적 시간에 상주하려는 의식을 그 내부에 가지고 있다. 변전의 시간 속에 내던져진 인간이 우주창성(cosmogony) 태초의 그 시간(in illo tempore)을 갈망하게 될 때, 인간은 아이러니에 빠지고 만다. 태초에 안주했던 낙원에의 향수가 크면 클수록 인간의 아이러니의 농도도 거기에 비례하여 상승하게 마련이다. 결국 역사적 존재인 인간이 역사의 질곡에서 벗어나 유한성과 일회성을 초월하려는 의지는 근원회귀를 갈망하는 인간 본연의 의지라 하겠다.

먼저 향가 <제망매가>에 나타난 시적 정조와 이 노래가 내재하고 있는 원형을 밝혀보도록 한다.

> 生死路ᄂᆞᆫ / 예 이샤매 저히고 / 나ᄂᆞᆫ 가ᄂᆞ다 말ㅅ도 / 몯다 닏고 가ᄂᆞ닛고 /
> 어느 ᄀᆞ술 이른 ᄇᆞᄅᆞ매 / 이에 저에 ᄠᅥ딜 닙다이 / ᄒᆞᄃᆞᆫ 가재 나고 /
> 가논 곧 모ᄃᆞ온뎌 / 아으 彌陀刹에 맛보올 내 / 道닷가 기다리고다

월명이 지은 <제망매가>는 제의식에서 죽은 누이에 대한 추모의 정을 노래한 작품으로, 누이의 죽음에서 오는 슬픔과 무상감을 종교에 귀의함으로써 극복하고 있다. 화자(月明)는 미타찰, 즉 생사를 초월한 그 곳에서 다시 만날 때까지 도를 닦으며 기다리겠다고 한다. 물론 이 노래는 불교의 윤회사상이 기저를 이루고 있지만, 그런 의식적 형태에만 얽매이지 않고 누이의 죽음을 계기로 하여 죽음에 대한 인식과 그것에서 느끼는 정서를 표현한 개성적인 서정시이기도 하다. 작품에 나타난 심상들—'생사로, 간다, 가을바람, 떨어지는 나뭇잎' 등은 모두 누이동생의 죽음과 관련된 은유이

196) 정혜원, 「고시조에 나타난 내면의식 연구」, 서울대학교 대학원, 박사학위논문, 1986, p.20.

다. 지은이는 혈육간의 정을 '한 가지에 낳은' '나뭇잎'으로 표상하고 있다. 누이동생이 젊은 나이에 죽은 것을 덧없이 부는 가을 이른 바람에 떨어진 잎으로 비유하여, 요절의 슬픔과 허무를 감각적으로 형상화하고 있다. 그런데 가을바람에 나뭇잎이 떨어지듯이 인간의 죽음도 필연적이라는 불교적 생사관이 높은 서정적 경지에 이르는 것은, 지은이가 그 슬픔을 드러내지 않고, 내세에 대한 굳은 신념으로 극복하고 있기 때문이다. 미타찰에서 만나자는 것은 원형의 세계, 곧 근원세계로 돌아갔다는 것을 의미한다. <제망매가>가 불교의 윤회설에 바탕을 두고 지어진 노래이지만, 죽음을 자연의 질서로 받아들이며 근원세계로 회귀하는 순환원리로 생각하는 것은, 바슐라르가 말한 '원형적 상상력'과 그 원천이 같다고 하겠다. 이는 신라인들의 원형적 근원세계에 대한 관념을 나타내고 있는 것으로 해석된다. <제망매가>가 내재하고 있는 생사관 혹은 영혼관은 한국인의 전통적 내세관과 그 맥을 같이하면서 하나의 원형으로 자리 잡게 되는 것이다.

고려시대에 주로 서민들에 의해 널리 향유되었던 속요에서도 이상세계 혹은 근원세계로의 복귀의지를 엿볼 수 있다. 현실의 생활을 벗어나 자연 속에 묻혀 살고자 하는 뜻이 담겨 있는 노래, <청산별곡(1, 6연)>을 살펴보자.

> 살어리 살어리랏다/ 靑山에 살어리랏다/ 멀위랑 ᄃᆞ래랑 먹고/ 靑山에 살어리랏다// …(중략)…
>
> 살어리 살어리랏다/ 바ᄅᆞ래 살어리랏다/ ᄂᆞᄆᆞ자기 구조개랑 먹고/ 바ᄅᆞ래 살어리랏다//
>
> (후렴구 생략)

이 노래의 형태, 주제 및 성격 규명에 대해서는 많은 학자들이 다양한 시각으로 논의해 왔다. 그중 대표적인 주제 파악의 양상을 살펴보면, ①현실 도피의 은일의 노래라는 주장, ②적극적인 현실 참여의 노래라는 주장, ③

유랑하는 백성들의 생활고의 노래라는 주장, ④실연의 노래로 보는 주장 등이 그것이다. 그러나 <청산별곡>의 주제는 시적자아와 현실세계와의 대결 양상을 분석함으로써 확연히 드러날 것이다. 이 노래가 몽고 침략 당시의 시대적, 사회적 환경의 영향을 받아 창작되었지만, 조선을 거쳐 현대까지 수백 년 동안 계승되어 왔기 때문에 전승되는 동안 작품의 창작 의도는 변질되지 않을 수 없었을 것이다. 이제까지 우리는 이 노래가 '체념과 현실 도피의 노래로서, 삶에 대한 소극적 의지를 표현하고 있다'는 견해에 대체로 동의해 왔다고 여겨진다. 그러나 <청산별곡>의 전체적인 구조는 결코 소극적인 현실 도피가 아니라 다분히 적극적인 참여의 정신이 바탕이 되어있음을 간과해서는 안 될 것이다. 다만 여기에서는 이 노래가 내재하고 있는 원형의 탐색에 논의의 초점을 맞추고자 한다.

이 <청산별곡>에서 현실인식은 제1연의 '청산에 살고 싶다'는 희원에서 출발한다. 청산은 새로운 삶의 공간임에 틀림이 없다. 화자는 '청산'에서 살고 싶다는 욕망을 절실하게 표출함으로써 삶의 의욕을 보이고 있는 것이다. '청산'은 현실적 삶에서 벗어나고자 하는 비세속적인 곳, 즉 이상향의 이미지이다. 산의 상징적 의미는 무한하다. 산은 하늘과 땅이 만나는 지점으로 신성을 부여받는다. 즉 그곳은 '중심점', '세계축'이 지나는 점, 성스러운 것을 낳는 지역, 우주의 한 영역으로 지나갈 수 있는 장소로 여겨진다.[197] 한국인의 정서에도 산은 신이 하강한 곳이며, 또한 신선이 살면서 영생을 누리는 신성한 곳으로 원초적 이상향의 원형으로 자리 잡고 있다. 제6연의 '바다' 역시 이상향의 상징이며 또한 생명의 원천으로서 모성의 원형이다. 현실에서 적응하지 못한 자아가 최초의 세계인 모태와 근원에 안주하기를 꿈꾸는 것은 본능과도 같은 것이다. 이 작품의 주요 심상인 '청산'과 '바다'는 우리들에게 친근한 보편적 심상이지만, 이들은 원초적 자연의 원형으로 존재한다. 오늘날 현대인, 특히 한국인의 무의식과 시적 정서

---

197) Mircea Eliade, 이은봉 역, 『종교형태론』, p.172.

에 있어 '산'과 '바다'는 여전히 무한대의 동경과 끝없는 미지의 공간을 상징한다. 그것은 이들 심상이 신성성과 함께 재생을 함축하는 영원성의 원형이기 때문일 것이다. 인간은 끊임없이 원형적 세계로의 환원을 꿈꾼다. 따라서 <청산별곡>의 시적 정조 역시 원형적 상상력에 지배되고 있다고 해석할 수 있는 것이다.

절대적인 구원이나 사후의 세계에 대하여는 일체의 관심을 표명하지 않고 현실적 사회 윤리의 선을 추구한 조선시대 시가 속에서는, 내세를 향한 신념보다는 현세에 대한 집착이 강하다. 인생의 무상감, 허무감 등이 시조에 반영되어 나타난다. 생에 대한 무상감은 상대적으로 영원한 것, 불변하는 것에 대한 예찬을 불러일으키는데, 불변하는 존재로서 그 영원성이 예찬되는 것은 '천지, 일월, 강산, 송죽, 꽃, 바위'와 같은 자연적 존재들이다. 많은 시조 작품에서 자연의 변화 없음에 대조되는 인사의 변환에 허무와 슬픔을 나타낸다. 이러한 사유는 예컨대 '꽃'에서도 '영원함과 지속', '재생'의 의미를 찾아 자아의 부러움의 정서를 드러낸다. 시조에 나타나는 영원성 기원은, 현세를 초월한 내세에서의 영생을 갈망하는 것이 아니라 현세에서의 삶의 영원한 지속을 꿈꾸는 것이다. 이는 내세의 관념이 약화된 유교 중심의 조선사회에서 제시된 현세적인 해결책이라고 할 수 있다. 그렇다보니 조선시대의 문학은 자연과 밀접한 관련을 맺고 있다. 자연 속에서 아름다움을 발견하고 강호가도를 노래하는 것이 조선시대 문학의 커다란 흐름이었다.

인간의 삶은 근본적으로 자연의 순환원리에 지배된다. 우리에게 원형이란 근원적으로 자연적인 것이다. 그런 원형에 지배되는 시인의 상상력은 자연의 질서를 꿈꿀 수밖에 없을 것이다. 인간은 끊임없이 자연으로의 환원을 꿈꾼다. 자연은 곧 인간에게 원초적 모태인 것이다.

> 내 버디 몃치나ᄒᆞ니 슈석과 숑듁이라 / 동산의 ᄃᆞᆯ오르니 긔더욱 반갑고야 /
> 두어라 이 ᄃᆞᆺ밧긔 또 더ᄒᆞ야 머엇ᄒᆞ리

인용한 윤선도의 <오우가>의 첫 수에서 시적 자아는 '물 · 바위 · 솔 · 대 · 달'의 다섯 가지 자연물을 벗으로 삼아 살겠다는 마음을 내보이고 있다. 주요 심상인 다섯 가지 자연물은 2~6수에서 부정적 가치를 지닌 자연물, 곧 '구름 · 빛 · 바람소리 · 꽃 · 풀 · 잎 · 나무'에 대비되어 나타나면서 일종의 윤리적 의미를 표상하고 있다. 지은이는 이들을 인간 심성의 가장 근원적인 속성을 지닌 대상으로 여겨 자연에의 회귀의지를 표명한 것이라 하겠다. 윤선도의 <어부사시사> 또한 자연과 인간의 조화와 합일을 추구하고 있는 작품으로, 속세를 떠나 자연과 동화된 모습을 보여준다. <어부사시사>의 곳곳에서 우리는 작자의 초세적 달관의 경지를 찾아볼 수 있다. 즉, 반복과 사계의 순환원리를 통해 근원회귀의 원형성을 획득하고 있는 것이다.

다음은, 우리 현대문학사에서 전환기에 해당하는 1930년대의 시인들 중에서 박두진, 조지훈, 신석정의 시에 나타나는 원형으로의 회귀의지를 살펴보기로 한다. 문학에서 이상세계의 추구는 항상 순진무구한 세계를 잃어버렸다는 느낌에서 출발한다. 그러한 측면에서 보면, 청록파 시인들이 자연에 귀일하고자 한 것 역시 현실의 어려움을 극복하고 이상적 세계를 복원하려는 의지에서 비롯된 것이라 할 수 있다.

박두진(1916~1998)의 시에서 자연 배경은 주로 '산'이었다. 산은 다양한 상징성을 내포한다. 신화에서는 세계의 중심, 피안의 세계이며, 타계에서 가장 신성한 곳으로 영생 · 영원의 청정세계를 표상한다. 그래서 산은 한국시에서 신격적이거나 신성한 거소로 종종 비유된다.

다음의 인용시는 박두진의 <향현>이다.

> 아랫도리 다박솔 깔린 山넘어 큰山 그넘엇山 안보이어 내마음 둥둥 구름을 타다. // 우뚝 솟은 山, 묵중히 엎드린山 골골이 長松 둘어섰고, 머루다랫넝쿨바위 엉서리에 얼켰고 샅샅이 떠깔나무 옥새풀 우거진데, 너구리, 여우, 사슴, 山토끼, 오소리, 도마뱀, 능구리 等 실로 무수한 짐승을 지니인, // 山

山 山들! 累巨 萬年 너희들 沈默이 흠뻑 지리함즉 하매, // 山이여! 장차 너희 솟아난 봉우리에, 엎드린 마루에, 확확 치밀어 오를 火焰을 내 기다려도 좋으랴? // 피ㅅ내를 잊은 여우, 이리 등속이 사슴 토끼와 더불어, 싸리ㅅ순 칡순을 찾아 함께 즐거이 뛰는 날을 믿고 길이 기다려도 좋으랴?

이 시의 심상 추이는 프라이가 말한 이른바 '묵시적 이미지'와 '악마적 이미지'의 서로 상반된 원형이미지[198]가 존재하는 '산'을 중심으로 전개된다. '여우, 이리, 능구리' 등으로 대표되는 악의 표상과 '사슴, 산토끼' 등으로 대표되는 선의 표상이 함께 등장하는 산은, 바로 선・악이 함께 뒤엉켜 존재하는 인간세계의 현실 상황을 상징한다. 악마적 이미지로 표출되는 동물심상은, 시인이 처했던 당대의 암울한 시대정신이 투사된 것으로 유추할 수 있다. 그러나 한편 그 산은 어지러운 현실을 극복하고자 하는 의지의 상징이 되기도 한다. 산은 현대라는 속의 세계가 되기 이전, 성의 시대에 신이 지상에 내린 우주로서 성스러움의 상징이다. '상징의 원형은 곧 문화의 원형과 다름없는데, 문화의 원형은 원시세계로서 자연 및 미신적인 것과, 신의 세계로서 종교적인 것'[199]에 그 기반을 두고 있다. 엘리아데에 의하면, 산은 하늘과 가장 가까운 곳이므로 두 가지 신성성을 부여받는다. 즉, 하나는 산이 초월성의 공간적 상징을 지니고 있으며('높음', '절정', '지고'), 또 하나는 산이 모든 대기의 히에로파니아의 영역, 곧 신들의 거주처라는 것이다.[200] 그리하여 1연에서의 '아랫도리 다박솔 깔린 山넘어 큰山 그넘엇 山'은 모든 어려움을 극복하고 도달해야 할 궁극적인 이상공간이라는 것을 암시한다. 이렇듯 박두진에게 산의 개념은 심미적 대상이 아니라 원초적 세계이며 우주의 생명체로 파악되고 있다. 시인이 염원하는 원형의 세계인 '산'은 온갖 생명이 그 속에 포용되어서 생동적인 잠재력을 지닌 공간이며,

198) Northrop Frye, 임철규 역, 앞의 책, pp.278-298.

199) 진순애, 앞의 책, p.57.

200) Mirea Eliade, 이은봉 역, 앞의 책, p.172 참조.

자유로운 생명의 영위가 모순 없이 이루어지는 영원한 원형공간인 것이다.

조지훈(1920~1968)의 시세계는 동양의 고전 정서와 선감각(禪感覺)을 형상화해 자연에 대한 탐구를 보여준다는 평가를 받고 있다. 그의 시는 자연에 대한 섬세한 투시를 보이면서도 인간 역사와 생명 현상에 대해 진지하게 탐구하고, 고전 정서와 상상력을 현대적 감수성으로 계발하는 데 선구적 업적을 보여주었다는 의미를 지닌다.

다음은 조지훈의 시 <꿈 이야기> 전문이다.

> 門을 열고/ 들어가서 보면/ 그것은 문이 아니었다. // 마을이 온통/ 해바라기 꽃밭이었다./ 그 훤출한 줄기마다/ 맷방석만한 꽃숭어리가 돌고 // 해바라기 숲 속에선 갑자기 수천 마리의 낮닭이/ 깃을 치며 울었다. // 파아란 바다가 보이는/ 산 모롱잇길로/ 꽃상여가 하나/ 조용히 흔들리며 가고 있었다. // 바다 위엔 작은 배가 한 척 떠 있었다./ 五色 비단으로 돛폭을 달고/ 뱃머리에는 큰 북이 달려 있었다. // 수염 흰 노인이 한 분/ 그 뱃전에 기대어/ 피리를 불었다. // 꽃상여는 작은 배에 실렸다./ 그 배가 떠나자/ 바다 위에는 갑자기 어둠이 오고/ 별빛만이 우수수 쏟아져 내렸다. // 문을 닫고 나와서 보면/ 그것은 문이 아니었다.

이 시는 '꿈'을 모티프로 하고 있다. 즉, 꿈의 내용을 상상력의 구조 속으로 끌어들여 시적 공간을 형성한다. 융에 의하면 꿈은 무의식으로의 통로이다. 꿈을 어떤 숨어 있는 것의 대치물로 보지 않고 꿈의 사실을 사실에 입각해서 보고자 했던 융은 꿈에 나타난 신화적인 요소를 인간의 무의식에 내재하는 본연의 구성 요소로 이해한다. 시인의 상상력은 꿈 이야기를 통해 초시간적 원형공간을 지향한다. 1연에서의 문은 외계와 내계의 연결이라는 상징적 의미 외에 새로운 세계와의 만남을 상징하는 원형심상이다. 화자가 문을 열고 들어가서 만나게 된 '마을'은 태양의 등가물인 커다란 해바라기가 피어 있는 곳이며, 수천 마리의 낮닭이 깃을 치며 울고 있는[201]

초시간적 원형공간으로, 빛과 새의 심상이 함유하는 상승의지를 드러낸 것으로 해석된다. 그러한 상승의지는 죽음을 통해서 이루어지는데, 4연에서 죽음의 상징인 꽃상여가 파아란 바다를 향해 가고 있는 것으로 표현된다. 바다는 죽음과 부활의 원형공간이다. 그곳에는 작은 배가 한 척 떠 있고, 마을을 떠난 꽃상여는 그 배에 실려 바다로 떠난다. 한국인의 민간신앙에서 배는 죽은 자의 혼령을 저승으로 실어 나르는 운반체[202]이지만, 때로는 '실존을 초월하려는 욕망, 곧 바다를 항해하듯이 공간을 항해하여 다른 세계에 닿으려는 욕망'[203]을 상징하기도 한다. 여기에서 '바다'는 꽃상여를 싣고 떠났다는 진술을 통해 볼 때, 죽음의 초월공간을 표상하고 있음을 알게 된다. 이러한 원형적 상상력의 전개는 인간 존재 자체를 '카오스'와 '코스모스'의 순환체계로 인식하는 원형사고에 의한 것이라고 해석할 수 있다. 7연에서 '배가 떠나자/ 바다 위에는 갑자기 어둠이 오고/ 별빛만이 우수수 쏟아져 내렸다'는 것은, 존재의 근원을 '카오스'로 보고, 존재의 조건인 '코스모스'의 공간과 시간을 죽음을 통해 소거하고, 다시 혼돈의 '카오스'로 회귀하는 것을 나타낸 것이라 하겠다. 이러한 존재 근원으로의 회귀는 '문'을 통해 이루어지는데, 1연과 8연에서 '그것은 문이 아니었다'라는 표현을 통해 볼 때, 일상적 조건을 부정함으로써 원형의 세계로 복귀하고자 하는 의지의 상징으로 해석된다. 이것은 코스모스의 현실을 초월하여 존재의 근원인 카오스로 회귀하여 영원존재로 있기를 바라는 원형적 사고에서 비롯된 것이라 판단된다.

신석정(1907~1974)의 시는 대부분 현대 문명과는 거리가 먼 전원이미지

---

201) 닭은 울음으로써 새벽을 알리는, 곧 빛의 도래를 예고하는 존재이다. 예고 내용이 빛이기 때문에, 닭은 태양의 새로 상정된다. 닭의 존재 양상의 이중성, 즉 날개를 가지고 있으면서도 지상에서 생활하는 방식은 어둠과 밝음을 경계하는 새벽의 존재로서의 상징성을 함축하고 있다./ 『한국문화상징사전1』, p.197.

202) 『한국문화상징사전2』, p.277.

203) 이승훈 편, 앞의 책, p.203.

로 구성되어 있다. '촛불, 양, 호수, 산, 삼림, 어머니, 새, 새끼' 등 목가적 시세계는 모더니즘과는 거리가 먼 듯하지만, 현대 문명에 대한 간접 비판에 맥이 닿아있다는 평가를 받는다. 여기서는 그의 시 <청산백운도>를 대상으로 원형심상을 추적해 보고, 시 작품이 유발하는 정서적 효과의 원천을 밝혀보고자 한다.

> 이 투박한 대지에 발은 붙였어도 / 흰 구름 이는 머리는 항상 하늘을 향하고 사는 산 //
> 언제나 숭고할 수 있는 푸른 산이 / 그 푸른 산이 오늘은 무척 부러워 // 하늘과 땅이 비롯하던 날 그 아득한 날 밤부터 / 저 산맥위로는 푸른 별이 넘나들었고 // 골작에는 양떼처럼 흰구름이 몰려오고 가고 / 때로는 늙은 산 수려한 이마를 쓰다듬거니 // 고산식물들을 품에 안고 길러낸다는 너그러운 산 / 청초한 꽃그늘에 자고 또 이는 구름과 구름 // 내 몸이 가벼히 흰구름이 되는 날은 / 강넘어 저 푸른 산 이마를 어루만지리……

이 시에서도 상하의 원형심상이 천지관계의 구체적 형식으로 묘사되고 있다. 1연의 '투박한 대지'와 '하늘을 향하고 사는 산'은 하와 상의 원형적 대비이다. 즉, 어머니의 심상인 '대지'와 아버지의 심상인 '하늘'의 어울림을 통해 원초적 근원세계를 부가시키고 있는 것이다. 이 시의 중심 소재가 되고 있는 산은 하늘과 대지가 만나는 지점으로, 신성성을 부여받는 공간적 상징을 지닌다. 그 산은 푸른빛으로 형상화되어 있다. '푸른 산'은 어려움을 극복하고 도달해야 할 대상, 획득하고자 하는 소망의 이미지이다. 뿐만 아니라 푸른 하늘을 향하고 있다는 점에서 영원성을 지향한다고 하겠다. 또한 산은 항상 천상계에 가장 가깝게 있기 때문에 인간에게는 '성스러운 땅'의 원형이다. 그 '숭고'한 푸른 산이 화자에게는 부러움의 대상으로 인식될 수밖에 없을 것이다. 3연은 태초에 '하늘과 땅이' 창조되던 그 '아득한 날 밤부터' 그 산맥 위로 '푸른 별이 넘나들던' 초시간적 공간의 묘사이다. '푸른 별' 역시 희망과 이상의 상징이다. 5연에서 산은 그 품안에 고산식물과 꽃과 구름을 너그럽게 포용하는 관용과 안식의 공간—모성원형으로 표상되고 있다. 화자는 흰 구름이 되어 그 푸른 산의 이마를 어루만지겠다는, 다분히 형이상학적인 의지를 표명한다. 이것은 산처럼 너그러우면서도 변함이 없는 삶의 자세를 갖기를 원하는 것이라 하겠다. 마지막 행의 '강넘어 저 푸른 산'은 시인이 꿈꾸는 근원세계로서의 이상향이다. 이 같은 근원회귀의지는 '대지, 하늘, 푸른 산, 푸른 별, 구름' 등 원형심상들이 환기하는 '원형적 상상력'에 근거를 두고 있는 것이다.

이제까지 살펴본바, 향가에서는 인생의 무상감이나 허무감 등의 극복 방법으로 생사를 초월한 정토를 제시하고, 이를 향한 경건한 기원으로서 그 절망감을 극복하고 있다. 고려속요에 대해서는 많은 학자들이 그 성격을 규정함에 있어 퇴폐적이고 향락적인 문학이며 현실도피적인 문학으로 규정지어 왔다. 그러나 고려속요에 대한 이런 선입관을 배제하고 각도를 달리하여 고찰해 보면 많은 작품에서 현실극복과 함께 근원회귀의지를 발견할 수 있다. 시조에서는 현세적 영원 지속의 기원이나 향락 추구를 주로 내세우고 있음을 볼 수 있는데, 거의 모든 시조에서 '산수', '강호'는 궁극적인 회귀처로서의 기능을 하는 대상이었음을 확인할 수 있다. 시조 시인이나 향유층의 의식 속에 이들 장소는 현실공간이며 동시에 환상적 안주의 공간으로 자리 잡고 있는 것이다.

아울러 원형적 상상력의 측면에서 현대시에 나타나는 근원회귀의 원형성을 탐색해 보았다. 시 해석에서 이미지는 다분히 주관적인 영역에서 다루어지지만 시적 대상들로부터 동일한 의미망을 형상화시키는 기능을 갖기도 한다. 박목월과 신석정 시에서의 '산' 이미지와 조지훈 시에서의 '바다' 이미지는 대체로 동일한 의미를 내포한다. 산과 바다는 모두 보편적 원형심상으로서 초시간적인 원형공간으로 나타나며, 시적자아가 회귀의지를 표출하는 원초적 모성공간이기도 하다. 이들이 추구한 근원세계로의 회귀의지는 박재삼, 박용래, 천상병 시인의 시세계에도 그대로 계승되어 나타나고 있다. 이것은 바로 '원형적 상상력'에 원천을 두고 있기 때문이다. 원형적 상상력은 고대가요, 신라의 향가, 고려속요, 시조를 거쳐 현대시에 이르기까지 자연과 인간의 조화와 합일을 추구하고 있으며, 또한 이상세계의 복원 혹은 원형적 근원세계에 대한 복귀의지로 꾸준히 표출되고 있음을 확인할 수 있다.

Ⅵ. 전통적 원형심상의 표출과 의의

이제까지 한국현대시에 표출되는 원형의 실체를 파악하고자, 원형비평의 입장에서 박재삼·박용래·천상병의 시를 텍스트로 하여 원형심상에 관해 분석해 보았다. 즉, 세 시인의 개별 작품에 나타난 원형심상의 상징적 의미를 살펴서 전반적인 시세계를 고찰하며, 나아가 그들의 시정신의 본질이 무엇인가를 밝혀보고자 하였다.

문학 작품 속에 '집단무의식'의 형태로 잠재해 있는 원형은 시공을 초월한 관습적 패턴으로, 인류의 가장 근본적인 경험이며 보편적 상징이다. 원형은 인간 심성의 근저에 흐르며 끊임없이 나타났다 없어지는, 그리고 다시 나타나는 영원불변의 이미지로서, 작품 속에 숨어서 무의식적으로 독자의 마음에 반향을 일으킨다. 이러한 인간 심성 속에 흐르는 집단무의식, 즉 원형은 시대와 문화를 초월하여 끊임없이 되풀이되어 나타나는 원시적이며 전형적인 심상이다. 본 연구는 이러한 원형적 패턴, 곧 집단무의식의 보편적 질서를 찾는 데에 역점을 두었다.

원형 이론을 바탕으로 진행한 연구의 관점은 다음과 같다.

첫째, 구체적 작품은 원형에 의해 결정되어진 것이고, 또한 원형을 표현하고 있는 것이라는 관점을 견지하면서, 나아가 원형으로의 복귀 경향을 탐색하였다. 둘째, 시인의 작품 속에 투사된 정신은 바로 상상력의 궁극성을 표현하는 심상으로 나타난다는 명제 아래, 심상과 상징의 면밀한 검토를 통해 개인별 상징체계를 구조화하고자 하였다. 셋째, 개별 시인은 각자 상징체계를 갖고 있지만, 여러 시인들에게서 서로 비슷한 상징들을 추출할 수 있다면 그런 상징들은 각각 하나의 초개인적 체계와 구조를 갖고 있는 것이며, 하나의 원형적 패턴을 추출할 수 있다고 판단하였다.

신화비평 혹은 원형비평에서, 신화는 언제나 원형을 유지하며 문학 작품에서 재현된다고 믿는다. 위대한 문학 작품은 신화의 원형으로 복귀하려는 경향이 있다는 것이 신화·원형비평의 주장이다. 그러니까 원형으로의 복귀를 지향하는 작품이 가장 가치 있는 것이며, 따라서 원형비평에서 '원형'의 추적은 그 중심적 과제가 된다.

개인의 상상력이나 심리적인 충동 속에는 그 개인의 정신세계나 생활경험을 벗어난 사물의 형상들이 잠재되어 있다. 그것이 고대인의 마음의 소산과 맥을 통하고 있을 뿐만 아니라, 인간 모두의 마음의 소산과 맥을 대고 있을 때, 그 형상을 융은 원형이라 불렀다. 그것은 원시적이면서도 집단적이고 또한 초역사적이다. 보편성을 띤 심층의 언어이기도 한 그 원형을 본능적인 것이라고 설명하기도 한다. 그것이 모든 인간에게 시대를 넘어 되풀이되어 나타나면서 반복될 때 그 반복성이야말로 본능적인 것이라고 지적되는 것이다. 정리해 보면, 본능은 원시적인 행동 양식이고 원형은 원시적인 사고방식이라고 할 수 있는데, 이 둘은 완전히 분리된 것이 아니다. 왜냐하면, 사고와 행동은 특히 원시적 단계에서 함께 병행하는 까닭이다.

어쨌든 원형은 핵심적인 인간 경험의 기본적이고도 오래된 유형이고, 그것은 특수한 정서적 의미를 가지는 어떤 시의 근저에 존재한다. 원형은 결코 쓸모없는 고대의 잔존물이거나 유물이 아니다. 그것은 근본적인 이미지, 집단적 무의식의 한 부분, 같은 종류의 무수한 경험의 심리적 잉여를 의미하고, 그리하여 인류의 상속받은 반응 유형의 한 부분을 의미한다.

원형 비평가 휠라이트의 견해도 융의 견해와 다르지 않다. 그는 인류 전체나 대부분의 사람들에게 동일하게 또는 유사한 의미로 통하는 상징을 원형상징이라 하였다. 달리 말하면 그것은 비슷한 문화적 기능을 담당하는 경향이 있는 '보편적 상징'이다. 이 글에서 관심을 갖고 논의한 것도, 융이나 휠라이트, 혹은 프라이 등 원형 비평가들이 제시한 원형 또는 원형적 패턴을 현대시 속에서 찾아내고자 하는 일이었다. 집단무의식에 존재하는 원형이 한국인 대부분의 정신 속에 공통적으로 내재하고 있다면 문학 작품 속에 우선 존재할 것이고, 존재한다면, 한국현대시 속에는 과연 어떠한 모습으로 나타나는가에 대한 것이었다. 그리하여 시에 나타나는 심상 가운데에서 원형성을 갖는 이미지들을 추출하여 그것이 상징하는 의미와, 또한 그들의 유기적 관계를 파악하고자 했다.

원형은 신화나 전설에서부터 현대문학에 이르기까지 반복되어 사용된 기본적 이미지이다. 그러한 원형심상과 모티프들은 고전문학에서 현대문학에 이르는 과정을 통하여 찾을 수 있고, 거꾸로 현대문학에서 고전문학으로 소급하면서 찾을 수도 있다. 한 시인의 작품에서 이미지가 보여주는 것은 그의 시세계를 표상한 것이다. 따라서 시에 나타난 모든 심상들은 그 자체의 중요성을 지니게 된다. 되풀이해서 말하지만, 원형적 상징은 모든 인간이 의미를 부여하는 자연 대상이다.

박재삼・박용래・천상병의 시에서 표출되는 원형심상은 근본적으로 '자연적'인 심상들이다. 예컨대, '천체'—해, 달 등 엘리아데에 의해 '불의 세계'로 지칭되는—는 우리에게 중요한 순환적인 리듬을 제공해준다. 인간의 삶 역시 그 우주의 순환원리에 따른다는 것을 상징적으로 나타내고 있는 것이다. 자연의 변화, 곧 사계의 신화야말로 가장 근본적인 원형이다. 인생도 사계절의 회귀와 같이 자연의 질서에 순응함으로써, 사계절에 따른 생활의 조화 있는 변화, 그리고 '출생-성장-사멸'의 숙명이 주는 생명의 환희와 고통과 공포의 의미 있는 반복을 지속하려고 하였다. 즉, 자연과 호흡을 같이 하고자 한 것이다. 이처럼 자연 그 자체는 근본적 원형이 된다. 구체적으로 예로 들어보면, '식물-나무, 꽃, 풀 등'의 심상은 우리에게 4계절이라는 순환원리를 제공해준다. 가을에 죽고 겨울 동안에 모습을 감추었다가 봄에 다시 소생하는, 신과 같은 인물과 동일시되며 또 그런 신과 같은 인물로 표상되는 것이다. '물'도 마찬가지로 그 자체의 주기를 갖고 있다. 비에서 샘으로, 샘이나 분수에서 시내나 강으로, 강에서 바다나 겨울의 눈으로,

그리고 다시 먼저의 상태로 회귀한다. 이처럼 '물'은 정화 기능과 생명을 지속시키는 기능을 함께 갖는 복합적 속성에서 보편적인 호소력을 자아내는 원형심상이며, 순결과 새 생명을 상징한다. 모든 생명의 원형인 물은 구약성서에서도 나타난다. '하느님이 가라사대, 물들은 생명을 번성케 하라'는 말에서 보이듯이 그것은 원시인들의 신앙뿐만 아니라 일반적으로 보편화된 심상인 원형으로 존재하는 것이다. 생명의 원천을 물에 두는 것은 물이 지니는 원수(源水)로서의 생생력(生生力)이 여성의 생식력과 관계되기 때문이다. 그래서 물은 흔히 모성의 이미지와 결부되기도 한다. 물은 죽음, 재생, 부활, 창조 등의 원형심상과 연결되며, 물에의 지향성은 곧 모태에의 회귀성과 상통하는 것이다. 이와 같은 물의 심상이 갖는 원형성을 박재삼 · 박용래 · 천상병의 일련의 작품을 통해 쉽게 확인할 수 있었다. 이 밖에도, 세 시인의 시에서 두드러지게 표출되는 '고향 회귀-향수'의 심상을 들 수 있다. 고향에 대한 향수는 인간의 마음속에 무의식적으로 잠재되어 있는 모성원형이다. 나아가 영원세계에 대한 향수는 인간이 구체적인 낙원을 동경하고 그 낙원을 이 세상에서, 이 순간에 획득할 수 있다는 것을 나타내 주는 상징으로 작용하는 것이다. 현대 작가들의 무의식의 심층에는 이와 같은 인류적인 향수가 잠재하고 있어서 그들 작품세계의 모티프가 되기도 하다. 원형은 근원적으로 자연 그 자체이다. 그런 원형에 지배되는 시인의 상상력은 자연의 질서 위에서, 자연과의 일체감을 꿈꿀 것은 자명한 일이다. 세 시인의 시세계에서 원형심상의 분석을 통해, 인간이 자연에 귀일하고자 하는 것이 결국은 이상세계 혹은 원형적 근원세계에 대한 복귀의지의 표출이라는 것을 밝힌 셈이다.

원형은 보편적 상징으로 인간의 원시적인 사고에 그 뿌리가 닿아 있기 때문에 독자의 마음에 무의식적으로 반향을 일으키며, 한 편의 작품을 다른 작품과 연결하는 기능을 갖고 우리의 문학적 경험을 통일하고 종합하게 한다. 박재삼 · 박용래 · 천상병의 시에 집중적으로 나타나는 물, 바다, 강물, 하늘, 빛, 바람, 새, 흙(향토), 식물 등 이러한 이미지들은 시적 변용의 실체를 이루며, 또한 시적 상상력을 유발시키는 원초적 물질 혹은 대상이라 할 수 있는 것들이다. 이들 원형심상들은 모든 인간에게 심리적으로 유사한 반응을 일으키고 유사한 문화적 기능을 담당한다. 이러한 원형적 모티프와 이미지는 시공을 초월한 관습적 패턴으로 인류의 가장 근본적인 경험이며 인류가 공통적으로 무의식 속에 이어받은 심리적 유산이기 때문에 여러 시인들의 작품에서 상당 부분에 걸쳐 동일하거나 유사한 의미를 지니는 것들이다. 그러므로 원형은 모든 시인들에게 무의식적으로 작용하여 보편적 의미를 지니면서 궁극적으로는 원시심성으로 회귀하고자 하는 인간의 본성을 자극한다. 박재삼・박용래・천상병이 보여준 원형의 세계는 바로 그러한 궁극적인 인간의 본성을 지향하고 있는 것이다.

원시심성은 아주 중요한 개념이다. 그 이유는 고대인의 아직 분화되지 않은 심성은 현대인이 지닌 심성보다 전체적 현실을 더 많이 접촉하고 더 완전하게 바라볼 수 있기 때문이다. 현대인의 심성보다 고대인들에게서부터 내려온 원시심성이 보다 더 현실을 완전하게 바라볼 수 있다는 것이다.

이제까지 박재삼・박용래・천상병의 시세계에서 표출된, 원형과 광범위하게 연관되는 보편적인 심상들을 다시 검토하며, 그들 원형심상의 의미를 되새겨 보았다. 그러나 이들의 의미는 상황에 따라 변할 수 있다. 즉, 이러한 이미지들이 문학 작품에 나타날 때마다 원형상징의 기능을 갖는 것은 아니다. 작품의 전체 문맥이 논리적으로 원형적 해독을 지지할 때만 원형상징으로 해석이 가능한 것이다. 원형의 반복은 인간 실존의 조건 가운데서 이상적 형태(원형)를 실현하고 싶다는 희망, 즉 시간의 제약을 받지 않고, 시간 속에 살고 싶다고 하는 역설적인 원망을 나타낸다. 따라서 원형적 상상력이 과거로의 회귀만을 의미하는 게 아니라, 미래사회를 지향하는 의지의 표상이기도 하다는 것을 말해 준다. 원형심상을 통해 투영된 인간의 지향이 영원회귀적인 것이라 볼 때, 이러한 영원회귀적인 것은 문학사적 전통의 한 양식으로, 고대로부터 현대까지 면면히 흐르고 있다는 것을 간접적으로나마 나타내는 것이다. 고전과 현대문학은 동떨어진 위치에서 존재하지만, 실제로 그 둘은 우리들 앞에 공시적으로 존재하고 있다. 우리는 원형상징을 통해 현대시에서 거슬러 올라가 고대가요에까지 다다를 수 있었다. 시인은 각자 상징의 체계를 갖고 있다. 그러나 많은 시인들이 서로 비슷한 상징체계를 갖고 있다면 그러한 상징들은 각각 하나의 초개인적 상징체계와 구조를 갖고 있음을 뜻한다. 원형적 상상력은 인간 마음의 복잡하고 알려져 있지 않은 부분, 곧 집단적 무의식으로부터 표출되기 때문이다. 예컨대 <가시리>의 '임'과 <정과정곡>의 '임', 그리고 김소월의 '임'과 박재삼의 '임'은 모두 같은 의미를 가지고 있는 원형심상이다. 시대와 시인들은 비록 다르지만 그들이 표상한 '임'은 단일한 형상을 지향하고 있다.

원형적 행위의 반복, 원형의 모방이라는 메커니즘이 속적 시간을 폐지하고 그것을 성스러운 시간으로 변용시키며, 더욱이 정기적인 의례 이외의 장으로 이끌어갈 수 있다는 것은 큰 의미를 내포한다. 원형을 일깨우는 일은 문학의 뿌리를 찾는 일이며 한국현대시의 정체성을 확립하는 또 하나의 길을 제시하는 일이다. 따라서, 박재삼·박용래·천상병의 시세계에서 표출되고 있는 원형심상의 탐색은 우리 문학 전체의 보다 큰 맥락을 찾아준다는데 큰 의의가 있다고 본다.

현대 사회를 진단하는 앤소니 기든스에 의하면, 현대가 불확실성의 공간으로 인식되는 가장 큰 요인은 세계가 연속적으로 존재할 것이라는 믿음을 상실했기 때문이라고 한다. 인간의 존재론적 안전감을 밑받침하는 기초적 신뢰 획득에 있어 전통적 질서, 전통적 정체성이 그 근원지가 되는데, 현대 사회는 탈전통적 질서위에서 복수의 선택 상황에 놓이게 되며 생활 세계의 다변화로 권위 부재 및 범죄, 광기, 죽음과 질병, 섹슈얼리티 등에 의한 위협적 타자가 부상하는 세계라는 것이다.[204] 이러한 현대의 시간 속에서 한국 현대시의 정체성 확립이야말로 모든 시인들의 화두가 아닐 수 없다.

---

204) 진순애, 『한국 현대시와 정체성』(국학자료원, 2001), pp.86～87.

현세적 차원에서 문학의 존재는 두 가지로 정리된다. 첫째, 문학은 어떤 특정의 순간에 역사적 사실로서 존재하고, 둘째, 문학은 원형적 인물, 이미지, 상징, 장면 구성의 영원하고 반복적인 표현으로서, 역사적 시간의 차원 밖에 하나의 연속체로 존재한다. 이러한 기준에 근거하여 본 연구의 시사적 의의를 정리해 보도록 한다.

지금까지의 논의에서 필자는 전통 서정시의 영역 안에서 우리 문학에 끊임없이 나타나는 원형의 실체를 구명하고자 하였다. 즉, 시에 반복되어 나타나는 원형심상과 상징의 탐색에 주력했다. 원형상징은 인류 전체나 아니면 그 대부분의 사람들에게 동일하거나 유사한 의미를 갖는 상징이다. 이러한 원형에 대한 탐색과 그에 대한 해명은 현대인의 정신사적 소외의식을 극복하기 위한 하나의 대안이라고 할 수 있다. 그것은 원형적 세계가 표상하는 영원성을 현대적 삶 속에 접목시키는 작업이라는 측면에서 의의를 찾을 수 있기 때문이다. 좀더 구체적으로 말하면 원형적 심상들이 환기하는 자연과 일체감을 형성함으로써 현대인의 정서적 효과를 획득하는 것이라 하겠다.

이 글에서 논의의 대상으로 삼은 박재삼・박용래・천상병은 1950년대 초에 등단하여 작품 활동을 시작한 이른바 '50년대 시인'들이다. 이들은 작품상에서도 상당히 많은 공통점을 갖고 있는데, 우선 시의 주제적인 측면에서 전통문학과의 연관성을 들 수 있다. 또한 우리 현대 시문학사에서 가장 순수하면서도 근원성을 추구한 시인들로 평가된다. 주지하다시피 1950년대는 동족상잔의 비극인 6.25가 발발했던 시기로, 유사 이래 가장 혹독한 체험을 안겨 준 연대였다. 그리하여 50년대 전후의 문단은 이념의 대립 속에서 전통성과 정체성을 구체적으로 보여주기보다는, 절망과 허무주의를 형상화하는 모더니즘에 압도되었다. 이러한 시기에 이들의 시는 전통적 서정의 세계와 접목되고 있다는 중요한 의미를 갖는다. 이들 세 시인이 시작 활동을 넓혀가던 1960년대는 여전히 대립적 양상을 띤다. 즉 '순수'와 '참여'라는 문학에 대한 인식의 양분화 현상이다. 시가 오로지 시일뿐이라고 믿었던 순수시에 대한 관념이 무너지면서, 시단의 일부에서는 전후시가 보여준 정서적 폐쇄성을 거부하면서 이른바 '참여'의 목소리를 높이기 시작한다. 그러한 시기에 박재삼 · 박용래 · 천상병 시인은 김소월, 서정주, 청록파로 이어지는 전통을 이어받아 순수 서정시의 맥을 이으면서 민족 고유의 정서를 재현해 내고자 하였다. 그리하여 이들의 시는 50년대 이후뿐만 아니라 소월 이전의 전통서정시의 흐름을 연결시켜 준다는 문학사적 의의가 갖는다. 특히 이들은 70년대의 자본주의 산업화 사회에 함몰되지 않고, 오직 시업을 통해 서정의 본질과 근원에 대한 탐색에 일관했다. 즉, 현실보다는 자연과 화합하려는 의지를 그들의 시세계를 통해 보여주었다. 이러한 경향은 자연스럽게 시대와 문화를 초월한 원형의 세계와 연결되고 있다. 여기에서 이들 세 시인의 작품세계를 통해 밝히고자 한 원형 탐색의 의의를 검토해 보아야 할 것으로 생각한다.

오늘날 전통적 서정성이 지향하는 탈근대로의 방향 전환은 이른바 '근원'에의 회귀와 관련된다. 그런 측면에서 보면 전통적 서정시란 인간 삶의 시원으로 돌아감으로써 미래적 방향 감각을 회복한다는 역사철학적 의미까지도 내재하고 있다. 따라서 원형의 탐색은 단지 과거로의 회귀가 아니라 과거의 시공을 재생하는 입장에서 이해되어야 할 것이다. 그래야만 비로소 시문학사가 온전하게 정립될 수 있을 것이다. 어느 때나 문학사는 오늘에 비쳐진 과거란 뜻에서 이 원형의 탐색은 중요한 의미를 갖는다. 원형은 시대와 문화를 초월해서 감동을 주는 존재인 것이다.

원형은 현대인에게 초시간적인 신화의 세계 혹은 원형적 삶의 복원을 통해 현실세계의 어려운 상황을 극복할 수 있는 계기를 제공한다. 원형은 역사적인 시간의 속박으로부터 우리를 벗어나게 하며, 과거와 현재, 미래가 단절된 것이 아니라 서로 연속적인 것으로 만듦으로써 인간의 지속적인 관계 행위로 귀착하게 하는 것이다. 예컨대, 유년에 대한 회귀의식은 단순히 과거로의 퇴행이 아니라, 현대인에게 상상력과 순수를 제공하는 거대한 자연으로 바뀐다. 원형으로서 자연일 뿐만 아니라, 창조를 위한 현재 극복의 대안으로 작용하기도 한다. 이처럼 원형적 심상에 대한 탐색은 현대인으로 하여금 초시간적인 원형의 공간, 혹은 신화적 시간으로의 복귀를 꿈꾸게 하는 현실극복의 의의를 지닌다.

원형은 공간과 시간, 태초와 먼 미래 그리고 자연과 문화를 총체적으로 재생시키고 쇄신하려고 든다. 그것은 사물을 우주적 통합체 속에서 생동케 하는 일이다. 시인은 사라져 간 과거를 숨쉬게 하면서 그 숨결을 받아 미래를 움트게 한다. 지금과 내일만을 새롭게 하는 것이 아니다. 어제마저도 그는 쇄신한다. 결국 원형에 대한 추적은 '인류 문화의 누적적 잠재력의 총화'로서, 이의 해명을 통해 현대인의 정신사적 소외의식을 극복하려는 노력으로까지 확산되고 있다. 영원회귀의 지향은 궁극적인 인간의 문제이다. 더구나 현대의 시인들은 의식의 한계를 뛰어넘어 우주 세계와의 영원한 대화를 모색하고자 한다. 즉 무의식의 정신적 바닥에 깔린 심층의식의 원형을 통하여 세계를 해석하고자 한다.

현대인은 신화를 잃어버린 삶을 살고 있다고 흔히 말한다. 그러나 아직도 현대인의 의식에 잔존하고 있는 신화적 사고 방식은 그 명맥을 면면히 유지하고 있다. 신화비평 또는 원형비평이 문학의 영역을 확대·심화시켰다는 것은 이런 인간 근본 문제를 재현해 놓았기 때문일 것이다. 지성과 이성으로 단련된 현대인에게 원시심성의 소박한 본능이 잠재하고 있다는 것은 놀라운 일이 아닐 수 없다.

박재삼, 박용래, 천상병 등 세 시인이 표출한 전통 서정의 세계에서 이러한 원시심성을 찾아내고자 한 이 글의 연구 성과가 비록 미미하다 할지라도 문학이 결국은 일시적인 것이 아니라 영원불변하는 가치를 창조한다는 관점에서 보면 나름대로의 의의를 찾을 수 있다고 본다. 원형은 일시적인 것이 아니라 영원불변하는 것으로, 고대에서부터 현대에 이르기까지 면면히 흐르면서 감동을 주는 것이기 때문이다. 궁극적인 인간의 본성을 지향하는 원형에 대한 탐색은 문학사적 전통의 한 양식으로 자리매김할 수 있는 문예비평으로서의 의의를 갖는다고 하겠다.

그러나 한편으로는 본 연구의 한계를 인정하지 않을 수 없다. 이제까지 전통 서정시에 나타나는 원형의 탐색에 주력했지만, 원형이 그렇게 명확하게 밝혀지는 것이 아니라는 점이다. 경우에 따라서는 일반적인 이미지일 뿐이라고 생각할 수도 있다. 그리고 연구자에 따라서는 또 다른 원형상징이 추가될 수도 있을 것이고, 이 글에서의 논의와 견해를 달리하는 사람도 있으리라 본다. 다만 분명한 것은, 원형은 본질적으로 되풀이되며 영원불변의 심상으로, 궁극적인 인간의 본성을 지향한다는 점이다. 곧 근원으로의 회귀를 지향하며 언제나 문학작품에서 반복 · 재현되는 시적 변용의 실체인 것이다. 따라서, 전통의 지속과 관련된 원형에 대한 탐색은 시의 본질에 접근하는 하나의 통로를 마련하는 계기가 되리라 생각한다. 원형은 아직도 미개척의 분야이다. 원형의 탐색이야말로 전통 서정시의 진정한 맥을 찾는 일이며, 나아가 우리 시문학사의 정통성을 회복하는 가능성을 제시하는 길이라 하겠다.

참 고 문 헌

1. 기본 자료

박재삼. 『춘향이 마음』. 신구문화사, 1962.

———. 『햇빛속에서』. 문원사, 1970.

———. 『천년의 바람』. 민음사, 1975.

———. 『어린 것들 옆에서』. 현현각, 1976.

———. 『뜨거운 달』. 근역서재, 1979.

———. 『비 듣는 가을 나무』. 동화출판공사, 1981.

———. 『추억에서』. 현대문학사, 1983.

———. 『대관령 근처』. 정음사, 1985.

———. 『찬란한 미지수』. 오상, 1986.

———. 『사랑이여』. 실천문하사, 1987.

———. 『해와 달의 궤적』. 신원문화사, 1990.

———. 『꽃은 푸른 빛을 피하고』. 민음사, 1991.

———. 『허무에 갇혀』. 시와시학사, 1993.

———. 『다시 그리움으로』. 실천문학사, 1996.

———. 『박재삼 시전집①』. 민음사, 1998.

박용래. 『싸락눈』. 삼우사, 1969.

———. 『강아지풀』. 민음사, 1975.

———. 『백발의 꽃대궁』. 문학예술사, 1979.

———. 『먼 바다』. 창작과비평사, 1984.
천상병. 『새』(번각본). 답게, 1992.
———. 『주막에서』. 민음사, 1979.
———. 『천상병은 천상 시인이다』. 오상출판사, 1984.
———. 『저승가는 데도 여비가 든다면』. 일선출판사, 1987.
———. 『귀천』. 살림, 1989.
———. 『요놈 요놈 요 이쁜 놈!』. 답게, 1991.
———. 『아름다운 이 세상 소풍 끝내는 날』. 미래사, 1991.
———. 『나 하늘로 돌아가네』. 청산, 1993.
———. 『천상병 전집(시)』. 평민사, 1996.

2. 국내 논저

1) 단행본

곽광수 · 김현. 『바슐라르 연구』. 민음사, 1976.
권영민. 『한국현대문학사』. 민음사, 1999.
김대규. 『한국 현대시의 원형 상징 연구』. 해냄, 1992.
김석하. 『한국문학의 낙원사상 연구』. 일신사, 1973.
김열규 외. 『고전문학을 찾아서』. 문학과 지성사, 1976.
김열규. 『한국문학사』. 탐구당, 1983.
———. 『한국민속과 문학연구』. 일조각, 1972.
———. 『한국신화와 무속연구』. 일조각, 1977.
———. 『한국의 신화』. 일조각, 1998.
———. 『향가의 어문학적 연구』. 서강대 인문과학연구소, 1972.
김영석. 『한국현대시의 논리』. 삼경문화사, 1999.

김영수. 『한국문학의 맥락』. 일지사, 1988.
김완진. 『향가해석법연구』. 서울대학교출판부, 1980.
김용직 편. 『김소월전집』. 서울대학교출판부, 1996.
김윤식 외. 『우리 문학 100년』. 현암사, 2002.
김재홍. 『한국현대시 형성론』. 인하대학교 출판부, 1985.
———. 『한국현대시인비판』. 시와시학사, 1995.
김준오. 『詩論(제4판)』. 삼지원, 1997.
———. 『가면의 해석학』. 이우출판사, 1987.
김태곤. 『韓國巫俗硏究』. 집문당, 1991.
김학성 · 권두환 편. 『신편 고전시가론』. 새문사, 2002.
김 현. 『상상력과 인간/시인을 찾아서』. 문학과지성사, 1991.
김현자. 『시와 상상력의 구조』. 문학과 지성사, 1982.
노태준 역. 『周易』. 홍신문화사, 1978.
『동문선』 권19. 민족문화문고간행회 편. 『국역 동문선Ⅱ』. 민족문화추진회, 1986.
목순옥. 『날개 없는 새 짝이 되어』. 청산, 1994.
문덕수. 『현대한국시론』. 삼우사, 1975.
문혜원. 『한국 현대시와 모더니즘』. 신구문화사, 1996.
———. 『한국 현대시와 전통』. 태학사, 2003.
박민수. 『한국 현대시의 리얼리즘과 모더니즘』. 국학자료원, 1996.
박용래. 『우리 물빛 사랑이 풀꽃으로 피어나면』. 문학세계사, 1985.
박을수 편. 『한국시조대사전 1 · 2』. 아세아문화사, 1992.
박호영 · 이숭원. 『한국 시문학의 비평적 탐구』. 삼지원, 1989.
서정주. 『서정주시전집』. 민음사, 1984.
송기한. 『한국 전후시와 시간의식』. 태학사, 1996.
신동욱. 『고려시대의 가요문학』. 새문사, 1982.

신동욱 외. 『신화와 원형』. 고려원, 1992.

신현락. 『한국 현대시와 동양의 자연관』. 한국문화사, 1998.

오세영. 『이미지 구조론』. 서울대대학원 현대문학연구회, 1970.

왕 빈. 『신화학입문』. 금란출판사, 1980.

이부영. 『그림자』. 한길사, 1999.

———. 『분석심리학』(개정증보판). 일조각, 1998.

유관호. 『색채 이론과 실제』. 청우, 1985.

유동식. 『한국무교의 역사와 구조』. 연세대학교 출판부, 1975.

윤경수. 『한국문학사상의 현대성 연구』. 태학사, 1994.

이상섭. 『문학 연구의 방법』. 탐구당, 1993.

———. 『문학비평용어사전』. 민음사, 1996.

이숭원. 『20세기 한국시인론』. 국학자료원, 1997.

이승훈. 『시론』. 고려원, 1993.

이승훈 편. 『문학상징사전』. 고려원, 1996.

이어령. 『공간의 기호학』. 민음사, 2000.

———. 『흙 속에 저바람 속에』. 동화출판공사, 1970.

이몽희. 『한국현대시의 무속적 연구』. 집문당, 1990.

이정자. 『한국 시가의 아니마 연구』. 백문사, 1996.

전규태. 『고려속요의 연구』. 학예사, 1982.

정병욱. 『한국고전시가론(증보판)』. 신구문화사, 2003.

정영자. 『한국문학의 원형적 탐색』. 문학예술사, 1982.

조병화·서동철. 『한국현대문학사』. 유림사, 1981.

진순애. 『한국 현대시와 정체성』. 국학자료원, 2001.

———. 『현대시의 자연과 모더니티』. 새미, 2003.

채수영. 『신동집시연구』. 대일, 1987.

천상병. 『괜찮다 괜찮다 다 괜찮다』. 강천, 1990.

천이두. 『한의 구조 연구』. 문학과지성사, 1993.
최동호. 『한국현대시의 의식현상학적 연구』. 고대민족문화연구소, 1989.
최운식. 『韓國說話硏究』. 집문당, 1991.
한국문화상징사전편찬위원회. 『한국문화 상징사전1』. 동아출판, 1996.
한국문화상징사전편찬위원회. 『한국문화 상징사전2』. 두산동아, 2000.
황패강 · 윤원식. 『한국고대가요』. 새문사, 2001.

2) 논문

강경자. 「박용래 시 연구」, 고려대학교 교육대학원, 석사학위논문, 1995.
권영상. 「윤동주 시의 원형적 연구」, 성균관대학교 대학원, 석사학위논문, 1986.
김병욱. 「영원 회귀의 문학-김동리론」, 『월간문학』. 1970.11.
김성우. 「박용래 시 연구」, 한양대학교 대학원, 석사학위논문. 1996.
김양희. 「박재삼 시 연구」, 한양대학교 대학원 석사학위논문, 1996.
김열규. 「신화비평의 국면들」, 박철희 · 김시태 편, 『문예비평론』. 문학과비평사, 1988.
김영수. 「韓國詩와 달의 이미지」, 『현대문학』 통권 297. 1979.9.
김영아. 「김춘수 시에 나타난 색채의 원형심상 연구」, 공주대학교, 석사학위논문, 1999.
김옥순. 「한국 현대시에 나타난 모성 이미지」, 이화어문학회 편, 『우리문학의 여성성 · 남성성』. 월인, 2001.
김용식. 「김소월 시의 원형 상징 연구」, 배재대학교 대학원, 석사학위논문, 1994.
김윤식. 「한국시의 여성적 편향」, 『근대한국문학연구』. 일지사, 1975.
———. 「박용래, 전원상징과 낙하의 상상력」, 『한국현대시인비판』. 시와시학사, 1995.

김종익.「박용래 시 연구」, 연세대학교 교육대학원, 석사학위논문, 1986.
김종호.「千祥炳 詩의 意味構造硏究」,『語文硏究』101호. 한국어문교육연구회, 1999.3.
———.「朴在森 詩의 여성성 考察」,『語文硏究』108호. 한국어문교육연구회, 2000.12.
김준오.「인간탐구와 미당의 신화」,『심상』. 1978.11.
김진모.「재생 원형을 통해 본 한국 현대시의 아이덴티티 연구」, 경희대학교 대학원, 석사학위논문, 1987.
김창근.「한국현대시의 원형적 상상력에 관한 연구」, 부산대학교, 박사학위논문, 1992.
김현자.「현대시에 나타난 길의 심상」,『시안』제5권 제2호. 시안사, 2002 여름호.
김혜니.「박목월 시 공간의 기호론적 연구」, 이화여자대학교, 박사학위논문, 1990.
김 훈.「정지용 시의 분석적 연구」, 서울대학교 대학원, 박사학위논문, 1990.
나근찬.「육사시의 신화·원형적 연구」, 전남대학교 대학원, 석사학위논문, 1988.
남기혁.「1950년대 시의 전통지향성 연구」, 서울대학교 대학원, 박사학위논문, 1998.
민경호.「천상병 시 연구」, 서남대학교 교육대학원, 석사학위논문, 2000.
민병욱.「박재삼의 서사정신과 서사갈래체계」,『현대시학』. 1985.9.
박미경.「천상병 시 연구」, 목포대학교 대학원, 석사학위논문, 1996.
박미서.「천상병 시 연구」, 단국대학교 교육대학원, 석사학위논문, 2001.
박성애.「천상병 시 연구」, 성신여자대학교 교육대학원, 석사학위논문, 2002.

박영우. 「박용래 시 연구」, 중앙대학교 대학원, 박사학위논문, 2001.

박유미. 「1950년대 전통서정시 연구」, 성신여자대학교 대학원, 박사학위논문, 2002.

박재삼. 「시와 시인을 찾아서 · 15, 고형진과의 대담」, 『시와 시학』. 1995 가을호.

———. 「이런저런 詩心 片想」, 『샛길의 유혹』. 태창문화사, 1982.

손병희. 「한국현대시에 있어서 재생원형과 그 의미」, 경북대학교, 석사학위논문, 1979.

손종호. 「근원적 고독에의 저항」, 『저녁 눈』. 미래사, 1991.

———. 「박용래의 시세계 연구」, 『논문집』. 충남대 인문연구소, 1989.

———. 「서정성 혹은 이면적 구조의 힘」, 『시안』. 詩眼社, 2002 겨울호.

송재영. 「동화 혹은 자기소멸」, 『강아지풀』. 민음사, 1975.

신동욱. 「신화 비평론 서설」, 신동욱 외, 『신화와 원형』. 고려원, 1992.

안상우. 「고전문학에 나타난 자연관」, 경희대학교 교육대학원, 석사학위논문, 1976.

오용기. 「한국 현대시의 恨에 대한 연구」, 우석대학교 대학원, 박사학위논문, 2001.

오정석. 「박재삼 시 연구」, 경희대학교 대학원, 석사학위논문, 1998.

오탁번. 「길의 원형 심상과 시적 상상력」, 『시안』제5권 제2호. 시안사, 2002 여름호.

유창근. 「소월시의 원형 심상 연구」, 명지대학교 대학원, 석사학위논문, 1983.

이 현. 「한국 현대시에 나타난 원형 심상 연구」, 경남대학교, 석사학위논문, 1984.

이광호. 「박재삼 시 연구」, 고려대학교 대학원, 석사학위논문, 1987.

———. 「한과 지혜」, 박재삼 시집, 『울음이 타는 가을 강』. 미래사, 1991.

이문걸. 「靑鹿集의 원형 심상 연구」, 동아대학교 대학원, 박사학위논문, 1995.

이문구. 「박용래 약전」, 『먼 바다』. 창작과비평사, 1984.

이상숙. 「박재삼 시의 이미지 연구」, 고려대학교 대학원, 석사학위논문, 1994.

이양섭. 「천상병 시 연구」, 경희대학교 대학원, 석사학위논문, 1992.

이자영. 「천상병 시의 공간과 시간」, 동아대학교 대학원, 석사학위논문, 1997.

전경희. 「박용래 시 연구」, 경희대학교 대학원, 석사학위논문, 1992.

전영주. 「1950년대 시의 전통주의 연구」, 동국대학교 대학원, 박사학위논문, 2000.

정금철. 「圓形의 현상학과 시적 심상」, 『강원대 인문학 연구 17집』. 1982.

———. 「三代談의 순접구조연구」, 『三國遺事와 한국문학』. 학연사, 1983.

———. 「<鄕愁>에 나타난 原型 心象」, 김학동 외, 『鄭芝溶硏究』. 새문사, 1988.

정유화. 「서정주 시의 기호론적 연구」, 중앙대학교 대학원, 박사학위논문, 1996.

정한용. 「한국 현대시의 초월지향성 연구」, 경희대학교 대학원, 박사학위논문, 1996.

정혜원. 「고시조에 나타난 내면의식 연구」, 서울대학교 대학원, 박사학위논문, 1986.

조동민. 「한국시가에 나타난 새의 상징성 연구」, 건국대학교, 박사학위논문, 1988.

최동호. 「천상병의 무욕의 새」, 『아름다운 이 세상 소풍 끝내는 날』. 미래사, 1991.

최은석. 「김춘수 시에 나타난 재생 모티프 연구」, 한성대학교, 석사학위논문, 1994.

최현옥. 「한국 현대시에 나타난 재생 유형 연구」, 연세대학교, 석사학위논문, 1984.

황윤철. 「한국 근대시의 여성편향성에 관한 연구」, 대구대학교, 석사학위논문, 1986.

황패강. 「한국 고대 서사문학의 원형」, 신동욱 외, 『신화와 원형』. 고려원, 1992.

3. 번역서 및 국외 논저

Abrams, M. H. 최상규 역, 『문학용어사전』. 보성출판사, 1991.

르네 웰렉 · 오스틴 워렌. 이경수 역, 『文學의 理論』. 문예출판사, 1993.

Bachelard, Gaston. 곽광수 역, 『空間의 詩學』. 민음사, 1996.

———. 김현 역, 『몽상의 詩學』. 홍성사, 1978.

———. 민희식 역, 『불의 精神分析 · 초의 불꽃 · 大地와 意志의 夢想』. 삼성출판사, 1982.

———. 이가림 역, 『물과 꿈』. 문예출판사, 1996.

———. 이가림 역, 『촛불의 美學』. 문예출판사, 1997.

Eliade, Mircea. 박규태 역, 『상징, 신성, 예술』. 서광사, 1991.

———. 이은봉 역, 『聖과 俗』. 한길사, 2004.

———. 이은봉 역, 『종교형태론』. 한길사, 1997.

———. 이재실 역, 『이미지와 상징』. 까치글방, 1998.

———. 정진홍 역, 『宇宙와 歷史-永遠回歸의 신화』. 현대사상사, 1998.

Frye, Northrop. 김상일 역, 『신화문학론』. 을유문화사, 1971.

———. 이상우 역, 『문학의 구조와 상상력』. 집문당, 1992.

———. 임철규 역, 『비평의 해부』. 한길사, 2000.

Grebstein, S. N. 「신화비평이란 무엇인가」, 김병욱 외, 『문학과 신화』. 예림기획, 1998.

Guerin, Wilfred L. 「신화·원형비평 방법」, Northrop Frye, 이상우 역, 『문학의 원형』. 명지대학교 출판부, 1998.

———. 외. 최재석 역, 『문학비평의 이론과 실제』. 한신문화사, 2000.

Heidegger, M. 박휘근 역, 『형이상학 입문』. 문예출판사, 1994.

Jacobi, Jolande. 유기룡・양선규 공역, 『콤플렉스・원형・상징』. 경북대학교 출판부, 1986.

———. 이태동 역, 『칼 융의 심리학』. 성문각, 1992.

Jung, C. G. 편. 이부영 외 역, 『인간과 무의식의 상징』. 집문당, 1995.

Jung, C. G. 설영환 역, 『무의식 분석』. 선영사, 1997

———. 전혜정 역, 「융 심리학의 주요 개념들」, 장경렬 외 편, 『상상력이란 무엇인가』. 살림, 2000.

———. 한국융연구원 C.G.융저작번역위원회 역, 『원형과 무의식』. 솔, 2003.

Jung, C. G. / Hall, C. S. / Jacobi, J. 설영환 역, 『융 심리학 해설』. 선영사, 1997.

Kandinsky, W. 권형필 역, 『예술에 있어서 정신적인 것에 대하여』. 열화당, 1989.

Magliola, R. R. 최상규 역, 『현상학과 문학』. 대방출판사, 1986.

Meyerhoff, Hans. 김준오역, 『문학과 시간현상학』. 심상사, 1979.

Wheelwright, Philip. 김태옥 역, 『은유와 실재』. 한국문화사, 2000.

森三樹三郎. 임병덕 역, 『중국사상사』. 온누리, 1986.
아지자·올리비에리·스크트릭 공저. 장영수 역, 『문학의 상징 · 주제 사전』. 청하, 1997.
제임스 베어드. 박성준 역, 「칼 융의 원형 이론과 문예비평」. 김열규 외, 『정신분석과 문학비평』. 고려원, 1992.
Bodkin, Maud. *Archetypal Patterns in Poetry*. Oxford University Press, 1974.
Durand, Gilbert. *Les Structures anthropologiques de l'imaginaire*. Gallimart, 1960.
Eliade, Mircea. *Cosmos and History, The Myth of Return*. trans. from the French by Willard R. Trask, Harper Torchbooks, The Bollingen Library, Harper & Row, Publishers, New York, 1959.
———. *Images and symbol*. London, 1965.
———. *Myth & Reality*. Harper & Colophone Books, 1963.
———. *Patterns in Comparative Religion*. New York, 1958.
———. *Symbolism, the Sacred, and the Arts*. New York : The Crossroad Publ. Co., 1985.
Frye, Northrop. *Anatomy of Criticism four essays*. Princeton University Press, 1973.
Guerin, Wilfred L. *A HandBook of Critical Approaches to Literature*. Oxford University Press, 1999.
Jung, C. G. *Symbols of Transformation*. Translated by R.F.C. Hull, Bollingen Series No.20, Vol.5, Princeton University Press, 1976.
———. *The Archetypes and the Collective Unconscious*. Bollingen Series No.20, Vol.9, Princeton University Press, 1968.
———. *Two Essays on Analytical Psychology*, Princeton University Press, 1966.
Wheelwright, Philip. *Metaphor and Reality*. Indiana University Press, 1962.

물, 바람, 빛의 시학

2011년 1월 10일 인쇄
2011년 1월 15일 발행

저 자 ◎ **김 종 호**

발행자 ◎ **조 승 식**

발행처 ◎ (주) 도서출판 **북스힐**
서울시 강북구 수유 2동 258-20

등 록 ◎ 제 22-457 호

TEL (02) 994-0071(代)

FAX (02) 994-0073

E-MAIL bookswin@unitel.co.kr
www.bookshill.com

가격 16,000원

ISBN 978-89-5526-720-4